Martin Hecht
Paar Shit, Niete-Partner und ich

PIPER

Zu diesem Buch

Das Leben ist verrückt und jeder tut irgendwann Dinge, die er früher für völlig ausgeschlossen gehalten hätte. Auch Martin Hecht hätte nie gedacht, dass er einmal bei einer Online-Partnervermittlung landen würde. Doch nachdem er Witwer wurde und einige Zeit alleine war, wollte er es noch mal wissen. Und hat sich bei *ElitePartner* angemeldet. Nach über drei Jahren im Online-Dating-Dschungel ist er erstmal kuriert und fragt sich: Ist Einsamkeit vielleicht doch besser als ihr Ruf?

Martin Hecht, geboren 1964, studierte in Freiburg und London Politik, Geschichte und Soziologie. Daneben sammelte er Berufserfahrung als Zeitungsausträger, Bauarbeiter und im Thekendienst einer Pizzeria. Er war Volontär beim SWR und danach Reporter beim Fernsehen. Heute ist er Publizist und Schriftsteller und lebt mit seinem Sohn in Mainz. Seine Lieblingsbeschäftigung ist die Selbst- und Fremdbeobachtung, er schreibt für *Psychologie Heute,* macht Hörfunk-Features für SWR2 Kultur und ist Autor zahlreicher Bücher.

Martin Hecht

Paar Shit
Niete-Partner
und ich

Auf Brautschau im Internet

PIPER

Mehr über unsere Autoren und Bücher:
www.piper.de

Textnachweis
S. 8 ©Mario Vargas Llosa, Ich habe einen Traum,
Die ZEIT, 03.06.2004.
S. 14 © Hermann Hesse, Der Steppenwolf, Suhrkamp 1974.
S. 86 Bob Dylan, It Ain't Me, Babe!, © 1964 by Warner Bros. Inc.;
renewed 1992 by Special Rider Music. All rights reserved.
International copyright secured. Reprinted by permission.
S. 234 Robert Louis Stevenson, Das Licht der Flüsse. Eine Sommerer-
zählung. Aus dem Englischen übersetzt und herausgegeben von
Alexander Pechmann, © Aufbau Verlag GmbH & Co. KG, Berlin 2011.
S. 278 © Melvin Lasky, in: Dietmar Bittrich, Böse Sprüche für
jeden Tag, DTV 2003.

MIX
Papier aus verantwor-
tungsvollen Quellen
FSC® C083411

Originalausgabe
Juni 2017
© Piper Verlag GmbH, München 2017
Umschlaggestaltung: zero-media.net, München
Umschlagabbildung: FinePic®, München
Satz: Uhl+Massopust, Aalen
Gesetzt aus der Mendoza
Druck und Bindung: CPI books GmbH, Leck
Printed in Germany   ISBN 978-3-492-31066-6

Inhalt

8. Kapitel – Einsamkeit und Sehnsucht 279

Schluss 311

Dank 320

Ich werde meine Erfahrungen zu Literatur verarbeiten. Sollte daraus ein gutes Werk entstehen, möge mir vergeben werden.

Mario Vargas Llosa

Vorwort

Das Leben ist eine Tombola

»Alle elf Minuten verliebt sich ein Single über Parship.« So lautet der Werbeslogan des Online-Partnerschaftsvermittlers *Parship*. Jede dritte Beziehung wird heute online angebahnt, liest man. »Millionen verlieben sich bei *Elite-Partner*.« Ich aber sage euch: Nein, alle elf Minuten verrennt sich ein Single bei *Parship* oder *ElitePartner* – und zwar heillos. Alle elf Minuten wird ein Single über *Parship* oder *ElitePartner* enttäuscht, und zwar massiv. Alle elf Minuten gibt es Frust und richtig Zoff wegen solcher Online-Portale, mindestens zwei von drei Bewerbern schrammen an ihrem Glück vorbei, landen in einem tiefen Tal aus Trauer, Wut und Tränen – durch das sie sonst gar nicht hindurchgehen müssten!

Drei Jahre lang war ich im Online-Dschungel. War schwer nervös, wenn es wieder hieß: »Es wird spannend! Sie haben Post!« oder »Neue Partneranfrage – mit persönlicher Nachricht und Foto!« Drei Jahre lang habe ich mich durchgeklickt, habe unzählige Anfragen getippt, Zuschriften beantwortet, Erst-, Zweit-, Dritt- sowie Folge- und dann auch Letzttelefonate geführt, habe Frauen getroffen, ein bisschen gequatscht, ein bisschen geflirtet, ein bisschen geliebt, habe sie abgewimmelt und wurde selbst von ihnen abgewimmelt.

Ich hatte fast alles in dieser Zeit. Mehr oder weniger atemberaubende Frauenbekanntschaften. Ganz liebe, tolle Frauen, die in meinem Herzen immer eine warme Erinnerung wachrufen werden, aber auch speziellere Kandidatinnen, die mir an meinem Küchentisch schon am dritten Tag unserer Bekanntschaft ihr ganzes Leben erzählten, sich bei mir ausheulten, dabei in Rekordgeschwindigkeit eine Flasche meines besten Spätburgunders leerten und sich kurz danach in meine frisch geputzte Kloschüssel übergaben. Frauen, die mich gleich verhaften wollten, wenige Tage später aber handstreichartig den Kontakt abbrachen, ohne mir irgendeine nachvollziehbare Erklärung für diesen unerwarteten Hakenschlag zu liefern. Ich habe viel gelernt bei *ElitePartner* – über die Frauen, über mich, über das Leben. Drei Jahre lang habe ich gesucht und in Erfahrung gebracht, was Frauen suchen, was ihre Vorstellungen vom wahren Glück sind, eben: was Frauen wirklich wollen. Drei Jahre lang war ich dabei. Drei Jahre in der Niemandsbucht. Drei Jahre auf der Suche nach der Traumfrau. Gefunden habe ich sie nicht. Dafür habe ich etwas anderes erkannt: Einsamkeit ist besser als ihr Ruf. Nicht immer, aber immer öfter.

Das Leben ist verrückt – und jeder tut irgendwann einmal Dinge, die er für sich zu einem früheren Zeitpunkt völlig ausgeschlossen hätte. So gibt es Menschen, die sich nach drei Jahrzehnten gefühlter und gewählter Zugehörigkeit zum linksliberal-ökologischen Spektrum urplötzlich eine silberfarbene Leichtsteppjacke kaufen, in Oldtimerkolonnen Alpenpässe überqueren oder sich ohne

Not ein Reptil zulegen. Das Leben ist unvorhersehbar. Man muss immer wieder weitreichende Entscheidungen treffen, immer wieder neu seinen Platz finden – und hat dafür nicht immer eine Einparkhilfe zur Verfügung. Bei Ihnen ist das so, liebe Leserinnen und Leser, und bei mir ist das nicht anders. Auch ich hätte niemals gedacht, dass ich einmal bei *ElitePartner* landen würde. Und erst recht hätte ich nie gedacht, dass ich darüber einmal ein Buch schreiben würde. Verrückte Welt.

Als ich Armin, einem in solchen Dingen strengen Freund von mir, damals von meinem Vorhaben erzählte, mich bei *ElitePartner* anzumelden, blickte er mich erst mit großen Augen an, legte dann aber augenblicklich die Stirn in Falten, schüttelte den Kopf und sagte mit Nachdruck in der Stimme: »Martin, lass es bleiben!« Das Ganze erinnerte mich an eine Szene, die der Philosoph Martin Heidegger in einem seiner Bücher festgehalten hat. Er war damals im Jahr 1930 bei seinem Lieblingsbauern auf dessen Hof in Todtnauberg zu Besuch, hatte auf der Eckbank im Herrgottswinkel Platz genommen und richtete an den alten Mann bald in dem ihm eigenen Jargon der Eigentlichkeit die Frage, ob es denn für ihn ratsam sei, dem Ruf nach Berlin an die Humboldt-Universität zu folgen. »Nein, nein und abermals nein!«, habe ihm der wackere Landwirt in unerbittlicher Art geantwortet, weil er offenbar seine Heimat, den Schwarzwald, mit dem Ursprünglichen, Echten und Guten, den Hexenkessel Berlin hingegen mit der blanken Sittenverderbnis gleichsetzte. »Ja, aber warum nicht?«, wollte ich wissen. Armin nahm einen Schluck Rotwein und verdrehte genervt die Augen. »Ich halte diese Online-Portale für etwas durch und durch Ungutes!«, meinte er dann. Sein Gesicht war leicht schmerzverzerrt dabei.

Aber da war mein Entschluss schon gereift. Und einen, der seiner Melancholie entfliehen und als Abenteurer hinaus in die stürmische See fahren will, den hält keiner auf. So wenig, wie es in Hermann Melvilles *Moby Dick* der alte Elias vermochte, Ismael auszureden, an Bord der Pequod im Hafen von Nantucket zu gehen, um auf Walfang ins tosende Meer hinauszusteuern, so wenig konnte mich Armins Warnung aufhalten. Mein Entschluss stand fest. Ich wollte ein Elitepartner werden. Und ich wurde es. Ich checkte ein.

Warum *ElitePartner*? Warum nicht *Parship*, *Friendscout* oder all die anderen Anbieter? Ich bin zu *ElitePartner* gegangen, weil ich dachte, »Elite« bedeutet, hier sind die »Besten« unterwegs, und die sind für mich doch gerade gut genug! »Finden Sie jemanden, der Ihr Leben verändert – und nicht nur Ihren Beziehungsstatus!« Auch das wollte ich mir nicht zweimal sagen lassen. Hier schien ich richtig zu sein.

Parviz, mein iranischstämmiger Freund, der im Kiosk um die Ecke arbeitet, erfuhr als einer der Ersten von mir, dass ich mich bei *ElitePartner* angemeldet hatte. Ich wandte mich vertrauensvoll an ihn. In dieser delikaten Angelegenheit. Was er mir für die Online-Partnersuche raten würde, fragte ich ihn damals. Er unterbrach seine Tätigkeit an der Ladenkasse, nahm die Lesebrille ab, legte die Stirn in Falten und sagte dann nur in gebrochenem Deutsch: »Du musst warten, bis Pfirsich reif ist. Dann kannst du pflücken!« Später sprachen wir im Kiosk über Parviz' These. Thomas, ein anderer, der an dem Kolloquium zu diesem spannenden Thema teilnahm, wollte sie so nicht stehen lassen. Er angelte sich eine Bierflasche aus dem untersten Regal des Verkaufskühlschranks und murmelte, während er sich erhob: »Das Problem ist nicht so sehr, den Pfirsich erst zu pflücken, wenn er reif ist, sondern den Sack zuzumachen, wenn es so weit ist.« Und als Paul, Bretone und ein anderer Freund von mir, von meiner Mitgliedschaft bei *ElitePartner* hörte, meinte er nur: »Das ist alles Quatsch. Du musst nach Paris. Da gibt's die besten Weiber!« Drei Freunde, drei Meinungen. Da war guter Rat teuer.

Ich Steppenwolf, trabe und trabe,
Die Welt liegt voll Schnee,
Vom Birkenbaum flügelt der Rabe,
Aber nirgends ein Hase, nirgends ein Reh!

Hermann Hesse

1. Kapitel

Steppenwolf, 47, attraktiv

Frühlingsgefühle

Immer wenn ich das Wort »Schriftsteller« lese oder schreibe, muss ich an einen Flusskrebs denken. So auch heute wieder, während ich das Wort in die Spalte »Beruf« eintrage, wie es das Profilformular fordert. Ich sitze auf einer Decke auf der Liegewiese vor meinem Haus direkt am Rhein. Eine stark frequentierte Naherholungsanlage, zumal jetzt in dieser Jahreszeit, und doch so etwas wie mein Garten. Es ist kurz vor elf, warm, fast schon heiß und ganz friedlich hier um diese Uhrzeit. Schäfchenwolken wandern über den Himmel, der Wind säuselt mild. Schiffe tuckern im Hintergrund stromabwärts, außer mir sind nur noch ein paar junge Studenten hier, die das tun, was man neudeutsch »chillen« nennt und wofür man offenbar einen Kopfhörer und einen Energydrink benötigt. Die Maisonne scheint, Gänseblümchen blühen, Bienen summen. Es riecht nach Blütenfrische, in die sich aber immer wieder eine störende Note erwärmten Hundekots mischt. Der Frühlingsduft kommt von einem blühenden Jasminstrauch, der Kackgeruch weht von einem Abfalleimer herüber, in dem viele unverschlossene Hundekotbeutel liegen.

Neben mir liegt ein Pärchen auf einer großen roten Wolldecke. Sie knutschen. Ich leider nicht. Aber ich hätte gerne wieder eine Frau an meiner Seite, eine, »kultiviert« und »mit Niveau«, eben eine, wie sie es bei *ElitePartner* im Angebot gibt. Deshalb werde ich mich heute anmelden und deshalb gebe ich mir auch richtig Mühe beim Ausfüllen meines »Profils«. Um nicht unvorbereitet zu sein, habe ich mir das Profilformular erst einmal ausgedruckt. Und da liegt es jetzt.

Ich nage an meinem Bleistift. Beruf. Ich schreibe zuerst »Journalist«. Streiche das Wort wieder durch. Nein, ich bin doch kein »Journalist«! Ich denke nach. Dann schreibe ich in die Spalte: »Autor, Publizist, Schriftsteller«. Schriftsteller allein wäre vielleicht irreführend. Schriftsteller sind Menschen, die Romane schreiben, die mindestens fünfhundert Seiten umfassen. Ich bin Sachbuchautor. Man könnte auch sagen: Essayist. Aber auch wenn einer wie ich nicht wie Thomas Mann oder Jonathan Franzen dicke Romanwälzer verfasst, darf ich doch sagen, dass ich Schriftsteller bin. Keiner hat bislang festgelegt, dass diese Berufsbezeichnung nur für Personen reserviert ist, die Romane oder Fiktion schreiben, auch wenn sich das so im Sprachgebrauch durchgesetzt haben mag. Deswegen kann ich das sehr wohl schreiben. Zumal in Kombination mit Autor und Publizist. Journalist, das wäre ein Handwerker, Schriftsteller sind Künstler. Ein »Autor, Publizist, Schriftsteller« ist ein handwerklich geerdeter Künstler. Das bin ich, und so will ich rüberkommen bei der Damenwelt. Ich denke, so auch die besten Chancen zu haben, eine zu finden, mit der ich rundum zufrieden sein werde und die ich glücklich machen kann.

Ein Schriftsteller! Ich drifte etwas ab. Ich muss wieder

daran denken, wie ich mich einmal während eines vom Land Rheinland-Pfalz finanzierten Schriftstellerstipendiums in Burgund bei einem Sektempfang den anwesenden literarisch interessierten Bürgern mit dem Satz »Bonjour, Mesdames et Messieurs, mon nom est Martin Hecht, je suis un écrevisse allemand!« vorgestellt habe. Ein mir unverständliches Raunen ging damals durch die Menge. Auf jeden Fall weiß ich seit diesem Tag in Vézelay, dass »écrevisse« auf Deutsch »Flusskrebs« heißt und »écrivain« auf Französisch Schriftsteller. Weshalb mir damals auch schlagartig klar wurde, warum mich die Kellner früher immer so konsterniert angeblickt haben, wenn ich in französischen Restaurants als Vorspeise einen »Salat mit Schriftstellern« bestellt habe.

Das Studentenpärchen nebenan knutscht sich immer noch ab. Und lässt sich auch von dem obdachlosen Flaschensammler nicht stören, der auf einem abgehalfterten Damenrad über die Wiese holpert und nach Pfandflaschen Ausschau hält. Ich trage inzwischen wahrheitsgemäß mein Alter ein. 47 Jahre. Bei der Körpergröße schreibe ich 178 cm. Das ist etwas geschummelt. Zu meinen Gunsten. In meinem Personalausweis steht unter Größe 177 cm. Aber ich glaube, bei meiner Musterung damals 1983 im Kreiswehrersatzamt Donaueschingen hat der Amtsarzt 178 cm gemessen und das in den Bescheid eingetragen. Also kann ich mit Fug und Recht behaupten, dass ich 178 cm groß bin. Und nicht nur 177. Ich finde, ein bisschen bescheißen ist erlaubt, solange nicht der Kernbestand an Wahrheit verfälscht wird. Und so will ich es halten.

Ich trage nun meinen abgeschlossenen Studiengang ein, wie es das Formular fordert, und dazu die Hochschulen, die ich einst besucht habe. Beim akademischen Grad kreuze ich mit Nachdruck und fester Hand das Kästchen neben »Promotion« an. Soll sich dieser verdammte Doktorhut ruhig mal auszahlen, sage ich mir. Drei Jahre habe ich damals, als ich meine Dissertation geschrieben habe, über Max Webers unverständlicher Wissenschaft gebrütet und mir die Finger wundgeschrieben, jetzt, zwanzig Jahre später, soll sich das endlich lohnen. Dann kommt das Feld »Auszeichnungen, Ehrungen und Ehrenämter«. Ich überlege kurz. Ich habe keine. Aber da fällt mir etwas ein. Jetzt ist der Augenblick gekommen, die potenziellen Anwärterinnen von meiner unschlagbaren Selbstironie zu überzeugen. Ich schreibe: »Siegerurkunde Bundesjugendspiele 1976«. Ich lächle zufrieden. »Sehr gut!«, denke ich. Wer das liest, wird mich sofort toll finden. Ein promovierter Schriftsteller mit Selbstironie. Humorvolles Understatement, unwiderstehlich. Was kann eine Frau noch mehr wollen? Es geht um Selbstdarstellung. Wer bin ich? Und wie möchte ich gesehen werden? Jeder versucht hier, den bestmöglichen Auftritt hinzulegen. Ich auch. Es geht ja um so viel.

Ich muss das Ausfüllen des Formulars unterbrechen, weil immer mehr Ameisen meine Decke bevölkern. Ich stehe auf und schüttle sie aus. Breite sie neu aus, lege mir meinen Spiralblock zurecht und vertiefe mich wieder. Die knutschenden Studenten liegen mittlerweile auf der Seite, sich zugewandt, streicheln sich gegenseitig die Haare und schauen sich verliebt in die Augen. Im Hintergrund macht ein Hund groß. Der Beutel Kot wird unverknotet in den Abfalleimer geworfen.

Familienstand? Verwitwet. Eigenartig. Verwitwet liest sich irgendwie ziemlich hart. Da ist die Leichtigkeit raus für eine Frau, die mein Profil dereinst interessiert durchsieht, denke ich. Aber dann fällt mir ein, dass Witwer auch irgendwie seriös klingt. »Verwitwet« – ich fand es immer bitter, das in ein Formular schreiben zu müssen, etwa bei der Stadtverwaltung oder bei der Steuererklärung. Aber zum ersten Mal empfinde ich »verwitwet« ganz anders. Es scheint mir Gewicht zu geben, Reife, Lebenserfahrung, aber nicht unbedingt Schwere, es umgibt mich mit einem Hauch von Seriosität, ohne zu steif zu sein oder sonst irgendwie abzutörnen. Es verleiht mir einen Orden für eine einwandfreie Lebensführung. Verwitwet bedeutet: Ich bin eben nicht gescheitert wie all die anderen, die hier auswählen können zwischen »getrennt lebend« oder »geschieden«. Nein, ich bin kein Beziehungshasardeur, der abgeschmiert ist, sondern einer, der ein durch und durch erfolgreiches Beziehungsleben führte. Ich habe keine Ehe in den Sand gesetzt, ich habe nichts zerrüttet – mein Singletum ist nicht selbstverschuldet, sondern von höherer Gewalt – und das wird noch einmal für mich sprechen. Es wird mir, denke ich, halbwegs zuverlässig sichern, dass nur ernst gemeinte Anfragen hereinflattern, während zwielichtige Frauen, die nur auf ein unwürdiges Abenteuer aus sind, mir durch dieses traurige Attribut vom Halse gehalten und nur sittlich reife, edle Kandidatinnen ihre *ElitePartner*-Post an mich richten werden. Und nicht zuletzt: Verströmt, zumal ich noch ein junger Witwer bin, das Wort nicht auch irgendwas Erotisches, das eine Frau entzücken könnte? Ich glaube schon. Der junge Witwer ist eine überaus attraktive Romanfigur – warum sollte es in der realen Welt anders sein?

Langsam nimmt mein Profil Konturen an. Meine Figur? Ich kreuze selbstbewusst »athletisch« an. Schließlich jogge ich dreimal die Woche. Später korrigiere ich auf

»schlank«. Dann die Angaben zur äußeren Erscheinung. Zur Auswahl stehen: sympathisch, attraktiv, sehr attraktiv oder äußerst attraktiv. Ich entscheide mich für »attraktiv«. Lieber Tiefstapeln und das Rennen von hinten aufrollen, sage ich mir, statt zu blenden und dann die Quittung zu bekommen.

Und das Foto? Das muss ich noch aussuchen. Es versteht sich von selbst, dass man sich etwas nett herrichtet, wenn man auf Brautschau geht. Spätestens beim ersten Date sollte man geduscht, appetitlich und halbwegs ansprechend rüberkommen. Und beim »Profilfoto« erst recht. Die Frisur ist wichtig. Mein Sohn rät mir zu einem Undercut und einem Haarschnitt wie Julian Draxler. »Hör mal!«, sage ich, »ich bin bald fünfzig! Wer in meinem Alter noch so rumläuft, der macht sich doch lächerlich!« Ich orientiere mich eher an meiner Altersklasse. Also an Jens Riewa oder Jürgen Klinsmann.

Man muss sich ja nicht gleich wie ein Snob aufführen, aber man wird mir doch zugestehen, dass es völlig legitim ist, sich so zu gehen, dass einen eine Interessierte Kandidatin mehr als nur sympathisch findet. Ganz klar, jeder hat Schwächen, selbst ich, äußerliche, charakterliche. Die Kunst ist es nur, sich ins rechte Licht zu rücken, seine Vorzüge zu betonen und den Rest eher in den Hintergrund treten zu lassen. Das ist völlig okay, solange man die Spielregeln einhält. Dann kommt noch die Rubrik »Ich über mich«. Hier kommt es darauf an, Satzanfänge möglichst originell zu beenden. Zum Beispiel: »Es macht mich glücklich, wenn…« Ich schreibe: »…mir ohne zwischenzeitlichen Tobsuchtsanfall ein neues Stück auf meiner Gitarre gelingt oder wenn ich einen perfekten Sommertag erlebe, den ich, vielleicht irgendwo am Meer in der Bretagne oder in Südfrankreich, bei einem Gläschen Irgendwas im Schatten unter Pinien ausklingen lasse.« Gitarre, Gläschen, Pinien. Das ist immer gut, denke ich. Dann der Satzanfang: »Ein ideales Wochenende ist für mich, wenn...« Ich schreibe ohne viel nachzudenken: »...ich tagsüber durch eine schöne Landschaft wandere, danach in die Sauna gehe, in einem geschmackvollen Hotel residiere, abends fein essen gehe – und zum Schluss noch auf einen Drink in der Lounge an der Bar rumlungere – zu ausgewählten Klängen Pianojazz. So etwa wie im Waldhaus in Sils-Maria.« Ich bin zufrieden, so sieht für mich das schöne Leben aus, welche Partnerin möchte da nicht mit mir wandeln? Und dann steht da noch: »Wenn ich mir einen Traum erfüllen könnte, dann...« Ich vollende: »...würde ich ein richtig virtuoser Gitarrenspieler sein, vielleicht ein eigenes Bistro eröffnen und mich am liebsten von morgens bis abends mit geistreichen Leuten umgeben.« Etwas seicht. Zugegeben. Aber was Besseres fällt mir nicht ein. Im Moment nicht. Man kann ja jederzeit das Geschriebene überarbeiten. Ja, und dann noch die Humorfrage. »Es bringt mich zum Lachen, wenn...« »...ich wohl zum hundertsten Mal *Fawlty Towers* mit John Cleese gucke oder wie Stan und Olli dieses Klavier anliefern.« Nicht zu sophisticated, griffig, selbstironisch und verständlich. Das muss genügen. Der Tisch ist gedeckt.

Ich weiß nicht mehr, wann genau der Tag war, an dem ich mir sagte: »Ich mache das jetzt! Ich melde mich jetzt da an! Ich will es nochmals wissen!« Ich weiß nur noch, dass es keine Entscheidung Knall auf Fall war. Ich war auch nicht betrunken, als ich die Sendtaste zur Erstanmeldung bei *ElitePartner* drückte. Nein, schon länger war dieser Entschluss in mir gereift. Aber ich habe mich lange nicht recht getraut, ihn in die Tat umzusetzen.

Am Anfang der Idee, wieder auf Partnersuche zu gehen, habe ich versucht, mich daran zu erinnern, wie es früher war. Wie macht man das, eine Frau zu finden? Es ist ja doch schon eine ganze Ecke her, dass ich da meine Erfahrungen gesammelt habe. Als ich 16, 17 Jahre alt war, da trafen wir uns in unserer Stammkneipe. In Rottweil am Neckar war das, der Kleinstadt, in der ich aufgewachsen bin. In der *Blume* in der Oberen Hauptstraße. Saturday Night Fever. Gegen Mitternacht, wenn wir schon ein paar Bier getrunken – oder »vorgeglüht« – hatten, wie wir das nannten, und der Wirt die Lichter ausmachte, quetschten wir uns zu sechst in einen VW Käfer und fuhren hinaus aus dem Städtchen in Richtung Autobahn, Downtown, ins *Discoland*. Das war damals »Süddeutschlands größte Diskothek« – zumindest stand das überall, auf der Getränkekarte und über dem Eingang in roten Leuchtbuchstaben, und wir zweifelten nicht daran. Das war Anfang der Achtzigerjahre des vorigen Jahrhunderts, als wir alle auf keinen Fall so aussehen wollten wie damals Dieter Bohlen – und es wahrscheinlich irgendwie doch taten. Wir träumten von Kim Wilde, aber kaum einer von uns traute sich, so ein Mädchen in Steghosen und Pumps auf der Tanzfläche anzusprechen. Ich habe es einmal gewagt: »Darf ich dich auf ein Getränk einladen?«, habe ich damals im Sommer 1981 eine langbeinige Schöne gefragt, nachdem ich mich Arme und Hüfte schwingend an sie herangetanzt hatte. Sie blickte mich nur kurz an und sagte dann: »Nö, eigentlich nicht.« Kommt das jetzt alles wieder? »Aufreißen«, »angraben« oder »anbaggern« – das konnte ich noch nie, und wenn doch, dann etwa in der Eleganz, in der in manchen schnoddrigen Western der staubige Revolverheld in den Saloon kommt, sich der frisch gepuderten Lady nähert, die mitsamt Gepäck gerade erst in Silverstone eingetroffen ist, einen Whiskey bestellt, herüberlinst und in seinem unnachahmlichen Marlboro-Light-Bariton von sich gibt: »Na, neu in der Stadt?«

Meine Frau musste ich damals nicht »anbaggern«. Das blieb mir, Gott sei Dank, erspart. Ich habe sie viele Jahre später als Redakteurin im Fernsehsender kennengelernt. Wir waren schon über ein Jahr lang Kollegen, als wir irgendwann feststellten, dass unsere Beziehung ein bisschen mehr war als nur kollegial. Bei *ElitePartner* ist das umgekehrt. Hier soll man sich zuerst verlieben und sich dann kennenlernen. Eine durch und durch merkwürdige Idee. Sich zu verlieben, einen Partner zu finden – das ereignet sich nicht nebenbei, *en passant*, spielerisch, leicht und locker, sondern das ist der einzige Sinn und Zweck der ganzen Veranstaltung. Das fand ich anfangs absurd und irgendwie auch etwas gruselig – und finde es immer noch.

Eine Online-Partnervermittlung! Wie schrecklich! Das dachte ich zuerst. Was mir dagegen sofort einleuchtete: Wenigstens weiß man hier gleich, wer Single ist und jemanden sucht. Das ist im normalen Leben ja oft unklar. Vor über hundert Jahren war das noch anders. Im Schwarzwald im Gutachtal etwa, da trugen die unverheirateten Frauen einen roten Bollenhut, die verheirateten einen schwarzen. So wusste man sofort, wo man dran ist. Oder in Indien: Da haben heute noch viele verheiratete Frauen einen roten Punkt auf der Stirn, die unverheirateten und die Witwen keinen. In unserer modernen Massengesellschaft dagegen sieht man es einem Menschen nicht sofort an, ob er gebunden ist oder bereit und offen für eine Beziehung. Gut möglich, dass man jahrelang eine Frau belagert, und es stellt sich erst ganz zum Schluss heraus, dass sie längst mit einem sonnenbebrillten Porschefahrer liiert ist. Auf einer Online-Partnerbörse hingegen weiß man zwar auch nie ganz genau, wer da unterwegs ist, aber sicher ist wenigstens eines: Eine Frau, die da auftaucht, sucht einen Mann. Ein immenser Vorteil.

Ich weiß nicht mehr ganz genau, warum ich mich mit der Anmeldung so schwergetan habe. Es gab mehrere Gründe. Der erste: Stolz. Und Vorurteil. Ich wollte nicht zu den Verlierern gehören. Einer wie ich findet doch mühelos auch im normalen Leben eine neue attraktive Partnerin, dachte ich. Wer geht denn schon zu einem Online-Partnervermittlungsportal? »Elite« hin oder her. Dort nehmen doch nur die Loser dieser Welt Zuflucht. Aber doch nicht einer wie ich! Außerdem fand ich es irgendwie anrüchig, unseriös, klebrig.

Als mir auch noch Robert gestand, dass er auch schon bei »EP« gewesen sei, war ich konsterniert. »Was? Du, Robert? Ausgerechnet du? Das hätte ich von dir nicht gedacht. Nein!« Ich war schockiert. Für mich war das bis dahin ein absolutes Tabu. Das machen doch nur die, die sonst niemanden abkriegen! Wollte ich zu denen gehören? Aber, ehrlich gesagt, mein Widerwillen fing schon damals an zu bröckeln. Genauso wie mein Widerstand gegen die Idee, eines Tages selbst dort auf Brautschau zu gehen. Denn wenn einer wie Robert – ein absolut charakterfester Mensch mit makellosem Polizeiführungszeugnis, vulgo blütenweißer Weste, regelmäßigem Einkommen und einwandfreiem Lebenswandel, wenigstens soweit es mir erkenntlich ist, dazu innerlich ausgestattet mit allerlei sittlichen Werten, die er nicht nur im Sonntagsgottesdienst raushängen lässt, sondern sie praktisch vorlebt: auf dem Hundeübungsplatz, in der Betriebskantine, beim Lohnsteuerjahresausgleich – dort Mitglied ist, dann kann es sich bei diesem Portal nicht um eine irgendwie anstößige Geschichte handeln, sondern um eine durch und durch seriöse Angelegenheit. Sonst wäre der gute Robert doch nie und nimmer hier gelandet.

Dennoch stieg in mir erst einmal eine gewisse Verächtlichkeit auf. Sich da einzuloggen erschien mir als ein Zeichen von Schwäche. Ein weiterer Grund war: Scham. Das ist ja nur noch peinlich, dachte ich. Seine Bedürftigkeit in alle Welt hinauszuposaunen, anzuzeigen, dass man auf der Suche nach einer Frau ist, ist das nicht erbärmlich? Richtige Männer, die satt im Leben stehen, mit sich im Reinen sind und trefflich mit sich selbst auskommen, müssen sich doch nicht bei *ElitePartner* anmelden! Ich dachte, wenn etwa ein Mann wie Hugh Jackman im Leben zwischendrin mal zum Single würde, dann macht er eben ein paar Sit-ups mehr nach Feierabend, fährt auch bei minus zehn Grad Celsius mit freiem Oberkörper auf seiner Enduro drei Runden um den Central Park oder hackt morgens um sechs Uhr einen Festmeter mehr Kaminholz vor seiner vollklimatisierten Berghütte in den Rocky Mountains. Er heult nicht rum, sondern geht abends in seine Lieblingsbar und hat auch so eine *fucking good time*. Er würde warten, bis ihm über kurz oder lang ein Baby über den Weg läuft und würde, bis es so weit wäre, vollkommen locker bleiben. So einer würde doch nie auf die Idee kommen, sich hier anzumelden. Oder nehmen wir einen anderen *lonely cowboy*. Etwa John Wayne. Der würde ein paar Cowboyaufgaben erledigen, wenn er keine Frau, dafür aber jede Menge Luft hätte: sich um seine Pferde kümmern, frisches Quellwasser in seine Trinkflasche nachfüllen, eine Cowboyzeitung lesen. Aber zu *ElitePartner*? Natürlich nicht, denn er wie Hugh Jackman wüssten es: Sich dort anzumelden hat irgendwie etwas Weinerliches. Sie würden beide müde lächeln über solche Männer, die dies tun. Lass mal stecken! Abwinken. Und einen Whiskey nehmen. Da treffen sich doch nur die Versager, die evolutionär Aussortierten, linkische alte Knaben oder notgeile Dickerchen. Oder große Buben, die einen Mamaersatz suchen: Männliche Heulsusen, die mit der Harte des Lebens nicht klarkommen – also all jene, die streng genommen gar keine Männer sind. »Kultiviert« und »niveauvoll« von mir aus – aber eben keine Männer. So einer wollte ich nicht sein. Never ever. Dennoch, liebe Leserinnen und Leser, bei aller Skepsis, Abscheu, ja gelegentlicher Verteufelung – ich bekenne unumwunden, die Anziehungskraft von *ElitePartner* auf mich wuchs mit der Zeit. Sie nahm nicht etwa ab, wenn ich immer wieder einmal im Gedankenexperiment eine Mitgliedschaft simulierte, sondern ganz im Gegenteil, sie wurde stärker. Was wäre, wenn? Das fragte ich mich immer häufiger.

Der Anfang aller Beschäftigung mit der Idee, sich bei

einem Online-Vermittlungsportal anzumelden, ist so ähnlich wie die Idee, ein Buch wie dieses zu schreiben. Die ersten Schritte reifen im Geheimen. Keiner erfährt davon. Eine konspirative Sache. Das Gute, Entlastende: Es würde ja erst einmal keiner aus meinem Umfeld mitkriegen, dass ich mich mit dem Gedanken trage, mittels einer Online-Plattform wieder eine Partnerin an Land zu ziehen, und ich brauche es ja auch keinem zu erzählen. Auch später bleibt dies so. Es sieht ja auch weiterhin keiner, dass ich in einer Parallelwelt Frauen kontaktiere. Ich könnte, solange ich es wollte, in einem virtuellen Parallelraum zum wirklichen Leben Frauen anschreiben, mit ihnen E-Mails austauschen und mich unterhalten – ohne dass irgendwer etwas mitbekommt. Der Gedanke hatte etwas Verlockendes.

Gleichzeitig beschäftigte mich von vornherein die Frage: Welche Frauen gehen eigentlich zu *ElitePartner?* Anfangs dachte ich, hier sind versierte Akademikerinnen versammelt, Frauen mit Niveau, wie es im Werbetext heißt, keine halbseidenen Nagelstudiobesitzerinnen, die sich bloß ein Opfer suchen – oder einen neuen Sponsor. »Kultivierte« Frauen, die ein Gazpacho von einem Carpaccio unterscheiden können und wissen, wer Baruch de Spinoza, Pierre Bourdieu und Marina Abramovic sind. Als Angehöriger der gebildeten Stände suchte ich eine Frau, mit der ich zur Not auch über die Faschoda-Krise diskutieren konnte, den Bau der Bagdadbahn oder den Rothschild-Imperialismus. Und natürlich bezog ich das Wort auf die Optik. Hier sind die Topadressen versammelt. Absolute Premiumfrauen, die sich von mir nur zu gerne umgarnen lassen. Aber ich wusste ganz genauso: Das Wort »Elite« führt ja nicht selten auch zu ganz eklatanten Missverständnissen. Schon bei meiner Tante Elisabeth hat das Wort früher für Verwirrung gesorgt. Als passionierte Kreuzworträtsellöserin pflegte sie über Jahre hinweg bei »Bestenauslese« das Wort »Ernte« in die Kästchen zu schreiben und wunderte sich immer wieder aufs Neue, warum das Rätsel nicht aufging. Geht es hier auf? Wer tummelt sich da? Akademikerinnen? Interessante gebildete Frauen? Die Elite? Wer ist denn die Elite? Sicher ist, dort gehen die hin, die sich in der Elite sehen, im dynamischen Zentrum der Allerbesten oder zumindest in dessen Dunstkreis, in der unmittelbaren Peripherie sozusagen. Aber sehr wahrscheinlich auch all diejenigen, die nur allzu gerne zur Elite gehören möchten, was auch immer sie sich darunter vorstellen. Also im Grunde alle. Viel ergiebiger ist wohl die Beantwortung der Frage, welche Frauen gehen im Bedarfsfall *nicht* zu *ElitePartner*? Gwyneth Paltrow sicher nicht und auch Demi Moore nicht und auch Selma Hayek nicht und auch Cameron Diaz nicht und Sheryl Crow auch nicht. Denn wenn da so ein Ben Affleck oder Ashton Kutcher gerade eben aus der Dialogtastur und aus ihrem ganzen irre aufregenden Prominentenleben gegangen ist, dann steht bei solchen Frauen in aller Regel ein paar Sekunden später schon der nächste Superpromi frisch geduscht im Türrahmen, quasi in der Rasierwasserwolke seines Vorgängers. Das heißt: Gwyneth Paltrow muss nur kurz den Abschiedsschmerz ins Papiertaschentuch schnäuzen, kurz abwischen, und schon geht das Super-Life von Neuem los – und noch viel besser, toller, aufregender. Nur eben in anderer Starbesetzung. Vielleicht hat der Neue an ihrer Seite keine Supervilla in Beverley Hills und keinen Bentley Continental GTC, aber dafür ein Beach House in Miami mit fünfzehn Security

Officers und einen golden lackierten Jetski. Das heißt ganz klar: Gwyneth Paltrow müsste nicht zu *ElitePartner* gehen, um einen neuen Top-Lover zu finden. Auch wenn er nicht schon vor der Tür steht, kurz nachdem der alte gerade gegangen ist, auch dann fände sie ihn im Handumdrehen auf der Grammy-Aftershowparty, beim Club Concert backstage, auf der Vernissage, in der Szene-Bar, der VIP-Lounge oder eben gleich am Set.

Wann, liebe Leserinnen und Leser, waren Sie zum letzten Mal am Set? In einer VIP-Lounge? Oder auf einer Promi-Party? In den Niederungen der bürgerlichen Gesellschaft, also dort, wo wir uns aufhalten, gibt es für solche Zwecke Ü-40-Partys. Das ist wahrscheinlich das Deprimierendste, was es gibt. Café der einsamen Herzen. Herzbrech-Hotel. Bevor ich zu *ElitePartner* ging, war ich einmal dabei. Man gibt vor, man sei nur da, »um sich das mal anzuschauen«, »wegen der Musik« oder »um zu tanzen«, aber eigentlich sucht man jemanden, man begeht allerlei Albernheiten, tut so, als suche man gar keine Partnerin und sei nur rein zufällig hier. Und das hat, zumal in der Masse und obwohl alle derselbe niedere Beweggrund verbindet, etwas durch und durch Entwürdigendes. Nein, liebe Leserinnen und Leser, wir sind das Volk. Und wir gehen zu *ElitePartner*. Wir, die wir irgendwo am Anfang oder schon in der Mitte der zweiten Lebenshälfte stehen – wer weiß dies schon. Wir, die wir schon etwas in die Jahre gekommen sind, nicht mehr jung und noch nicht richtig alt, die wir die Anschaffung einer Lesebrille eigentlich nicht mehr aufschieben können, die wir wissen, wie sich ein Bandscheibenvorfall anfühlt, die wir unter Schlafstörungen leiden oder bereits mit einem veritablen Burn-out Bekanntschaft gemacht haben, kurz: altersbedingt nun eben doch schon etwas aus dem Leim gegangen sind. Wir, die wir alle schon einmal so etwas wie eine Partnerbeziehung hatten, die wir als glückvolle Erinnerung in uns tragen und die sehr oft endete, ohne dass wir damit einverstanden gewesen wären. Wir, das sind die Verlassenen, die Zurückgebliebenen, die Abgewiesenen, die Verschmähten, die Enttäuschten, die Gescheiterten. An dieser bitteren Selbsterkenntnis kommen wir nicht vorbei.

Aber, sagte ich mir, so ist es ja auch nicht. Es sind auch die Unglücklichen hier. Frauen, die absolut charakterfest sind, aufrichtig, ehrlich und treu, die dreimal wöchentlich Bauch-Beine-Po machen, die gar nichts dafürkönnen, dass sie von ihrem Mann verlassen wurden, weil der jetzt die Sekretärin aus dem Vorzimmer flachlegt – und die im Grunde etwas viel Besseres verdient gehabt hätten, nämlich mich. Die sich getäuscht haben in einem Mann, in einem Menschen, in einem ganzen Leben, die gelitten haben, aber nicht zerbrochen sind, die aufgestanden sind und nun ganz und gar aufrichtig noch einmal an uns Männer glauben wollen, an die Idee, dass es da draußen auch noch andere gibt als den cholerischen Affen, mit dem sie jahrzehntelang Tisch und Bett geteilt haben, Männer, die sie ehren, auf Händen tragen und ihnen zur Not auch noch den Milchkaffee ans Bett bringen. So einer könnte ich sein. Denn meine Integrität steht ja außer Frage. Ich bin Witwer. Ich bin Single kraft höherer Gewalt. Ich wurde von meiner Frau nicht verlassen, ausgemustert, als Fehlbesetzung abgestempelt oder gar für einen eingetauscht, der besser, schöner oder erfolgreicher wäre. Ich könnte also derjenige sein, der der zu Unrecht verstoßenen attraktiven Geschäftsführerin den Glauben an das Leben und die Liebe zurückgibt. Mit mir wäre für eine aufrechte Frau ein neues, unbeschädigtes Leben möglich.

Unlustiger Witwer

44 Jahre alt, alleinerziehend, mit mir mein siebenjähriger Sohn. Ich stand damals ziemlich verloren im Leben, als ich Wittwer wurde. Mein Partnerschaftsthema war eigentlich seit 1998 gelöst. Das war das Jahr, in dem ich Gabriele, meine Frau, kennengelernt hatte. 2001 haben wir unser Kind bekommen, 2002 haben wir geheiratet. 2009 ist sie an Brustkrebs gestorben. Eine unendlich traurige Geschichte. Ich war lange niedergeschlagen. Ich vermisste meine Frau sehr, sie war der liebste Mensch, der mir je in meinem Leben begegnet ist. Als sie nicht mehr war, funktionierte ich noch ein, zwei Jahre lang – aber dann brach alles durch: Mein Körper reagierte auf den Stress zeitverzögert, mir ging es nicht besonders gut.

Single zu sein ist ein Leben ohne einen Partner. Witwer zu sein ist ein Leben mit einem Partner, den es nicht mehr gibt. Sie denken sicher, das ist etwas ganz und gar Schreckliches. Ist es auch. Aber weil es jeden Tag etwas Schreckliches ist, ist es irgendwann nicht mehr so schrecklich. Man gewöhnt sich auch an das Schreckliche, das ist meine Erfahrung. Vorausgesetzt, es hält lange genug an. Witwer zu sein hat viele Schichten. Und viele Phasen. Am Anfang ist es der Schmerz über einen unermesslichen Verlust. Dann kommt die tiefe Trauer. Irgendwann schwächt sich auch diese ab und mündet ein in eine große Einsamkeit. Als meine Trauer mit den Jahren weniger wurde, kroch diese Einsamkeit langsam in mir empor und breitete sich immer stärker aus. Ich spürte sie bald täglich wie ein nasses Hemd. Zukunftsängste, die Last, so ganz auf sich selbst gestellt zu sein, Sehnsucht nach Geborgenheit, der Wunsch, wieder eine Frau zu haben. Das kam alles zusammen. Witwer zu sein ist kein Beziehungsstatus, sondern ein innerer Dauerzustand. Man ist in sich gekehrt und wirkt auf andere abwesend und abweisend. Eine undurchdringliche Hülle umgibt einen, eine Art Abstandshalter zwischen sich selbst und der Außenwelt, die da die Frechheit besitzt, so zu tun, als ginge alles ganz normal weiter, unbeeindruckt von diesem großen Schicksalsschlag, den wir Witwer und Witwen alle durchlitten haben und von deren Schwere die anderen gar nichts wissen. Zumal all jene, die schon längst die Geduld mit uns verloren haben.

Die Erkenntnis wird Sie nicht weiter überraschen, liebe Leserinnen und Leser: Witwer zu sein ist kein besonders erstrebenswerter Zustand. Ich spreche jetzt aber gar nicht davon, wie es in der ersten Zeit ist, wenn man den ganzen Tag vor lauter Trauer und Unglück heulen könnte. Nein, ich spreche von der Zeit, nachdem sich das Unglück zu einer Art lästiger Gewohnheit gewandelt hat und man in einem eigenartig pelzigen Zustand der inneren Unglücksberuhigung durch die Tage mäandert. Man hört dann irgendwann auf, sich gegen den Verlust zu wehren, und beginnt langsam, aber sicher, wenn auch immer irgendwie widerwillig, aber irgendwann dann eben doch mehr oder weniger einsichtig, das Unvermeidliche zu akzeptieren, sich abzufinden, ja sogar eine Art Einverständnis mit dem Schicksal zu entwickeln. Halb aus Überzeugung, halb einfach nur deshalb, weil man längst weiß, dass einem gar nichts anderes übrig bleibt, will man für den

Rest seiner Tage halbwegs unbeschadet über die Runden kommen. Man entwickelt Akzeptanz. So ähnlich, wie auch der arme Tankwart in dem grandiosen Spielfilm *No Country for Old Men* von Joel und Ethan Coen irgendwann einlenkt, als der Mörder Anton Chigurh, gespielt von Javier Bardem, wie der leibhaftige Tod vor ihm steht, und der Mann akzeptiert, dass allein zu akzeptieren ist, was uns allen am Ende bleibt. Wenn man akzeptiert hat und nicht mehr allzu traurig ist, dann ist Witwer zu sein vor allem eins: unheimlich langweilig. Das viele Bereichernde, was ich mit meiner Frau geteilt habe, es fehlt heute. Mein Leben verarmte, verödete und beschränkte sich auf das Wenige, was mir noch geblieben war: Da war natürlich mein lieber Sohn, dann ein paar Freunde, die Natur, Kunst und Musik, Fußball-Bundesliga.

In dieser Phase erwachte eines Tages dann für mich doch höchst überraschend eine zarte Stimme in mir, der mein geschundenes seelisches Zentralorgan lange Zeit den Mund zugehalten hatte. Und die sagte mir: Das Leben geht weiter, es geht nach vorn, pack es wieder an! Ich lebte lange nur in der Vergangenheit und zwang mich allmählich zurück, zuerst in die Gegenwart und dann schüchtern und scheibchenweise wieder in eine, wenn auch anfangs noch kleine, sehr überschaubare Zukunft. Lange wollte ich nichts mehr wissen von einer neuen Partnerschaft. Aber als drei Jahre vorbei waren und ich wieder halbwegs auf dem Posten war, begann die Zeit, in der ich dachte: Das kann es ja nicht gewesen sein. Will ich wirklich bis zum Ende meiner Tage ohne Lebenspartnerin bleiben?

Manchmal litt ich besonders darunter, Single zu sein, wenn mir einmal wieder die Werbeplakate der Partnerschaftsportale in unglaublicher Penetranz mitteilten, dass ich an diesem Zustand selbst schuld sei. Das ist oft auch noch heute so. Tatsächlich, es ist nicht einfach: Jeden Tag bekomme ich schon an der S-Bahn-Haltestelle von der lasziv lächelnden Traumfrau auf dem Plakat eingeflüstert, dass es offenbar ganz einfach ist, diesen Zustand zu beenden. Es sieht ja so aus, als müsse man sich nur anmelden, ein Profil ausfüllen, sich einloggen – und dann bekommt man die attraktive Plakat-Dame frei Haus geschickt. Sie kümmert sich dann um mich und betreut mich rundum. Sie interessiert sich für mich und meine Probleme. Sie inspiriert mich und führt allerhand geistreiche Gespräche mit mir. Sie zeigt mir, wie man auch noch in meinem Alter einen perfekten Lotussitz hinbekommt. Sie sieht atemberaubend gut aus – und sie liebt mich, so wie ich bin. Und zwar bedingungslos. Wer bitte, will sich das nicht versprechen lassen?

Es würde dennoch alles nicht ganz so einfach werden. Das war mir schon vorher klar. Aber allein die Idee, mich bei *ElitePartner* anzumelden, war für mich sicherlich erst einmal gut und psychotherapeutisch äußerst sinnvoll. Wenn ich aktiv werde, sagte ich mir, dann fange ich wieder an, mein Leben zu gestalten. Ich trete aus der Opferrolle heraus und nehme mein Leben in die Hand. Und dazu gehört in meinem Verständnis eben eine Frau. Es gab aber auch die andere Seite, über die ich oft nachdachte. Ich meinte, darin auch eine Gefahr zu erkennen. Nämlich der Illusion aufzusitzen, ich würde wie neugeboren durch die Superfrau, auf die ich da über kurz oder lang treffen würde, kuriert von all meinen Verletzungen. Solche Motive bemächtigten sich tatsächlich immer wieder mehr unbewusst als bewusst meiner Gedanken, sie machten mich manchmal euphorisch, fast schon überschwänglich, und doch sah ich die Gefahr immer klar vor Augen: die Überforderung der Elitepartnerin als Erlöserin all meiner Nöte. Die Gefahr war umso größer, weil ich mir wirklich sehr gut vorstellen konnte, dass ausgerechnet ich einer sein könnte, der schon bald zum Übereilen neigte, zur Ungeduld und zu einem Willen, der denkbar unbändig war, weil hinter mir ja ein ziemlich langes Tal der Tränen lag, eine emotional äußerst dürre Wüste, durch die ich da hindurchgetrottet bin.

Und ich steckte auch in einem grundsätzlichen Zwiespalt, was für mich in der schwierigen Lebensphase, in der ich steckte, der richtige Weg sei. Gerade in einem Lebensabschnitt, in dem sich für mich nach einer langen Durststrecke eine neue, leise Zukunftshoffnung regte, steckte ich in einem Dilemma. Lang genug hatte ich zäh daran gearbeitet, einen Überlebensmodus zu finden, der Akzeptanz und Einverständnis mit dem Status quo meiner Existenz als Single bedeutete. Jetzt rührten sich in mir plötzlich Kräfte, die mir einflüsterten: Nein, du musst nicht einverstanden sein mit deinem Unglück! Du kannst es überwinden! Lange Zeit war ich hin- und hergerissen in der Frage, was für mich besser wäre. Hinaus ins Abenteuer, ein neues Leben mit einer neuen Liebe? Oder sollte ich mich nicht besser auf mich selbst besinnen, an meiner Autonomie arbeiten, lernen, besser in mir zu ruhen und im berühmten »Hier und Jetzt« zu leben?

Die nächste Frage war schon fast philosophischer Art: Hat man es an meiner Stelle denn tatsächlich selbst in der Hand, ein selbstbestimmtes Leben voller Entsagung und Verzicht zu führen? Man lebt ja schließlich nicht unter einer Käseglocke, sondern nimmt auch als Witwer, wenn auch im eher heruntergefahrenen Standby-Modus, teil an dem, was man gemeinhin Gesellschaftsleben nennt. Anders ausgedrückt: Selbst wenn man als willig lernender Witwer all seine Hausaufgaben ordentlich gemacht hat, in den Fächern »Schicksalsakzeptanz« und »Leidintegration in die eigene Lebensgeschichte« so gute Leistungen zeigt, dass auch meine Psychotherapeutin zufrieden mit mir ist, dann gibt es ja noch ein zweites Problem. Es geht ja nicht nur darum zu lernen, sich möglichst schonend mit dem Elend abzufinden, sondern immer auch, vor ganz neuen Versuchungen und Ablenkungen gefeit zu sein, die einen wieder vom richtigen Weg abbringen. Dazu zählt für unsereins auch die Lebenskunst, sich aus Gründen des Eigenschutzes von den Reizen der Frauenwelt abzuschotten, wissend, dass einen das alles nur noch mehr durcheinanderbringen würde. Besser ist es, sagte ich mir anfangs immer, zu akzeptieren, dass ich nun keine Partnerin mehr habe, und zu lernen, wie sich das Leben als Single meistern lässt.

Als Witwer habe ich manchmal gedacht: Wenn man einsam ist, sollte man sich nicht an Orte begeben, die einem die eigene Abgeschiedenheit von allem Glück der Welt auch noch unaufhörlich vor Augen führen. Das stimuliert nur das Verlangen und mündet im Frust. Und ich habe mich daran gehalten. Aber ich kann ja auch nicht den ganzen Tag nur meditieren und ignorieren. Man ist ja auch mit 47 nicht frei von mehr oder weniger drängenden Partnerschaftsfantasien, von der Sehnsucht nach Zärtlichkeit und Geborgenheit, die eben gerade dann in einem aufsteigt, wenn man sie am wenigsten brauchen kann. Das Problem ist, man kommt halt doch nicht ganz vorbei: am anderen Geschlecht – und selbst als halbwegs disziplinierter Solist oder asketischer Alltagsvirtuose immer wieder mehr oder weniger unverhofft in Versuchung. Beim Joggen, im Baumarkt, im Restaurant. An solchen Tagen, wenn eine schöne Frau an mir vorüberstrich und ich den Resthauch von Chanel No. 5 einatmen durfte, den sie verströmte, wenn sie mich gar anlächelte, weil ich ihr die Tür aufgehalten habe, dann dachte ich, ach, wie schön wäre es, wenn es vorbei sei mit dem elenden, selbst verordneten Mönchtum. Ich konnte dann dem Verzicht so wirklich gar nichts mehr abgewinnen und stand fassungslos da. Zu Hause angekommen, blickte ich dann höchst verächtlich auf diese orangefarbene Hör-CD »Jetzt!« von Eckart Tolle neben dem CD-Player auf meinem Nachttischchen, die ich regelmäßig zur Beruhigung vor dem Einschlafen konsultierte, und konnte mir die eigenen Wünsche nicht mehr recht verkneifen. Und wollte es auch gar nicht. Auch Restaurant- oder Partyaufenthalte erwiesen sich ein ums andere Mal als schädlich. Am Ende war es dann ein Kinobesuch des an sich eher harmlosen James-Bond-Films *Spectre* mit meinem Sohn, der sich als absolut kontraproduktiv bei der Erlangung von Gegenwärtigkeit erwies, mithin ein Urerlebnis, das mich in puncto Selbstgenügsamkeit um Lichtjahre zurückgeworfen hat. Monica Bellucci als superattraktive

Witwe eines Mafiabosses. Allein wenn ich das hier niederschreibe, muss ich mir kühle Luft zufächeln. Was also
war die Lösung? Zweimal schlucken und wegschauen?
Ausblenden? Oder sich daranzumachen, den Traum von
Monica Bellucci wahr zu machen? Oder anders gesagt:
Ist männliche Wunschlosigkeit das Ziel, das ich als Witwer anstreben sollte – oder nicht viel mehr deren Über-
windung? Die Buddhisten halten Wunschlosigkeit für
die höchste Tugend, manche Autoren psychologischer
Populärzeitschriften ebenso. Und auch ich bin längst ein
kleiner Kryptobuddhist. Aber ist es nicht ganz anders?
Wunschlosigkeit ist keine Vorstufe zum Glücklichsein,
hat einer mal gesagt, sondern zur Langeweile. Dann gälte
es, der Wunschlosigkeit schleunigst zu entrinnen.

Kümmerkonkurrenz

Viele von Ihnen, liebe Leserinnen und Leser, denken vielleicht, Witwer zu sein, das wäre ein Leben ganz ohne Frau
beziehungsweise ohne Frauen. Aber das stimmt nicht.
Wenigstens nicht ganz. Auf mich als alleinerziehendem
Vater und Mann mit blutendem Herzen sind damals sehr
viele Frauen zugekommen und haben mir in dieser schweren Zeit beigestanden. Viel Trost, viel tatkräftige Unterstützung habe ich erhalten, für die ich sehr dankbar bin.
Ich habe aber trotz meiner durch die Dauertrauer einge-
schränkten Sicht auf die Dinge des Lebens erkannt, dass
es da manchmal nicht nur um Mitgefühl ging, sondern
dass ein junger Witwer zu sein mich auch attraktiv gemacht hat. Es gab da so etwas wie eine regelrechte Küm-
merkonkurrenz unter den Frauen in meinem Umfeld und

urplötzlich Beziehungskonstellationen, bei denen ich den Eindruck hatte, dass sich manche mit mir in mehr als nur diesem tiefen Mitgefühl verbunden fühlten. Viele unterstützten mich, schütteten mir aber auch bald ihr Herz aus und gewährten mir immer wieder Einblicke in die Realität ihrer Beziehungen und Ehen, mit denen es offenbar nicht zum Besten stand. Ich wurde für manche zum Beziehungsexperten, zum Ratgeber und Paartherapeuten, eine Aufgabe, die ich durchweg gerne übernahm, konnte ich doch so etwas von der Unterstützung, die ich erhielt, zurückgeben.

Es gab unter ihnen gut meinende, ja regelrecht übermotivierte Mütter, die mich an kalten Wintertagen bei tiefen Minusgraden um acht Uhr früh an der Schule meines damals siebenjährigen Sohns abpassten mit dem Vorsatz, mich noch in der Dunkelheit eines aufziehenden Dezembermorgens ausführlich trösten zu wollen, selbst wenn ich in diesem Moment gar nicht sonderlich trostbedürftig war. Und trostwillige Frauenherzen sind schwer abzuwimmeln. So konnte ich ihnen vereinzelt nur durch Inkaufnahme eines längeren Umwegs entkommen, wollte ich ihnen nicht direkt in die Arme laufen. Es gab auch nicht wenige unter ihnen, die mich damals in meiner verwaisten Wohnung besuchten, mir gegenüber auf meiner großen Couch Platz nahmen und mir einfach nur zuhören wollten. Das auch, obwohl ich mich nicht erinnern kann, jemals den Wunsch geäußert zu haben, irgendeiner von ihnen mein Leid klagen zu wollen. Es gab eine, die mir das Angebot machte, wenn ich »Redebedarf« hätte, könne ich das ruhig sagen. Sie stünde zur Verfügung. Und sie besuchte mich. Am Ende redete sie regelmäßig gute zwei Stunden lang von sich und ihrer Welt, um sich dann von mir mit den Worten zu verabschieden, ich könne mich immer bei ihr melden, wenn ich »Redebedarf« hätte. Es gab sogar ein paar wenige, die mir »Support« anboten, aber furchtbar enttäuscht, ja regelrecht beleidigt waren, wenn ich diesen nicht annehmen wollte. Oder »Support« damit verwechselten, bei mir kräftig abzuladen. Aber ich will nicht undankbar sein.

Es stimmt auch, manchmal vertraute ich mich einer an, wenn sie mich fragte, wie es mir ginge. Und die ein oder andere vertraute sich auch mir an. Das schuf Nähe, aber eine nicht unproblematische Nähe, eine, die Begehrlichkeiten weckte, und darin steckte manchmal ein echtes Problem: Denn immer wieder einmal wurden Verliebtheitsgefühle bei meinen Trösterinnen wach, also bei Frauen, die mir ursprünglich eigentlich nur helfen wollten. Es gab unter ihnen tatsächlich solche, die sich mir mit dem aufrechten Wunsch näherten, mir Trost zu spenden, und die sich dabei in mich verliebten, wahrscheinlich umso heftiger, je schwächer die Beziehung zu ihren eigenen Partnern war, von denen manche bald gar nicht mehr gut auf mich zu sprechen waren, obwohl ich für ihren Ärger gar nichts konnte. Diese hatten schnell erkannt, dass ich die Aufmerksamkeit und Gefühle von ihren Frauen abzog, was in manchen Fällen zu kleineren und größeren Ehekrisen führte, ohne dass ich hätte erkennen können, diese innerehelichen Turbulenzen irgendwie mitverschuldet zu haben. Um emotional wieder halbwegs ins Gleichgewicht zu kommen und auch um ihre angeknacksten Ehen zu retten blieb manchen meiner Trösterinnen nur, sich dann denkbar abrupt von mir abzukehren und sich bald völlig von mir zu distanzieren. In Einzelfällen schlug die anfängliche Zuneigung sogar in regelrechte Feindseligkeit um, die ich nun zu meinem Leidwesen in aller Härte zu spüren bekam. Ich sage es Ihnen ganz offen, liebe Leserinnen und Leser, man hat es nicht leicht als junger Witwer!

Lonely Writer

Aber egal ob mit oder ohne Kümmerfrauen, ich bin ja nicht nur einsam, weil ich Witwer bin. Das wäre nur ein Teil der Wahrheit. Es hat ja auch etwas mit meiner Existenz als Schriftsteller zu tun. Das muss ich fairerweise dazusagen. Solche Typen führen ja bekanntlich ein einsames Leben. Und das ist selbst gewählt. Wir haben uns dafür entschieden, nicht unter einem psychotischen Chef in einem »Team« arbeiten zu wollen und so zu tun, als würde es Spaß machen. Nein, wir brauchen die Luft der Freiheit zum Atmen! Freiheit und Einsamkeit sind notwendige Begleiterscheinungen unserer Existenz, mehr noch, vielleicht sogar die grundsätzlichen Bedingungen ihrer Möglichkeit.

Schreiben ist ein einsamer Job, erst recht, wenn man keine Frau mehr hat, die einen nach Schreibers Feierabend von der Schreibstubeneinsamkeit erlöst, einen beglückt und Muse ist. Als verwitweter Schreiber bin ich also ein Mensch, der sowohl schicksals- als auch berufsbedingt einsam ist. Liebe LeserInnen und Leser, ich muss Ihnen meine Ausgangslage einmal genauer schildern, damit Sie sich ein wenig vorstellen können, wie mein Berufsleben aussieht: Leute wie ich sind den ganzen Tag mit sich beschäftigt. Mit sich und den Werken, die sie verfassen und in denen es auch wieder mehr oder weniger ausschließlich um sie selbst geht – oder ausnahmsweise mal wieder um die Verbesserung der Welt. Menschen wie ich stehen auf, verabschieden ihren Sohn in die Schule und müssen erst mal »Struktur in ihren Tag bringen«, wie meine Psychotherapeutin das nennt. Trotzdem ist es ein unausrottbares Vorurteil, dass solch ein Leben unglaublich spannend sein müsse. Den lieben langen Tag seinen tollen kreativen Gedanken nachhängen zu können, ständig neue Ideen auszubrüten und ihnen freien Lauf zu lassen, ein Paradies müsse das sein, so ein Leben, denken viele. Ist es aber nicht, das kann ich Ihnen versichern. Jedenfalls nicht immer. Schreiben bedeutet ganz häufig, dass mich eben keine tolle Idee überrascht. Schreiben bedeutet viel öfter, dass nach einem ganzen Arbeitstag nichts oder denkbar wenig herausgekommen ist, mehr noch, dass einen immer wieder Selbstzweifel überkommen am eigenen Wert der Arbeit, an ihrem Sinn und Zweck. Deswegen gibt man ja nur allzu schnell den verschiedenen Ablenkungsmöglichkeiten nach, wenn es darum geht auszuweichen, abzudriften, »auf Zeit zu spielen« – mal hier ein Käffchen zu trinken, sich im Internet die neuesten Weltnachrichten anzuschauen, ein neues Stück auf der Gitarre einzuüben, sinnlose Telefonate mit der Stadtverwaltung zu führen – oder am helllichten Tag die Wiederholung des Freundschaftsspiels Polen gegen Honduras im Fernsehen anzuschauen. Schließlich ist ja bald Weltmeisterschaft.

Erschwerend in meinem Fall kommt auch noch eine persönlichkeitspsychologische Veranlagung zum Einsamsein hinzu. Ich bin auf der einen Seite ein sehr gesprächiger und kontaktfreudiger Mensch, mit dem, wie man mir immer wieder bescheinigt, »tief gehende Gespräche« möglich seien, die man dem Vernehmen nach wenigstens hin und wieder auch als erfrischend empfindet. Auf der anderen Seite habe ich von vielen, die solcherart an mir Gefallen finden, auch relativ schnell wieder genug. Der Freund, auf dessen Besuch mit Übernachtung ich mich freue – ich bin ehrlich gesagt dann auch wieder froh, wenn ich anderntags beim Abschiedswinken sein Kfz-Zeichen an der Heckklappe sehe, wie es am Horizont kleiner wird. Außerdem bin ich jemand, der Menschengruppen scheut. Das ist nicht leicht für andere. Aber auch nicht leicht für mich. Ich weiß, dass ich da aufpassen muss. Und der großen Gefahr, die allen Einsamen dieser Welt droht, bin ich mir sehr wohl bewusst. Sie besteht darin, dass die an sich begrüßenswerte Eigenschaft eines ausgeprägten Eigensinns schleichend und ohne dass man dies wirklich an sich bemerken würde, zu einer Disposition zum Sonderbaren verkommt. Und wenn nicht das, so lässt sich mit Sicherheit behaupten, dass bei einsamen Menschen immerzu die eh schon heikle Balance von Eigensinn und Sozialverträglichkeit stark gefährdet ist. Auch Verwahrlosung ist ein Thema. Tatsächlich entsteht ja bei vielen männlichen Singles jenseits der Lebensmitte ein Vakuum: Viele rasieren sich nicht mehr unbedingt in den ortsüblichen Rhythmen oder gönnen sich frische Bettwäsche nur noch an Ostern und Weihnachten. Das Waschbecken im Badezimmer weist oft einen Hygienestatus wie in einer sizilianischen Autowerkstatt auf, und sie tragen ab und zu Klamotten, die eigentlich nicht mehr gehen. Nicht dass man schlampig wird, das nicht, aber viele werden, sagen wir, etwas merkwürdig im Lauf der Zeit. Zumal es ja meistens keiner sieht. Für jeden Mann, je älter er wird, steigt die Gefahr, zum »Dirty Ol' Man« zu werden, wie er ja in dem schönen Lied von *The Three Degrees* in den entsprechenden Erdfarben trefflich besungen wird. Das gilt abgeschwächt auch für manche Männer in festen Beziehungen, aber besonders natürlich für die ohne. Ohne Frau im Haus neigt jeder zur Verlotterung, keineswegs nur der traditionelle Mann, dem seine Frau früher noch täglich die Kleider auswählte, sie abends auf den Stuhl am Bettende legte und ihm sagte, was er Gesundes essen solle oder dass es wieder einmal Zeit ist, die Zahnbürste zu wechseln. Nein, auch der ganz und gar moderne Mann kann jederzeit in dieses unheilvolle Fahrwasser geraten, und zwar schneller, als ihm lieb ist.

Zu meiner Entlastung muss ich allerdings erwähnen, dass bei mir diese Gefahr nicht allzu groß sein dürfte, denn ich habe ja schon einen großen Sohn, der mich sozial kontrolliert, auf Trab hält und mich ab und zu, sollte ich es vergessen haben, auf die ein oder andere hausinterne Fehlentwicklung aufmerksam macht. Ganz so, wie auch ich es tue, wenn ich in seinem Zimmer einmal wieder Staubflusen in der Größe von Tennisbällen ausmache oder unterm Bett ein altes Butterbrot. Allerdings, es gibt erste Anzeichen, die, wenn nicht mich, so doch unlängst eine Nachbarin, die bei mir kurz hereinschaute, stutzig gemacht haben: Beispiel Getränkekauf. Ich bin ein Mensch, der es hasst, alle paar Tage einen Kasten Mineralwasser, Saft oder Bier zu kaufen und in meine Wohnung zu schleppen. Das führt dazu, dass ich lieber einmal zehn Kästen kaufe als zehnmal einen. Entsprechend sieht es in meiner Küche mittlerweile aus wie in einem Getränkehandel. Das ist gewöhnungsbedürftig oder könnte es werden, zumal für eine auserwählte Elitepartnerin, die ich beim ersten Rendezvous zum Küchendiner *chez moi* einlade.

Genau genommen geht es aber nicht nur um eine Verlotterung der äußeren Lebenswelt, mit der der alleinstehende Mann im fortgeschrittenen Alter zu kämpfen hat, nicht in meinem Fall und auch nicht im Fall der meisten meiner Leidensgenossen. Es geht eher um die Verhärtung geistiger Strukturen, um eine innere »Versteppung«, die einem zusetzt. Wenn man sich nicht mehr mit seinem Partner auseinandersetzen muss, macht man eben sein Ding. Man hat eben mit den Jahren herausgefunden, was man frühstückt und was nicht, hat für sich längst festgelegt, welche Ideen und Weltanschauungen gut und richtig und welche verkehrt und unheilvoll sind, man meint genau zu wissen, was gute und was schlechte Kunst ist. Wer in einem Online-Portal landet, möchte aber auf keinen Fall, dass er dem Männertyp Kauz, Eigenbrötler, komischer Vogel zugeordnet wird. Er möchte eigentlich auch nicht, dass sein Date-Girl zwischen den Getränkekästen sitzen muss. Er möchte nicht, dass sie von seiner geistigen Festgefahrenheit und Intoleranz verprellt wird, nein, das möchte er unter keinen Umständen. Aber steht es in seiner Macht, den Gegenbeweis anzutreten? Einsam ist immer gefährlich.

In meinem Ausguck

Immer wenn mein Sohn zur Schule gegangen ist, betrete ich mein Arbeitszimmer. Ich setze mich auf einen Bürostuhl und rolle auf den fünf Rädchen ganz dicht an meinen Schreibtisch heran. Das Rollen dieser Rädchen bereitet mir ein kleines Wohlgefühl. Denn sie rollen wunderbar. Ich schwebe auf diesem Stuhl scheinbar ohne Widerstand über den Parkettboden der Tischplatte entgegen, bis sie sich sanft in seine Magengrube bohrt. Ich stoße mich alsbald einem Eiskunstläufer gleich nach hinten ab, zum Bücherregal hinüber, drehe mich einmal im Kreis, nehme so eben mal die *Theorie der ethischen Gefühle* von Adam Smith heraus, blase den Staub von den Seiten, stellte das Buch wieder bündig zu seinen Nachbarn zurück und gleite zurück an den Tisch. Hier sitze ich nun und denke und wälze und denke neu und wälze neu.

So beginnt fast jeder Tag in meinem Leben. Früher, da wollte ich noch das ganz große Buch raushauen, auf das die Welt wartet. Das ist vorbei. Gott sei Dank! Aber es gab Phasen, da war es ein nicht eingestandenes Lebensziel von mir, einmal in die Reihe der *rororo*-Monografien aufgenommen zu werden. Ich stellte mir oft vor, dass sich meine ganze Biografie, wie bei allen Menschen, die einst so schöpferisch waren, dass sie der Reinbeker Traditionsverlag in den Olymp der *rororo*-Monografien aufnahm, in verschiedene Schaffensphasen unterteilen würde, vor allem in frühe und solche, die irgendein Spätwerk bezeichnen. Ein Kapitel dürfte durchaus, wie in der Nietzsche-Biografie von Curt Paul Janz, die Überschrift tragen: »Die Jahre des Siechtums«, gerne auch »Siechthum« geschrieben, noch besser »Im Siechthume«. Solch ein »Siechthume« adelt noch stärker, denn Genies ohne Leiden gibt es bekanntlich ja nicht. Bevor es allerdings so weit sein würde, hätten bei mir, wie sich das für einen Dichter oder Philosophen mit Anspruch gehört, diverse Skandale und persönliche Krisen dazukommen müssen, handfeste Zusammenbrüche wie Rekonvaleszenzaufenthalte in Sanatorien, Luftkurorten und anderen Wellness-Stätten in Bad Urach oder Davos, Grinzing oder London –

schließlich wollte man ja etwas vom Leben. Dazwischen aber sollten sich ganz ernsthafte Werkphasen einfügen, in denen ich an die Grenzen geistiger Leistungsfähigkeit – und darüber hinaus – gegangen wäre, Drogenexzesse, Frauengeschichten, Gefühlswallungen. Dokumentiert in Briefen, die in Faksimile abgedruckt wären und in denen Sätze stehen mussten wie zum Beispiel: »Liebe Mutter, mir geht es gut. Mein *Abriss der Wirtschaftsethik der Weltreligionen* kommt ganz gut voran. Ich denke ihn vor dem Winter abschließen zu können.« Alles dokumentiert auch in Fotos, die all dies belegten, und vor allem mit einem Foto meines Sterbezimmers. Heute bin ich von solch schädlichen Gedanken weitgehend kuriert. Ich schreibe über mein Leben, insofern es für andere von Interesse sein könnte. Das ist mein Anspruch. Auch außerhalb meiner Arbeit versuche ich, mein Dasein zu verstehen, und suche nach einem Weg, ein halbwegs zufriedenes Leben zu führen – und da gehört in meinem Verständnis eben auch eine Frau dazu.

Ich hocke in meinem Ausguck im ersten Stock unseres Mietshauses. Hier schaffe ich, hier wirke ich. Meine Schreibstube sieht ganz komfortabel aus. Vielleicht nicht ganz so wie der Arbeitsraum von Thomas Mann im kalifornischen Exil, denn wenn ich mich vom Schreibtisch umdrehe, fällt mein Blick auf eine alte Bockleiter, ein Bügelbrett und jede Menge Umzugskartons, dazu Plastiktüten mit alten Klamotten für den Altkleidercontainer. Dafür habe ich ein Foto von Paul Bowles, dem einsamen Amerikaner in Marokko, an die Wand hinter meinen Computerbildschirm gehängt. Paul Bowles, wie er irgendwann in den Fünfzigern in einem Café in Tanger die Manuskriptseiten eines Romans durchgeht – in einem

Café, ja an einem Café-Tischchen! Es ist verlockend, aber wohl eher unmöglich für mich, so zu arbeiten. Außerdem gibt es hier kein so schönes Café, sondern maximal die *Take-Away-Pizzeria Abruzzo*, das *Neustadt-Kebab-Haus*, die Studentenkneipe *Bagatelle* oder ein paar Häuser weiter die Pilsbar *Bierbumb*. Paul Bowles beeindruckt mich, denn er scheint in sich zu ruhen. In der selbst gewählten Einsamkeit des Schriftstellers. Er sitzt auf seinem Thonet-Stuhl wie in völliger innerer Ausgeglichenheit und ist dabei perfekt gekleidet: er trägt ein maßgeschneidertes Jackett aus dickem Wollstoff, ein weißes Hemd und eine schöne schmale Krawatte. Von der Sonne sanft beschienen blickt er auf seine Seiten, in der rechten Hand den Bleistift, im Mundwinkel eine Zigarettenspitze, vor ihm das Manuskript: Paul Bowles schuf, während er lebte. Er lebte, während er schuf. Stilvollendet.

Wenn Paul Bowles von seinem Tischchen aufgeblickt hätte, hätte er wahrscheinlich in die dunklen Augen der schönsten Bedienung des westlichen Maghreb geblickt. Ich bin noch nicht so weit. Ich sehe derzeit noch etwas anderes. Durch die beiden großen Fenster hinter meinem Computerbildschirm erhalte ich großzügig gewährte Einblicke in die Wohnwelten von insgesamt vier Parteien in den Mietshäusern gegenüber. Immer wenn ich im Text – oder im Leben – nicht mehr weiterweiß, schaue ich hinüber. Einfach so, ganz ohne Neugierde. Einfach um zu wissen, wie das Leben bei meinen Nachbarn weitergeht, was die sich heute wieder haben einfallen lassen, um eine *fucking good time* zu haben. Irgendwo muss ich ja hingucken. Ich kann sogar durch die Balkontüren gegenüber sehen, etwa dass meine dicke Nachbarin heute den dritten Tag hintereinander dieselben pinkfarbenen Leggings trägt oder dass ein Stockwerk über ihr eine andere Nachbarin, die jede halbe Stunde fahrig und mit bitterem Gesicht eine Zigarette zum Fenster hinaus raucht, heute Morgen wieder die Haare nicht gewaschen hat. Ich gewahre, was der Quartiersmeister macht. Majkowski heißt er. Majkowski ist der mit der dicken Siamkatze auf dem Arm. Er hat hier alles im Griff. Tag aus, Tag ein beobachtet er, der doch selbst von mir beobachtet wird, in einem unverwüstlichen kaffeebraunen *homedress* von seinem Fenster herab die Welt da draußen. Mein Blick schweift weiter hinab auf die Straße zu einer Gruppe junger Männer, die hier oft den ganzen Tag herumstehen, auf die wenigen erfolgreichen unter ihnen, die vielen weniger erfolgreichen mit Tagesfreizeit und die Arbeitslosen, wie sie ihre Kampfhunde oder die Funktionsweisen ihrer Smartphones vergleichen – oder, um ihre Autos gruppiert, die Beschaffenheit des Lacks an besonders vom Rost gefährdeten Stellen begutachten.

Paul Bowles hätte um diese Uhrzeit sicher schon am Schreibtisch gesessen – den Kopf voller guter Ideen. Ich fühle mal wieder, dass es heute schwer werden wird. Ich schiebe meine Lähmung auf dieses schreckliche Leben, in dem ich zu existieren verdammt bin. Das mich herunterzieht, statt mich zu inspirieren. Ich hocke schon seit Jahren in meinem Ausguck. Beschäftigt mit der Ordnung und Niederschrift meiner Gedanken. Langsam und belanglos zieht mein Leben an mir vorüber. Die Zeit zerrinnt wie meine Gedanken. Ich brauche eine Muße, eine Inspirationsquelle, eine, die mich zurück ins Paradies führt: Ich brauche wahrscheinlich eine Frau.

Später am Abend liege ich im Bett. Auf dem Rücken. Und glotze an die Zimmerdecke. Ich beobachte eine fette

Stubenfliege beim Rundflug durch mein Schlafzimmer. Ich grübele. Ich liege in einem Doppelbett. Darin schlafe ich, auf der linken Seite. Immer noch. Auch noch als Mann ohne Frau. Als meine Frau nicht mehr war, hat noch mein Sohn hier immer wieder einmal übernachtet. Das ist noch gar nicht so lange her. Seine nächtlichen Besuche sind mit der Zeit immer weniger geworden. Die rechte Betthälfte – sie ist mittlerweile verwaist. Eigentlich bräuchte ich kein Doppelbett mehr. Aber dann denke ich manchmal, vielleicht geht ja partnerschaftsmäßig doch noch einmal etwas in meinem Leben, und dann brauchst du ein Doppelbett als Grundausrüstung! Warum hätte ich also das Doppelbett gegen ein Einzelbett eintauschen sollen? Im Moment aber ist die Matratze rechts von mir leer. Gähnend leer. Ich blicke von meiner Seite hinüber auf die unbewohnte Hälfte und sehe im Gegenlicht der tief stehenden Sonne Staubflusen über dem schwarzen Laken tanzen. Ich erkenne: Durch die Verwaisung der rechten Betthälfte hat längst eine allmähliche Verstaubung dieses Areals eingesetzt. Unglaublich. Auch das ist eine neue Entwicklung. Was sagt sie mir?

Witwer, Schriftsteller, Eigenbrötler. Nicht im Elfenbeinturm, sondern in meiner Vierzimmerwohnung. Staub nicht nur unterm Bett, sondern auf der rechten Liegehälfte. Die Chance, dass bei einer solchen Ausgangsposition auf konventionelle Art eine attraktive Partnerin hängen bleibt, sie ist nicht sehr hoch. Da bleibt nur Fußgängerzone oder eben Online-Dating. Ich habe mich für die zweite Option entschieden.

Sind denn so schwül die Nächt' im April?
Oder ist so siedend jungfräulich' Blut?

Annette von Droste-Hülshoff

2. Kapitel

Elitäre Partnerinnen

Golfende Geschäftsführerinnen

Es ist ein erhebender Augenblick, als ich nach der Über-
weisung des fälligen Betrags für ein Drei-Monats-Abon-
nement und eingehender Überprüfung meiner Angaben
durch die Firma »EliteMedianet GmbH« endlich Einblick
in die Archive der einsamen Herzen erhalte. Einen »Herz-
lichen Glückwunsch!« schickt mir eine »Leiterin Kun-
denservice« namens Katharina Allendorff zur Mitgliedschaft, eine Person, von der ich annehme, dass es sie im
wirklichen Leben genauso gibt wie Biene Maja oder Meister Eder.

Gut, ich gebe zu, mir geht ziemlich die Düse. Ich habe
Nervenflattern. Oder besser Herzflimmern in dem Moment, als ich mich einlogge. Und ich schäme mich tatsächlich etwas, etwa in derselben Art und Weise, wie
wenn man sich online einen Pornofilm anguckt. Was
mich aber völlig verblüfft, ist die Geschwindigkeit, in
der sich das Schamgefühl verzieht. Es währt gar nicht
lange, bis ich diese negativen Gefühle überwunden habe.
Robert hat es ja auch getan! Und viele andere auch. Mein
Gott, wir sind Menschen. Und haben Bedürfnisse. Ist das

53

schlimm? Schon wenige Minuten nachdem ich drin bin, ist die Neugier auf den neuen Tummelplatz, den ich mir da erschlossen habe, weitaus größer als die Peinlichkeit, jetzt einer unter vielen anderen Elitepartnern zu sein. Jetzt bin ich halt einer unter den vielen Heillosen, na und? Jetzt bin ich eben im Sündenpfuhl, na und? Wenigstens ist es da interessanter als unter echten Männern. Außerdem merke ich es auch gar nicht, dass ich nun einer unter vielen tausend männlichen Waschlappen bin, denn meine Mitkonkurrenten sehe ich ja nirgendwo, sondern ich erblicke in diesen Spalten nur Tausende von Frauen, die da auf mich mit ihren Portraitfotos hinter ihren verpixelten Milchglasscheiben warten. Ich habe gelesen, dass Frauen mit vielen Matching-Punkten eher zu mir passen würden als Frauen mit wenigen, weil sich in diesen Punkten angeblich viele Übereinstimmungen unserer persönlichen Eigenschaften ausdrückten. Aber was sagt das schon? Egal, ich vertraue der Firma »EliteMedianet GmbH«. Die wissen schon, was sie tun, denke ich. Also sortiere ich meine Kandidatinnen nach der Höhe der Matching-Punkte und beginne, die Liste vom *high score end* her zu durchforsten. Um die Besten der Besten, die absolute Elite unter den Elitepartnerinnen in meinem Fahndungsraster einfangen zu können, ziehe ich einen Auswahlkreis mit gigantischem Durchmesser von Süddeutschland bis hinauf nach Nordrhein-Westfalen, auch den Frauenpool unserer Hauptstadt Berlin will ich nicht auslassen, denn klar, die Elite, auch unserer Frauen, sie lebt in der Zentrale unserer Republik.

Ich selber bin 47 Jahre alt – und tippe beim Alter der Wunschpartnerin zwischen 40 und 48 Jahren ein. Dann kreuze ich noch an, dass ich eine Nichtraucherin möchte.

Ob sie Kinder haben dürfte oder nicht, wird gefragt. Beides ist mir willkommen, bei der Mindestkörpergröße meiner Partnerin gebe ich 158 cm ein, das obere Ende verlege ich auf 178 cm. Nein, größer als ich, das soll sie dann doch nicht sein. Es geht los. Ich studiere aufmerksam die Profile, die sich mir präsentieren, klicke mich mal da hinein, mal dort hinein und bin bald überwältigt von der Menge, der Vielfalt, von dem ganzen Taubenschlag, den ich da vorfinde. Ich studiere unzählige Online-Seiten von Kandidatinnen und weiß schnell, wie Frauen wirklich ticken, die auf der Suche nach dem Traummann sind, auf der Suche nach mir.

Ich scrolle durch die Seiten. Überall Berufsbezeichnungen, Altersangaben, Matching-Punkte, verpixelte Fotos. Wo anfangen? Da gibt es alles, was das Herz begehrt: Geschäftsführerinnen, Abteilungsleiterinnen, Sozialpädagoginnen, Landesbeamtinnen, Personalreferentinnen, Oberstudienrätinnen, Zahntechnikermeisterinnen, Ärztinnen, Rechtsanwältinnen, Produktmanagerinnen, Qualitätsmanagerinnen, Topmanagerinnen, Consultants – dazu Frauen, die Berufen nachgehen, von denen ich noch nie gehört habe, in denen aber die Bestandteile »Key«, »Account«, »Sales« oder »Recruitment« vorkommen. Sogar eine »Purserin« ist da unterwegs. Ja, keine Perserin, sondern eine Purserin. Von englisch »purse«. Ist gleich Geldbeutel. Also eine, die das Geld aus dem Beutel ausgibt. Ob sie es auch selber verdient?

Eine Woche lang scrolle ich. Eine Woche lang lese ich, vergleiche, blättere mich durch. Eine Woche lang lerne ich die Elitepartnerwelt von innen kennen. Und bewege mich bald flink auf diesen Seiten, kenn mich aus, weiß, wie der Hase läuft. Wer tummelt sich im Elite-Becken? Lag ich richtig mit meinen Vermutungen? Tausend prachtvolle Frauen. Und was schaffen die den ganzen Tag? Das ist oft nicht so klar. Zum Beispiel sie, »Sonstiges, 39, sehr attraktiv«, ist hier unterwegs. Sonstiges? Okay. Oder »kreativ im Außenbereich, 43, sehr sympathisch«. Was wird da kreativ in welchem Außenbereich erledigt? Ein Gärtnerberuf? Raumplanung? Outdoor-Animation im Ferienclub? Oder sie, »46, attraktiv, etwas mit Medien«. Nun gut. Nicht gerade einfach machen sie es mir, diese Elitepartnerinnen. Oder diese hier: »selbstständig, 44, attraktiv«. Selbstständig. Aber worin denn? Großkonzern oder Lotto-Annahmestelle? Steht nicht da. Und was schreiben Frauen, die von ihrem Mann verlassen wurden und seit zwanzig Jahren keinen Beruf mehr ausgeübt haben? Entweder weil sie sich hauptberuflich den ganzen Tag lang die Fußnägel lackiert haben oder wirklich vier zappelige Kinder großziehen mussten? Ganz egal, da bleibt nicht viel: gerne »selbstständig«. »Coach« geht auch immer, das bemerke ich schnell. Jeder kann jeden in irgendwas beraten. »Künstlerin« ist auch gut, weil das ein Beruf ist, den man zwei Minuten nach dem Entschluss, ihn zu ergreifen, auch gleich ausüben kann. Auch sie habe ich angetroffen: »Neu dabei, Hausdame in Ferienwohnung, 40, äußerst attraktiv«. Das ist aber mal ein Hingucker! Was wird da wohl hergestellt in der Ferienwohnung, welche Dienstleistung wird erbracht und ebendort vergütet? Wir wissen es nicht. Noch nicht. Besonders interessant finde ich auch solche Berufsbezeichnungen, die gar keine inhaltlichen Tätigkeitsfelder beschreiben, sondern nur eine hierarchische Position angeben: Bei »Director« weiß man gleich, wo es langgeht beziehungsweise wer die Hosen anhat, bei »Geschäftsführerin« oder »Führungsposition« genauso. »Director«, aber wovon? Das bleibt erst mal offen, oder es wird sehr vage angedeutet. So wie bei ihr, die nur angibt: »tätig im Bildungssegment«. Schön auch die Berufsauskunft »im Finanzsegment agierend«. Was heißt das wohl? Dann doch lieber »Hausdame in Ferienwohnung«. Oder »Hausdame in Ferienwohnung agierend«. Das hat doch was.

Total süße Kuschelmäuse

Was habe ich schon nach kurzer Zeit intensiven Elitepartnerstudiums gelernt? Wenn es um die romantische Liebe geht, in deren Namen hier alle unterwegs sind, dann haben Frauen, wie wir Männer auch, ihre ganz eigenen Traumvorstellungen. Egal ob Hausdamen oder Purserinnen. Allerdings überrascht mich in einer multikulturellen Welt, wie sehr sich die Fantasien ähneln, die da eingetippt werden. Egal, wichtig ist, Elitepartnerinnen haben große Träume, und sie vertrauen sie uns Männern in ihren Profilen in aller Ausführlichkeit an. Das ist gut so, denn so weiß ich gleich, was ich tun muss, um sie wahr zu machen. Ganz oben in der Wunschliste: Einmal mit Delfinen zu schwimmen. Liebe Leserinnen und Leser, hätten Sie das für möglich gehalten? Ich, ehrlich gesagt, nicht. Ganz egal ob die niederbayerische Vertrauenslehrerin, die Ulmer Finanzbeamtin oder die Archäologin aus Niedersachsen. Alle wollen sie »einmal mit Delfinen schwimmen«. In der Südsee, im großen blauen Pazifik – oder im heimischen Baggersee, ganz egal. Dann ab an den Strand. »Mit Dir barfuß den feuchten Sand spanischer

Strände spüren!« Und abends das Glas Rotwein. Obligatorisch. In der Taverne. Ganz wichtig. Sommernacht zum Träumen, über uns die Sterne – Fantasien, die von Julio Iglesias stammen könnten. Tatsächlich gibt es kaum eine weibliche Profilantwort, die sich die ideale Partnerschaftssituation nicht genau so und immerzu in südlichen Gefilden vorstellt. Morgens Delfin, tagsüber Strand, abends Taverne. Oder gerne auch Kamin. »Ich möchte mit Dir sinnliche Stunden am Kamin verbringen.« Ja, natürlich. War klar. Frauen wollen einen Mann mit Kamin. Und eine starke Schulter, »... an die ich mich anlehnen kann!« Bekommst du, Baby, dachte ich. Machen wir. Null problemo.

Manche Sehnsuchtsfilme sind aber auch sehr viel kürzer und spielen ausschließlich im häuslichen Mikrokosmos. Eigenartig, aber bei fast allen Elitepartnerinnen gibt es eine mächtige Wunschfantasie, man könnte sogar sagen es ist eine unumstößliche Beziehungsbedingung, dass man ihnen morgens den Milchkaffee ans Bett bringt. Tatsächlich, fast jede Zweite schreibt irgendwas vom Kaffee-ans-Bett-Bringen zu morgendlicher Stunde. Manche sind so milchkaffeefixiert, dass sie nach dem Aufwachen erst einmal einen brauchen, um überhaupt »ansprechbar« zu sein, erfahre ich. Und jede Zweite will kuscheln. Morgens, mittags, abends. Nach dem Milchkaffee-Frühstück, vor dem Milchkaffee-Frühstück, während des Milchkaffee-Frühstücks. Die meisten stellen sich unter einem gelungenen Wochenende vor, am Samstag auszuschlafen, dann »von ihrem Liebsten« wachgeküsst zu werden. Dann wollen sie, dass man ihnen den Kaffee ans Bett bringt und dort zusammen mit ihnen frühstückt. Eine schrieb, ihr Traum sei es, mit ihrem Prinzen zu *Bridge over Troubled Water* von Simon & Garfunkel bei geöffneter Terrassentür mit Blick auf eine Mohnblumenwiese zu frühstücken. Machen wir. Sicher.

Jetzt ist gefrühstückt. Gut. Aber viele wollen danach noch lange nicht das Bett verlassen. Sie wollen nach dem Frühstück ebendort: kuscheln. Immer wieder kuscheln. Wie oft habe ich das gelesen? Zum Beispiel sie, Grundschullehrerin, 48, attraktiv, mit einer Postleitzahl aus dem Spessart. Zitat: »Ich bin die totale Kuschelmaus!« Manche stellen sich auch noch eine Kissenschlacht vor, die sie mit ihrem Elitepartner absolvieren wollen. Unklar ist, ob es dazu vor oder nach dem Kuscheln kommen soll. Zum Kuscheln gehört gerne auch etwas zu naschen. Wenn eine solche Frau kuschelt, wird sie zur Schmusekatze – und bald auch zur Naschkatze. Das habe ich gelernt. Diese Frauen ziehen sich gerne am Morgen nach erfolgreich verlaufener Kuschelnacht das hellblaue Businesshemd ihres Elitetraumpartners über, und zwar in einem unbeobachteten Moment, während er duscht. Sie ziehen die Beine an und nippen an ihrem Milchkaffee, den sie beidhändig festhalten. Jeder kennt den Film, oder? Die Steigerung wäre: Sie hat auch noch seine Lufthansa-Mütze auf, auf jeden Fall lächelt sie dann beglückt ihr verträumtestes Elitepartnerlächeln, blickt irgendwo in die Ferne Richtung Aschaffenburg, sich in der Sicherheit wähnend, dass sich die Premium-Mitgliedschaft vollauf gelohnt hat.

Aber nicht alle Katzenfrauen sind gleich. Nein, nein, ganz und gar nicht! Manche sind romantisch verträumt, andere dagegen voller Leidenschaft. Sie fauchen und werfen die Mähne zurück. Ich habe Profile von Frauen gelesen, die mich in der Brandung karibischer Strände lieben und sich ebendort in meinem Nacken verbeißen wollten.

Manche schrieben, sie seien wie ungezähmte Wildkatzen, die vor Lust schnurren würden, aber eben bei Unmut auch »sehr wohl die Krallen ausfahren« könnten. Solche stürmischen Temperamente habe ich immer ElitePanter genannt und meistens weggeklickt, wenn sie zum Sprung angesetzt haben, weil ich es da immer mit der Angst zu tun bekommen habe. Sex in der Brandung mit einer Katzenähnlichen? Im Kino gerne, sonst eher nicht.

Das Besondere an mir

Wer eine Partnerin sucht, will in den seltensten Fällen die Nächstbeste. Es stimmt zwar, auch das gibt es, aber es ist die Ausnahme. Natürlich kann ich auch eine Frau, die Helga heißt, in der Tiefgarage unserer Wohnanlage kennenlernen, ihr den 20er-Karton H-Milch netterweise in den vierten Stock tragen und sie drei Wochen später heiraten – aber gemeinhin wollen wir »das Besondere« – oder wenigstens die Illusion davon. Zumal seit es Partnerbörsen gibt, in denen sich Kandidatinnen wie in einer gigantischen virtuellen Wühlkiste finden lassen und man sich nach Herzenslust die beste auswählen kann.

Damit man es leichter hat, »das Besondere« beziehungsweise die Besondere aus dem Meer der Kandidatinnen herauszufinden, müssen alle Elitepartner gleich auf der ersten Profilseite den Satz »Das Besondere an mir ist...« zu einem kurzen und knackigen Ende führen. Jetzt ist es müßig, darüber zu diskutieren, ob die Kandidaten dort nun eine Satzvollendung wählen, die eine wahrhaftig spezielle und auch noch höchst positiv zu bewertende einzigartige Eigenschaft ihrer Persönlichkeit bezeichnet –

oder ob da nur steht, was besonders gut ankommen soll, im Grunde aber gar nichts mit der eigenen Persönlichkeit zu tun hat. Ich vermute, der ganz überwiegende Teil der Kandidaten wählt eine Formulierung, die irgendwo dazwischen liegt. Man schreibt etwas hin, von dem man denkt, dass es Aufmerksamkeit erregt, originell wirkt und mit maximaler Effizienz hilft, das Ziel vom Traumpartner zu erreichen. So habe ich das schließlich auch gemacht.

Was ist das Besondere an mir? Auch ich habe beim Ausfüllen meines Profils an dieser Stelle ewig überlegt, denn auf diese Antwort kommt es ja wirklich an. Sie wird der interessierten Elitepartnerin gleich nach dem Einloggen an vorderster Stelle der Profilliste eingeblendet. Also noch bevor eine auf mein Profil klickt, liest sie, was ich an dieser Stelle geschrieben habe. Hier eine schmissige Antwort zu finden ist in etwa so schwer, wie wenn man einen Supertitel für ein Buch finden muss. Man will ja, dass es möglichst viele Leser kaufen. Man sucht also eine Variante, in der sich der angepeilte Verkaufseffekt mit einer möglichst originellen eigenen Handschrift irgendwie optimal verbindet. Ich habe den Satz schließlich beendet mit »... dass ich ein humorvoller, intelligenter und weltoffener Mensch bin«. Damit war ich eigentlich anfangs vollkommen zufrieden. Später, als ich erfolgreich angemeldet war, habe ich gesehen, dass es fast alle zu ihren Besonderheiten zählen, humorvoll, intelligent und weltoffen zu sein. Eine absolute 08/15-Antwort. Stinklangweilig. Irgendwann habe ich meine Antwort überarbeitet und, einer wahrlich kreativen Intuition folgend, eingegeben: »... dass ich auf Finnisch bis zehn zählen kann!« Ehrlich gesagt, ich bin auf diese ungewöhnliche Idee gar nicht selber gekommen. Ich habe sie bei irgendeiner Elitepartnerkandidatin abgeschrieben, ich vermute, bei einer mit finnischen Wurzeln. Yksi, kaksi, kolme. Die Antwort hat maximalen Effekt, seither bekomme ich deutlich mehr Anfragen als vorher. Ich bin jetzt nicht mehr langweilig, sondern witzig, locker, international, polyglott – und obercool.

Und meine Elitepartnerinnen? Auf was sind sie nach kräftigem Brainstorming gekommen? »...das musst Du schon selber herausfinden!« Das schreiben sie. Und fügen den augenzwinkernden Smiley ;-) an. So viele Frauen kommen auf dieses geniale Satzende, dass man schon den Verdacht hat, hier schreiben wohl alle voneinander ab. Mindestens so viele Frauen haben aber eine andere, nicht minder populäre Idee. Sie schreiben: »Das Besondere an mir ist, dass ich über viele Facetten verfüge!« Auffallend viele, ja vielleicht sogar unheimlich viele Frauen halten die Vielzahl der Facetten, über die der Kern ihrer Persönlichkeit verfüge, für das Besondere an sich, was sie für erwähnenswert halten. »Äußerst facettenreich« gibt da sogar eine an. Andere legen zwar nicht weniger Wert auf die »Facetten«, machen diese aber nicht so sehr in ihrer bunten Persönlichkeit ausfindig, sondern im Leben selbst! Und betonen ihre Gabe, alles, was da reizt im Leben, auch aufsaugen zu können. Heraus kommen dann Sätze wie dieser: »Das Besondere an mir ist, dass ich das Leben und die Liebe in all ihren Facetten liebe...!« Eine andere wiederum schreibt in ganz ähnlichem Sinn, dass sie durch das Leben mit all seinen Facetten tanze. Wir sind aber noch lange nicht durch, liebe Leserinnen und Leser. Eine Unternehmerin, 51, äußerst attraktiv, kommt zum Schluss, »...dass ich das Leben in all seiner Fülle beziehungsweise in all seinen Facetten umarme.« Noch bündiger formuliert eine Kauffrau, 42, sehr attraktiv, aus dem badischen Offenburg: »Ich genieße es Frau zu sein in all seinen Farcetten.« Das ist natürlich kaum noch zu toppen, aber eine Managerin aus Westfalen setzt doch noch einen drauf: »Das Besondere an mir ist, dass ich eine Frau mit vielen Fassaden bin!« Das schlägt dann dem Fass die Krone ins Gesicht, um mit den Worten des inzwischen verstorbenen ehemaligen DFB-Präsidenten Mayer-Vorfelder zu sprechen.

Bei so viel funkelnder Lebensfreude befremdet es fast schon, wenn einige wenige Frauen diese Leerzeile ganz anders nutzen, etwa zur Kundgabe rein praktischer Information. Etwa jene, die in großer logistischer Eindeutigkeit den Satz »Das Besondere an mir ist…« mit »…dass ich nicht ortsgebunden bin! (Ein Umzug wäre umgehend möglich!)« beendet. Da wird nicht lange rumgesülzt, sondern Butter bei die Fische gegeben. (Was mich ein bisschen an den alten Witz erinnert, in dem ein Bauer eine Frau mit Traktor sucht und am Ende der Bekanntschaftsannonce vermerkt: Bitte Bild von Traktor mitschicken!) Unüblich, irritierend und dann doch wieder irgendwie erfrischend wirken in all dem Facettenreichtum auch Satzenden, die wie aus dem Nichts kommen und dann etwa lauten: »…dass ich eine lebendige Beziehung zu Jesus Christus habe!« Warum auch nicht. Jedem das Seine. Amen.

»Das Besondere an mir ist, dass ich sehr gern lache.« Auch diese Satzvollendung ist unter Elitepartnerinnen sehr beliebt. Klar, wer will hier schon griesgrämig oder muffelig erscheinen. Also ist das Besondere an mir, »…dass ich sehr gerne lache, sogar über mich selbst!« »Ich lache oft ohne jeden Grund!«, schreibt da eine 48-jährige Primarlehrerin

mit Augsburger Postleitzahl, »immer und immer wieder!«
»Ja, ich lache oft und gern«, die nächste Aspirantin. Und
eine andere lacht nach eigenen Angaben so viel, dass sie
schon Lachfalten hat, »auf die ich stolz bin!« Das Besondere an mir, steht da bei einer 45-jährigen Physiotherapeutin, ist, »dass ich ein totaler Lachmensch bin!«

Worüber man denn lache? Auch das will der Frage-
bogen wissen. Ich habe herausgefunden, dass viele Frauen
den TV-Arzt Eckart von Hirschhausen total lustig finden
oder den Komiker Dieter Nuhr, ansonsten »schwarzen«
britischen Humor lieben – und lachen, »wenn mir im
Alltag ein Missgeschick passiert! ;-)))« Humor pur also.
Und viele wollen unbedingt ganz und gar frech rüberkommen und betonen den Lausbuben in sich: Solche jung
gebliebenen munteren Frauen, denen gerne auch noch
»der Schalk im Nacken sitzt«, schreiben gerne, »das
Besondere an mir ist, dass Du tagsüber mit mir Pferde
stehlen und nachts Sternschnuppen zählen musst!« Eine
andere wird noch konkreter und gibt an, »dass man mit
mir schon morgens um fünf Pferde stehlen kann!« Wahlweise Pferde oder gerne auch Kirschen in Nachbars Garten! Die Elitepartnerwelt, ein großer Abenteuerspiel-
platz. Ich glaube, das sind Frauen, denen es auch gefallen
würde, wenn man ihnen einen Klaps auf den Po gibt und
dann mit vorgehaltenem Zeigerfinger sagt: »Du kleiner
Frechdachs, du!«

Der meistverbreitete Hinweis einer Frau, dass sie nicht nur am heimischen Wäschetrockner überzeugt, sondern auch in Dingen der Erotik, drückt sich auf den Elitepartner-Profilseiten vielleicht am prägnantesten in einem auf die kurze Formel gebrachten Selbstbekenntnis aus, wonach die Betreffende erklärt, »im kleinen Schwarzen eine genauso gute Figur« zu machen »wie in lässigen Jeans«. Das steht hier in jedem dritten Profil – und als Mann liest man es natürlich gerne. Schließlich will man ja künftig zusammen nicht nur Enten füttern gehen. Eine will hier sogar »mit ihrem Liebsten im kleinen Schwarzen Pferde stehlen«, Uhrzeit unbekannt. Am Ende überrascht dennoch die unerwartete Häufigkeit, in der da im kleinen Schwarzen angeblich eine gute Figur gemacht wird. Aber man nimmt es erst einmal erfreut zur Kenntnis. Mindestens genauso lässt es das Herz von uns männlichen Elitepartnern höher schlagen, wenn da aus der Feder einer Volljuristin zu lesen steht, »... dass ich mich in High Heels genauso wohlfühle wie in Sneakers«. Wiederum erstaunlich viele Frauen fühlen sich offenbar in High Heels wohl. Eine schreibt, es sei das Besondere an ihr, »... dass ich gerne in High Heels in New York shoppen gehe«. Bei anderen ist es nur die Schildergasse in Köln, aber auch viele andere nationale Shopping Malls werden von attraktiven Frauen offenbar regelmäßig in High Heels absolviert. Vollends hoch hinaus will die 45-jährige Hotelfachfrau aus dem Lippischen, sehr attraktiv, die zum Besten gibt, an ihr sei das Besondere, »dass Du mich in High Heels zum Heliskiing entführen kannst!« Und eine Gymnasiallehrerin aus dem schwäbischen Unterland hat eine ganz spezielle Fantasie: Sie schreibt, das Besondere an ihr sei, dass sie mit mir gerne »in High Heels« eine Natursteinmauer bauen möchte. Ich bin dabei und rühr schon mal den Mörtel an.

Elitepartnerinnen sind Frauen, die wissen, was sie wollen, und die voll und ganz zu ihrer Weiblichkeit stehen. Das wird mir schon nach kurzer Konsultation dieser Seiten klar – und so erwarte ich das auch. »Das Besondere an mir ist«, steht hier, »…dass ich es genieße, durch und durch Frau zu sein.« Nun gut. Oder hier schon mit leicht eingeschnapptem Unterton: »…dass ich meine Weiblichkeit sehr wohl genieße!!!« Als ob dies bislang jemand verhindert hätte, denke ich da nur. Eine andere nennt das Besondere an sich, dass sie »ein absolutes Vollweib« sei. Und gibt damit jedem Aspiranten die Möglichkeit, noch rechtzeitig in Deckung zu gehen. Oder es steht da: »…dass ich das Kind in mir bewahren konnte.« Ich denke, das will ich doch lieber nicht erleben! Eine andere schreibt: »…dass ich die Quelle des Glücks und der Liebe gefunden habe!« Und mir kommt in den Sinn: Ja, warum bist du dann hier, meine Gute? Oder: »…dass ich eine Frau mit Biss bin!« Geschrieben von einer 46-jährigen Zahnärztin aus Thüringen. Ich rieche schon den Wartezimmergeruch und höre, wie sie mich anherrscht: »Aufmachen!« Kreativ auch die 43-jährige Augenoptikermeisterin aus Bonn. Was schreibt sie? Richtig: »…dass ich stets den richtigen Durchblick habe!« 100 Punkte. Schön auch zu lesen: »…dass ich im Herzen jung geblieben bin!« Eine Satzvollendung einer 41-jährigen Einrichtungsberaterin. Eine Friseurmeisterin, 46, sehr sympathisch, vollendet den Satz mit den Worten, »…dass ich jung geblieben bin, egal, ob in den Einstellungen oder dem Aussehen«. Und eine 46-jährige Sachbearbeiterin aus einer Landesbehörde in Regenburg formuliert, »...dass ich mindestens 10 Jahre jünger aussehe als ich bin – und mich nicht so fühle«. Tatsächlich scheint hier das Alter ein Problem zu sein, und ich denke, so etwas schreiben Frauen, die sich wirklich jung und knackig fühlen, eigentlich eher nicht. Oder irre ich mich? »Dass ich sehr mitfühlend über den Tellerrand schaue«, ist zwar schön zu wissen von der sehr sympathischen 48-jährigen Erzieherin aus Bielefeld, aber ähnlich erhellend wie das Satzende »...dass ich ein bisschen durchgeknallt bin«. Zu Protokoll gegeben von Sonstiges, 44, sehr sympathisch. Und am Ende begegnet uns auch noch der *kleine Prinz* erstmals in dieser Rubrik. »Das Besondere an mir ist...«, schreibt die Fondsmanagerin aus Bad Hersfeld, »...dass ich glaube: Man sieht nur mit dem Herzen gut. Das Wesentliche ist für die Augen unsichtbar.« Wie wahr! Der Subtext lautet: Wenn du mich nicht liebst, liegt das nicht an mir, Darling, sondern daran, dass du schlecht beziehungsweise nicht mit dem Herzen siehst!

Bei *ElitePartner* kann jedes Mitglied auch in ein paar Sätzen skizzieren, wie man sich ein ideales Wochenende zu zweit vorstellt. Das leuchtete mir von vornherein ein. Eine gute Idee. Denn wenn ich vorher schon weiß, dass meine Partnerin am Wochenende lieber zum Hundefriseur und anschließend zum Bouldern in die Kletterhalle im Industriegebiet möchte, ich aber lieber zu Hause an meinem alten Rennrad rumschrauben will, dann wissen wir beide vorher schon, dass es schwierig werden könnte, diese beiden Welten unter einen Hut zu bringen. Natürlich ist ein gelungenes Wochenende für jeden etwas anderes. Aber was ist es für mich? Das weiß ich gar nicht so genau. Die meisten Damen bei *ElitePartner* haben davon allerdings eine ziemlich klare Vorstellung. Für sie beginnt es nach dem Ausschlafen mit einem »ausgedehnten Frühstück«. Das hatten wir schon. Frauen, die ausgiebig gefrühstückt haben, wollen danach in der Regel »gemütlich bei meinem Partner eingehakt über den Wochenmarkt schlendern«. Das stellt zumindest mich schon vor größere Probleme. Ich will eher nicht am Wochenende gemütlich über den Markt schlendern, dafür ist mir meine Zeit zu schade, außerdem trifft man auf dem Wochenmarkt viel zu oft Leute, die man eigentlich gar nicht treffen möchte. Dann die Abende: Eine Lehrerin, 44, sehr sympathisch, schreibt: »Mein Wochenend-Traum ist ein Abend, der nicht endet: Holzdielen, runde, verkratze Tische, Lachen, Stimmen, es ist dämmrig, Erdnuss-Schalen stehen herum, halbleere Gläser, die letzten Gäste brechen auf, jemand zupft die Saiten, spielt *Knocking on Heavens Door* – und ich träume und hoffe, dass dieser Augenblick bleibt. Willst Du mit mir träumen?« Nein, ich muss leider abwinken, im Moment nicht danke! Eine bayerische Regierungsbeamtin, attraktiv, tickt ganz ähnlich. Auch sie beschreibt ein sehr stimmungsvolles Wochenendszenario. Sie möchte am groben Vintage-Holztisch in der keramikgefliesten Küche in ihrem Landhaus in der Toskana sitzen und dort mit mir bis morgens um drei Uhr »über Gott und die Welt diskutieren«. Zuvor möchte sie mit mir zusammen Spaghetti kochen und dann eine Spaghettinudel so essen, dass ihr »Liebster« am einen Ende der Nudel knabbert, sie am anderen Ende. Wenn die Nudel beiderseits eingesaugt ist, sollen sich die Lippen berühren, und es soll zum Kuss kommen. Dabei will sie mir tief in die Augen schauen. Schreibt sie in der Rubrik »Ein ideales Wochenende ist für mich, wenn...«. Ich frage mich, wie das gehen soll. Ob wir die Spaghetti-Kaumasse vor dem Kuss runterschlucken oder noch damit warten, bis wir wieder voneinander lassen? Darüber gibt sie keine näheren Auskünfte. Dafür ist noch von tanzen die Rede. Frauen wollen an einem rundum gelungenen Abend natürlich auch tanzen, das ist bekannt, zur Not auch auf Keramikfliesen. Männer ja bekanntlich nicht so oft. Auch nicht auf Keramikfliesen.

»Willst Du mit mir die Schuhe durchtanzen?«, liest man daher nur folgerichtig bei einer Controllerin aus dem Sächsischen. »Willst Du mit mir tanzen, tanzen, tanzen?«, fragt noch stürmischer die Chefsekretärin, 39, sehr attraktiv aus Brandenburg. Am Ende ihres Auftritts hat nämlich jede Elitepartnerin die Möglichkeit, ihren Interessenten drei Fragen zu stellen. Diese am besten recht zugespitzt formulierten Fragen sollen zum einen Klarheit darüber bringen, ob man ähnlich tickt, und sie sollen auch eine Form der Selbstauskunft sein, was einem wichtig ist an einer Partnerschaft und was nicht. »Besuchst Du mit mir eine Lasertag-Halle?«, »Spielst Du mit mir Pokemon-Go?«, »Fährst Du mit mir nach Wacken zum Heavy Metal Open Air Festival?«, »Würdest Du mit mir in einem historischen Kostüm einen Mittelaltermarkt besuchen?« oder »Möchtest Du mit mir im Paragliding den Doppelsprung im Tandem wagen?« Die letzten drei Fragen richtet Consulting, 45, attraktiv, an den Mann ihrer Träume. Meine Antwort: ein andermal. Einen, wie ich finde, wirklich fulminanten Dreier hat eine äußerst attraktive 48-jährige Deutschlehrerin aus Tübingen rausgehauen: »Was hältst Du von Treue? Wie wich-

tig ist Dir Körperpflege? Liest Du genauso gerne wie ich?«
Ich habe mich gefragt, gibt es tatsächlich jemanden, der
hier schreibt: »Hallo, Charlotte, nun zu Deinen Fragen:
Mit der Treue halte ich es nicht so, weil bei mir alles vor
die Flinte kommt, was nicht bei drei auf dem Baum ist.
Körperpflege find ich schrecklich. Wo kämen wir denn
da hin, wenn ich anfangen würde, morgens zu duschen?
Und lesen tu ich äußerst ungern, und wenn, dann nur die
BILD am Sonntag!« Eine 40-jährige Juristin aus Würzburg
schlägt da ganz andere Töne an. Ihre zentrale Frage ist wie
aus purer Poesie geformt: »Ist ein Tropfen Liebe mehr als
ein Ozean an Willen und Verstand?« Und ich frage mich,
wer würde ausgerechnet auf einem Online-Dating-Portal
schreiben: »Nein, sie ist es nicht!«? Wesentlich ergebnis-
orientierter geht da eine Sozialarbeitern aus Hessen vor:
»Was machst Du, wenn ich friere? Darf ich meine kalten
Füße an Dir wärmen?« Sie vergisst allerdings leider, dass
es tatsächlich erotischere Formen der weiblichen Annäherung gibt, als ihrem Lover die eigenen Eiszapfen unter der
Decke entgegenzustrecken und ihn aufzufordern, umgehend als Wärmeflasche zu fungieren.

Die sympathische, 38-jährige Orthopädin aus Bre-
men fragt dagegen ganz uneigennützig: »Liebst Du es, das
Leben zu genießen? Das Leben ist zu kostbar, um es langweilig zu gestalten? Eine Partnerschaft ist dafür da, um
sich gegenseitig zu bereichern?« Wahrscheinlich haben
die Männer, die bisher geantwortet haben, geschrieben:
Ja, ja und nochmals ja!!! Oder dreimal ja!!! Yeah. Sie hat
ja so recht, die Orthopädin. Die beste Dreierkombi kam
allerdings von der 47-jährigen Senior Customer Service
Managerin aus Wuppertal. Drei Fragen, die ich danach
nie wieder vergesse habe und die seither unverwüstlich

in meine Großhirnrinde eingeritzt sind: »Liebst Du das Leben? Liebst Du die Leidenschaft? Würdest Du mit mir nackt im Sommerregen tanzen?«

Es soll hier aber kein falscher Eindruck entstehen: Frauen bei *ElitePartner* lassen sich keineswegs nur auf ihr sinnliches Wesen reduzieren. Frauen bei *ElitePartner* wollen nicht nur zum Frühstück kuscheln und später nackt im Sommerregen tanzen, sondern sie sind immer auch bestrebt, ihre kreative intelligente und belesene Seite hervorzukehren. Um ihre Bildungskompetenz unter Beweis zu stellen, gibt es bei *ElitePartner* die Rubriken »Mein Lieblingsbuch ist…« und »Bevorzugte Zeitungen/Zeitschriften«. Was mir beim Studium der betreffenden Spalten sofort auffiel: Frauen lesen Zeitschriften, die ich bislang nicht auf dem Schirm hatte. Verblüffenderweise steht das Periodical *brand eins* ganz oben auf ihrer Liste. Kennen Sie *brand eins*? Ich nur dem Namen nach. Das Lieblingsbuch der meisten Frauen ist dagegen eines, das man gar nicht erwartet hätte, nämlich sinnigerweise: »…immer das, was ich gerade lese«. Okay, aber wenn sie dann eine Weile nachdenken, dann lesen die meisten offenbar doch am liebsten den *Kleinen Prinzen* von Antoine de Saint-Exupéry. Und gerne auch Bücher von Paulo Coelho. Beide nach meiner Erfahrung zwei eher problematische Autoren, die Bücher geschrieben haben, die zwar jeder kennt, aber keiner gelesen hat. *Der kleine Prinz* ist mit Verlaub eine recht verzwickte Nummer, die Parabeln kapieren die wenigsten, und am Ende bleibt nur der windschiefe Satz: »Man sieht nur mit dem Herzen gut!« Und Coelho ganz ähnlich. Ziemlicher Mist, der *Alchimist*. Und, mal ehrlich, sein verquastes Jakobswegbuch hat wirklich keinen Spaß gemacht. Es gehört aber offenbar irgendwie dazu, es im

Bildungsgepäck mitzuführen. Dann noch Ken Follett. *Die Säulen der Erde*. Oder *Der Medicus*. Eine gab die *Kreuzersonate* von Zweig als ihr Lieblingsbuch an, ich glaube, sie meinte die *Schachnovelle*. Zu den unausrottbaren Vorlieben gehören auch Skulpturen von Niki de Saint Phalle. Die stehen unter den Top Ten ganz oben, wenn es gilt, den Satz zu vollenden: »Wenn ich ein Kunstwerk wäre, dann wäre ich…« Als ob man ein Kunstwerk gerne sein könnte. Ich glaube, außer Horst Seehofer gibt es zurzeit gar kein lebendiges Gesamtkunstwerk. Soweit ich richtig informiert bin.

Sexy Shots

Es ist nicht das Wichtigste, dass eine Frau hübsch ist. Das mag so sein. Aber ein attraktives Äußeres ist auch nicht der geringste unter den Beweggründen, sich einer Frau anzunähern. Da werden mir vor allem meine männlichen Leser recht geben. Den »Bewerbungsfotos«, von denen man bei *ElitePartner* gleich ein paar hochladen kann, kommt daher, so oder so, eine besondere Bedeutung zu.

Jetzt wissen natürlich alle, dass ein Foto gar nichts sagt. Man kann ja heutzutage mit dem Beauty-Filter von *Snapchat* oder mit ein paar anderen »Tools« des Bildbearbeitungsprogramms *Photoshop* problemlos aus Erna Müller Kim Kardashian machen – und aus Norbert Röttgen Elvis Presley. Ich weiß das, alle wissen das. Und dennoch gehen wir alle immer nach der Optik. Nicht weil wir nur geblendet wären und ausschließlich unseren kruden Kopfkino-Fantasien aufsitzen. Nein, irgendwo sagen die Fotos dann auch wieder sehr viel über jemanden aus, weil sie, zumal in ihrer Auswahl und der jeweiligen Eigeninszenierung, die im Bild vorgenommen wird, doch sehr viel von der betreffenden Person erzählen. Ob sie das will oder nicht. Wie will ich rüberkommen? Darum geht es hier. Auch bei mir. Ich will ja zuerst einmal vermeiden, dass man mich mit Alexander Dobrindt verwechselt. Also wählt man an Bildmaterial aus, was man von sich für attraktiv hält. Ich habe zwei Fotos von mir hochgeladen. Eines, auf dem ich den Nachdenklichen gebe, also den erfahrenen, besonnenen und doch jung gebliebenen Witwer, eine Art intellektueller Bergführer, dem man sich auch in kniffligen Lebenslagen anvertrauen kann und der dem weiblichen Fantasieszenario von Kaminfeuer, Rotwein und Kuschelfreuden ohne Weiteres anschlussfähig ist, der zuhört und sensibel ist, absolut sachkundig auf die Probleme seiner jeweiligen Elitepartnerin eingeht – und der aber auch eine, wenn auch nur verhaltene, erotische Grundkompetenz ausstrahlt. Das war die ursprüngliche Idee. Am Ende wählte ich von mir ein Portraitfoto, das ausgerechnet mein Sohn am Ende eines Strandtags an der Ostsee von mir aufgenommen hat – und das in einem ganz anderen Kontext entstanden ist. Genauer gesagt, kurz nachdem er mir versehentlich einen Volleyball an den Kopf geschossen und mich so aus meiner Strandlektüre aufgeschreckt hatte, ich ihm daraufhin eigentlich einen gesalzenen Anschiss verpassen wollte, er diesen aber mittels seiner auf mich gerichteten Smartphone-Kamera elegant vereitelte, ja, es ihm dadurch sogar tatsächlich gelang, mich ihm gegenüber schlagartig wieder vollkommen versöhnlich und ganz und gar wohlgesinnt zu stimmen. Es handelt sich hierbei also um einen Fall väterliche Milde walten lassender Mimik, die ich aufgrund ihrer inhärenten Triplizität von innerer Grundanspannung, latent verströmter gütiger Autorität und sich in sie hineinmischender walrossartiger Gelassenheit als auch irgendwie für Frauen attraktiv einstufte und daher als Profilfoto auswählte. Ja, und dann noch ein zweites Foto. Eines, in dem ich meine unschlagbar humorvolle Seite präsentiere und verschmitzt wie topgelaunt lächele, wobei meine Partnerinnen natürlich nicht wissen können, dass ich auf den allermeisten Fotos, die es von mir gibt, höchst miesepetrig in die Linse äuge und dass ein herzhaft lachendes Foto von mir unter all den Fotos, die je von mir gemacht wurden, etwa so selten ist wie die Blaue Mauritius in der Sammlung eines durchschnittlich bestückten Hobby-Philatelisten im Landkreis Paderborn. Kurzum, ich denke, durch die beiden Fotos meinem angepeilten Ziel verdammt nahe gekommen zu sein, nämlich genau so zu wirken, wie ich es geplant hatte: als eine Mischung aus Clint Eastwood und Helge Schneider.

Und die Frauen? Machen es genauso. Die meisten wissen, nur nett geht so wenig wie nur schlau. Erotische Signale, wenn auch nur leicht dosiert, das ist hier gefragt. Genau diese auszusenden, das ist bei fast allen Elitepartnerinnen zumindest bei einem der eingestellten Fotos beabsichtigt, was mir ja auch immer durchaus willkommen ist. Mein Fazit: Frauen geben ziemlich viel Gas, wenn es um erotische Signale geht. Mehr als ich dachte. Vielleicht müssen sie das ja auch. Also evolutionär gesehen. Locken, Scharwenzeln, kokett sein.

Reden wir nicht länger drum herum: Es versteht sich, dass es bei *ElitePartner* auch um Sex geht. Sex ist ja eine weitverbreitete zwischengeschlechtliche Begegnungspraktik und in der Regel das, was ein sich in Liebe zugetanes Paar wenigstens gelegentlich miteinander ausübt, dabei gegenseitig bemüht ist, die geteilte Sexualität als Quelle des Wohlbefindens und sinnlichen Genießens auszuschöpfen, oft, öfter, immer wieder oder wenigstens am Samstagnachmittag nach der Bundesliga-Schlusskonferenz. Auch ist es in der Regel so, dass sich männliche Kandidaten nicht nur, aber auch deswegen bei *ElitePartner* einfinden, um das eigene Sexualleben etwas zu bereichern, ein menschliches Motiv, an dem an sich nichts auszusetzen ist. Auch ich gebe ohne zu erröten zu, dass die Aussicht, meiner in dieser Hinsicht eher eremitenhaften Existenz der letzten Jahre durch die Vermittlung einer anschmiegsamen Partnerin ein für alle Mal zu entkommen, nicht der letzte meiner Beweggründe war, im Internet auf Brautschau zu gehen. Es ist also für mich wie für jeden Mann, der sich hier tummelt, von besonderem Interesse, sich einmal näher anzusehen, was Elitepartnerinnen im erotischen Bereich fototechnisch in Aussicht stellen. Sozusagen als Vorgeschmack auf das, was da auf einen freienden Jüngling mittleren Alters wie mich zukommen würde, sollte es ihm tatsächlich gelingen, eine von ihnen zum Liebesspiel zu erweichen.

Sofort fiel mir auf: Die hohe Übereinstimmung bei vielen Schnappschüssen, die man hier antrifft, was die bevorzugte Selbstinszenierung, den Bildaufbau und die gewählten Attribute betrifft, ist absolut frappierend. Die mit prickelndem Schaumwein gefüllte Sektflöte, die immer irgendwie leicht übermütig in die Kamera gereckt wird, ist in den ganz überwiegenden Fällen das Symbol der Wahl, mit dem eine Frau signalisieren will, das mit ihr mehr zu machen ist als Bibelexegese. Auf vielen Profilfotos wird das schlanke und immer volle Trinkgefäß meistens von einer Trägerin präsentiert, die in bester Sektlaune zu sein scheint, leicht aufgekratzt und angeschickert vor sich hin giggelt. Dabei sitzen Sektflöten schwenkende Frauen gerne entweder in weiß lasierten Gartenklappstühlen mit floral gemusterten Polsterbezügen auf südlichen Terrakottaterrassen und achten darauf, dass auch noch ihre frisch lackierten Fußnägel im Bild zu sehen sind. Oder sie wählen als Bildhintergrund ein Bambusgestrüpp, das man so in den Centerpark-Ferien vorgefunden hat. Oder ein Keith-Haring-Plakat in einem wartezimmerähnlichen Raum, vor dem man dann auf einem weißen Ledersofa Platz nimmt. Durchaus möglich ist auch die Platzierung von Sektflöte nebst Halterin direkt im Sündenpfuhl beziehungsweise im sprudelnden Heim-Whirlpool, sofern vorhanden. Und: Sehr gerne gehen Frauen auch an oder sogar auf Motorhauben von Sportcabrios in Stellung. Das für mich maximal erotische Sektflötenfoto war allerdings das einer 46-jährigen kaufmännischen Kraft aus dem bayerischen Allgäu, die im Minirock vor einem aufgestapelten Vierersatz Sommerreifen offenbar in einer Kfz-Werkstatt reüssierte – und mit verrucht-lockendem Blick in die Kamera prostete. Und, wie ich vermute, so die Wartezeit während eines Ölwechsels sinnvoll zu einem Shooting zu nutzen verstand.

Die meisten Frauen senden ihre erotischen Signale gekonnt wie nebenbei aus. So, wie der Duft eines Parfums nur ein Hauch dessen sein kann, was eine Frau in Aussicht stellt, wenn sie erobert würde, so setzen Frauen auf vielen Fotos eine nonchalante Geste ein oder ein verführerisches Lächeln, das wie beiläufig daherkommen soll. Aber es gibt auch andere Beispiele. Ohne Umschweife zur Sache kommt da etwa eine gut gebaute Sekundarstufenlehrerin aus Pirmasens, die ihren Interessenten als zweites Foto nach ihrem Portrait kurz und bündig ein Lichtbild präsentiert, das, offenbar an einem Mittelmeerstrand aufgenommen, ihr wohlgeformtes Hinterteil im Bikinihöschen wirkungsvoll in Szene setzt. Da weiß man, was man hat. Ich finde das durch und durch in Ordnung. Das ist praktisch, da bleiben keine Fragen offen, so kann man arbeiten. Trotzdem bleibe ich dabei: Die Dosis macht es. Ein bisschen sexy ist richtig, zu wenig so falsch wie zu viel. Ein bisschen in die Kamera flirten ist okay. Zu viel Gas zu geben vertreibt den Traumprinzen eher. Der Frontalangriff verstört und kann auch verscheuchen, zumindest mich. Zu viel Zugeknöpftes, Steifes, Unlockeres verschreckt mindestens genauso wie zu viel nackte Haut. Auch in der Wortwahl: Es ist okay, wenn sie leichte Andeutungen macht, dass mit ihr nicht nur eine kunsthistorisch wertvolle Begehung der Sixtinischen Kapelle durchzuführen ist, sondern es ihr auch Freude macht, hernach im luftigen Sommerkleid Arm in Arm durch Trastevere zu schlendern. Problematisch wird es, wenn da nur Kolloquium ist – oder die doch etwas übertölpelnde Nachricht, man müsse bei ihr als Widderfrau jederzeit damit rechnen, dass sie einen unverhofft auch an der Regentonne im heimischen Schrebergarten verführt. *Too much information* – das Phänomen, vor dem man sich hüten sollte, um Erfolg zu haben, es gilt nicht nur im Text, sondern auch in der Sprache der Bilder.

Wenn man nach weiteren Attributen Ausschau hält, die Frauen wählen, um sich damit wirkungsvoll in Szene zu setzen, dann ist nach der Sektflöte der Hund ganz vorne mit dabei. Der Hund, aber auch andere Tiere wie Katzen, Pferde, Esel – und Delfine. Viele lassen sich auf der Waschbetonterrasse ablichten, wo sie neben ihrem Golden Retriever in die Hocke gehen. Diese Aufnahme ist übrigens auch mit Sektflöte denkbar. Oder sie präsentieren sich mit einem Chihuahua, der sein Köpfchen aus der Gucci-Handtasche reckt. Kaum einmal gewahrt man dagegen eine Elitepartnerin, die mit einem Erdferkel oder einem Ameisenbär in Position ginge. Meistens wird während der Aufnahme das Tier, das mit ins Bild muss, geherzt, geknuddelt oder zumindest von Frauchen voller Tierliebe, Güte und Wärme angelächelt. Das Herz, das man einst dem Elitepartner schenken will, hier wird es schon einmal stellvertretend dem Vierbeiner geliehen, und so kann sich der männliche Anwärter leicht ausmalen, wie wonnig es einmal sein wird, wenn die wärmsten Gefühle der Halterin eines Tages auf ihn selbst überfließen sollten.

»Sag mal, liebst Du Tiere?« Oder mit drohendem Unterton: »Du hast aber hoffentlich nichts gegen Tiere!?« Oder: »Also, bei Tierquälerei werde ich aggressiv, ein absolutes No-Go! Ist das klar?« Für viele Frauen ist das Verhältnis von Mensch und Tier eine Schlüsselfrage – und deswegen schreiben sie sie gleich in ihr Profil hinein. Ich frage mich bei solchen Fragen oder Statements immer, wer würde denn schon behaupten: »Nein, ich finde Tiere doof!« Oder: »Nein, ich finde Tierquälerei okay!« Niemand. Alle lieben Tiere. Kühe, Elefanten, Maikäfer. Oder täusche ich mich? Das Tier ist interessanterweise ein typisch weibliches Accessoire. Es gibt kaum Profilfotos von Männern bei *ElitePartner,* auf dem sie mit Tier posieren würden. Das habe ich mir von portalerfahrenen Frauen sagen lassen. Vielleicht ist mal so ein Vollhorst mit seinem Schäferhund vor der Trinkhalle darunter. Aber sonst sind es nur Frauen, die sich liebend gerne mit Hund oder Pferd ablichten lassen. »Ja, ich liebe mein Labradoodle!«, schreibt Jenny, 52, sehr attraktiv. Und knuddelt schon mal los.

Übrigens die Senior Customer Service Managerin, die mit mir nackt im Sommerregen tanzen will, hat mir in der Zwischenzeit ihre Fotos freigeschaltet. Darunter tatsächlich eines von ihr und einem Delfin. Sie im Meer mit einem Delfin. In einem hellgrünen Badeanzug mit orangen Streifen. Man sieht, wie sie gerade mit durchgestrecktem Leib aus den Untiefen des Ozeans nach oben durch die Wasseroberfläche geschnellt ist und nun den Meeressäuger direkt auf die Schnauze küsst. Ihr drittes Foto ist dann von noch intensiverer ätherischer Strahlkraft und soll Ihnen, liebe Leserinnen und Leser, genau deshalb nicht vorenthalten sein. Ich sehe die Managerin beim Golfen auf dem Grün. Bei Loch 14. Sie steht mit Golf Cap und Schläger kurz vor dem Einputten und lächelt irgendwie asbesthaltig. Im Hintergrund ist ein geparktes Caddy-Fahrzeug zu sehen, ein Golfsack steht da, und ein wuscheliger Rassehund ist zu erkennen. Untypisch für das Arrangement ist lediglich eine alte Frau im Bildhintergrund, die auf einer umgedrehten Schubkarre sitzt und ein Käsebrot verzehrt. Wahrscheinlich ist das meine künftige Schwiegermutter.

Ja, es ist mittlerweile Ladies Night, liebe Leserinnen und Leser, Sie haben es bemerkt. Aus den Profilen der Elitepartnerinnen kann man nämlich auch viel Lohnendes zum Thema weibliches Rollenverständnis herauslesen. Beginnen wir bei ihr. Eine Erzieherin aus Dortmund, 45, attraktiv. Sie scheint eine aufgeweckte Elitepartnerin zu sein. Sie schreibt, sie suche einen Traumprinzen, hält aber keineswegs damit hinterm Berg, wie wichtig ihr ihre Freundinnen seien. Man erfährt, dass sie gerne auch mal was »nur unter Mädels« mache. Und man meint schon, die ganze Rasselbande durch die Profilseite hindurch kichern zu hören. Ob ich als Mann etwas dagegen hätte, »wenn sie ab und zu Mädelsabend mache«, steht da ganz selbstbewusst als eine ihrer vordersten Fragen an mich. »Mädelsabend«. Ich muss schlucken. Ich kenne dieses Wort aus vielen Profilen. Ich sage es ganz offen: Ich will, ehrlich gesagt, eher keine Frau haben, die »Mädelsabend« macht. Nicht, weil ich zwanghaft eifersüchtig wäre und eine Rundumbetreuung durch meine zukünftige Partnerin anstrebe. Nein, keine Angst, meine künftige Lebenspartnerin, so ich sie denn eines Tages finden werde, kann sich mit ihren Freundinnen treffen, so oft und wann immer sie will. Aber bitte nicht zum »Mädelsabend«.

Lassen Sie uns zunächst einmal klären, liebe Leserinnen und Leser, was das überhaupt sein soll, so ein »Mädelsabend«. Was braucht man eigentlich für einen »Mädelsabend«? Popcorn? Asti Spumante? Crystal Meth? Ich denke darüber nach, welche Frauen eigentlich »Mädelsabend« machen. Barbara Schöneberger? Verona Pooth? Gerda Hasselfeldt? Julia Klöckner? Eventuell auch Maybrit Illner. Aber was wird mir damit gesagt? Was ist die Message von »Mädelsabend«? Die Botschaft könnte sein: Wir Frauen sind von Natur aus so, dass wir ab und zu Dinge tun müssen, wovon ihr Männer keine Ahnung habt! So wie früher auf der Tupperparty. Zum Beispiel Nagellack-Trendlooks austauschen. So, wie ihr Männer ja auch Dinge tut, wovon »wir Mädels« keine Ahnung haben, zum Beispiel bei minus zehn Grad Celsius mit freiem Oberkörper eine Runde auf der Enduro um den Central Park in New York zu drehen oder mit dem Bollerwagen am Vatertag durch die Stadt zu taumeln und im Chor »Eins, zwei, Tittenfick!« zu schreien. Es gibt da eben etwas, das nur wir verstehen können, weil wir anders sind als ihr. Und wenn wir über dieses andere sprechen, dann kichern wir Mädels eben. Hihihi. Egal, jetzt lasst uns halt! Etwas, das wir teilen, wir Mädels, die wir zwar alle schon weit in den Vierzigern sind, aber uns trotzdem »Mädels« nennen. Hihihi. Und wir können ziemlich ungemütlich werden, wenn ihr uns dabei stört! Oh ja! Männer, die sich schon einmal einer solchen reinen Mädelsrunde in der Kneipe genähert haben, in völliger Unkenntnis der Natur der Veranstaltung, also quasi aus purem Versehen, wissen genau, wovon ich rede. Da kann die Alpha-Henne dann ziemlich giftig werden, wenn man sich in aller Naivität dazusetzen und ein kleines Spezi mittrinken möchte. Das geht ja gar nicht.

Mädelskram. Was ist das eigentlich? Freizeit, Beauty, Spaß. Klar, Klamotten kaufen, Schuhe kaufen, Shopping, Prosecco, Tanzen, am liebsten mit beiden Armen nach oben gereckt. Aber genau besehen ist ein »Mädelsabend« eine eher denkwürdige Angelegenheit. Im Kern drückt sich darin die Akzeptanz eines Rollenbildes aus, demzufolge

Frauen nicht nur als ganz und gar eigenartig, sondern auch ein bisschen beschränkt sind. Tatsächlich stimmt es, »Mädelsabend« veranstalten Frauen erst, wenn sie in einem irreversiblen Zustand der Trutschigkeit angekommen sind. Das kann mit 45 sein, manchmal aber auch schon mit 23. Immer setzt »Mädelsabend« voraus, dass es da einen Gatten, einen Partner oder einen Sponsor gibt, der die Genehmigung zum »Mädelsabend« erteilt, und wenn nicht das, dann doch eine Autorität, von der man sich, auch ohne sein weiteres Einverständnis einzuholen, einfach frecherdings mal eine hochverdiente Auszeit nimmt, eine Art Oberhaupt, dem man wenigstens einmal im Monat für ein paar Stunden entkommen möchte. »Mädelsabend« müssen daher notgedrungen Frauen veranstalten, die eine nicht ganz so glückliche Beziehung pflegen oder sie einst gepflegt hatten, wenn das Beziehungsende schon hinter ihnen liegt und sie bei *Elite-Partner* gestrandet sind. »Mädelsabend« unter Elitepartnerinnen machen also solche Frauen, die lange Zeit in einer Beziehung gelebt haben, in der sie immerhin einmal in der Woche freihatten. Und zwar freihatten von einem Mann, der ansonsten hauptsächlich als anstrengend, wenn nicht gar als Rund-um-die-Uhr-Belästigung empfunden wurde. »Mädelsabende« – das sind pseudorebellische Ausbrüche aus der Zwangsehe. Ausbrüche, die aber eigentlich das Eingeständnis eines Lebens in weitgehend klassischer Rollentreue signalisieren. Eine emanzipierte Frau braucht keinen »Mädelsabend«. Die macht immer, was sie will. Nur Unterdrückte müssen periodisch Freiheit atmen.

Es gibt übrigens noch viel mehr weibliche Fantasien, die, auch ohne dass es den jeweiligen Aspirantinnen be-

wusst wäre, eindeutig davon künden, wie sehr die Betreffenden von traditionellen weiblichen Rollenklischees ge-
prägt sind. Wenn etwa die 43-jährige Controllerin aus
Stuttgart meint, an ihr sei das Besondere, »... dass mich
auch eine kleine Parklücke nicht ins Schwitzen bringt!«,
dann drückt dies keinesfalls ein besonders emanzipier-
tes Frauenverständnis aus, sondern, so schwant es mir,
ganz im Gegenteil zunächst einmal die Anerkennung der
Legitimität der These, wonach Frauen normalerweise
überhaupt nicht einparken können. Erst wenn man diese
These akzeptiert, macht es überhaupt Sinn, sich davon
abzusetzen. Soziale Vorurteile über geschlechtertypische
Bedürfnisse und Verhaltensweisen entstehen aus den
gesellschaftlichen Rollenprägungen: Wenn die Ideologie
sagt, Frauen seien orientierungslose Wesen, dann glauben
das irgendwann auch alle. Und wenn nicht gleich alle, so
doch viele. Auch die Frauen! Man nennt es die norma-
tive Kraft des Faktischen: So, wie man die Welt erklärt
bekommt, so findet man sie bald vor. Und so, wie man
sie vorzufinden meint, so denkt man, so solle sie auch
sein. Das ist der eigentliche Grund, warum sich Männer
irgendwann in ihrem Leben eine Motorsäge zulegen und
Frauen ein Beauty Case. Man kann auch sagen: Sich an
einem gängigen Rollenklischee zu orientieren, auch wenn
man sich dezidiert davon absetzt, drückt immer aus,
dass man es im Kern gar nicht infrage stellt, sondern als
gegeben akzeptiert. Das wird direkt greifbar bei der Lehrerin, 41, attraktiv, die da von sich sagt: »Das Besondere an
mir ist, dass ich auch als Frau logisches Denken besitze!«
Als wenn sie mir dafür einen Beweis schuldig wäre. Oder
vielleicht doch?

Frauen und Männer sind ja so verschieden. Ich weiß. Manche Frauen, und unter ihnen vor allem die Mädels, die auf den »Mädelsabend« gehen, sind darüber hinaus auch noch der Ansicht, dass es unumstößliche naturgegebene Geschlechtereigenschaften gibt. Sie wissen schon, Männer können nicht zuhören, Frauen nicht einparken, klar. Aber auch jene Ansicht ist weitverbreitet, wonach Frauen ewig hilflos und schutzbedürftig und Männer nur Männer sind, wenn sie die Frauen beschützen. Eine unausrottbare Frauenfantasie, die ebenfalls hundertfach auf die *ElitePartner*-Seiten durchschlägt, ist jene immer wieder schlecht kopierte Szene, in der sie sich in Augenblicken besonderer femininer Schutzbedürftigkeit in die Klamotten des Mannes hüllen möchte. Am besten in seine alte Pferdelederjacke, die nach Ziege oder geräuchertem Fisch riecht, zur Not auch in seinen Alpaka-Norwegerpulli. Umgekehrt ist diese Fantasie undenkbar. Kein Mann dieser Welt würde im Schutzmoment die Tweedjacke seiner Freundin anziehen, wenn es ihn friert. Jetzt könnte man einwenden, ist ja kein Wunder: Frauen sind meistens kleiner als Männer, also würde dem Mann die Tweedjacke seiner Frau gar nicht passen. Aber selbst wenn: Das Umgekehrtszenario ist weitgehend unmöglich und empirisch nicht auffindbar. Die ewig frierende, im Grunde immer hilflose Frau aber, die sich bei einsetzender Nasskälte umgehend in die dicke Jacke ihres Mannes einkuschelt, ist eine mächtige Frauenfantasie von erheblicher Zählebigkeit. Nein, ich revidiere: *Er* kuschelt *sie* darin ein! Das geht so weit, dass Frauen den Schutzmantel sogar schon im *ElitePartner*-Profil einfordern. Auch wenn er nach geräucherter Ziege riechen sollte. Die ultimative Steigerung ist, dass er sie nach der Einhüllung in die Ziegenjacke auch noch in seinen Armen nach Hause transportiert. »Trägst Du mich«, schreibt eine in ihrem Profil, »wenn ich bei Regen meine Pumps nicht ruinieren will?« Ich glaube, sie empfand sich als Häschen oder eventuell als Schnupsi-Schatzi-Mausi. Wohin wollte sie getragen werden, liebe Leserinnen und Leser? Richtig, nach Hause, in das Schloss, das er für sie errichtet hat. Das liegt dort, wo sie sich wünscht, eines Tages »angekommen zu sein«. Ist eigentlich schon einmal jemand aufgefallen, dass auch nur Frauen von sich sagen oder schreiben: »In ein paar Jahren möchte ich angekommen sein«? Das ist, zumal bei *ElitePartner*, eine typische weibliche Antwort, die erst vor solchen Schutzfantasien Sinn ergibt. Angekommen will eine Frau sein, genau. Aber wo? Richtig, im Schutz meiner Arme, meiner alten Pferdedecke, meines Einfamilienhauses – genauer, siehe oben: am Kamin natürlich, am knisternden Kaminfeuer, das ich für sie entfacht habe. Und zwar ganz ohne Streichhölzer.

You say, you're lookin' for someone
Never weak, but always strong
To protect you an' defend you
Whether you are right or wrong
Someone to open each and every door
But it ain't me, babe

Bob Dylan

3. Kapitel

Direkte Frauenberührung

E-Mail für Sie!

An meinen ersten E-Mail-Dialog erinnere ich mich noch so klar, als sei es gestern gewesen. Ich hatte mich an einem Sonntagnachmittag, kurz nach der Erstanmeldung und kurz nachdem *ElitePartner* meine Fotos nach eingehender Prüfung freigeschaltet hatte, ins Netz der Liebeshungrigen begeben und wartete sehnsüchtig auf Anfragen attraktiver Elitepartnerinnen. Außerdem wollte ich heute selber aktiv werden. Mein Sohn war zu Besuch bei einem Freund, und so konnte ich ungestört nach Herzenslust blättern, studieren und auswählen, wenn ich da so alles anschreiben wollte.

Eine 42-jährige »äußerst attraktive« Anwältin in Berlin fällt mir auf. Sie hat zwar nur ein spärlich ausgefülltes Profil aufzuweisen, dafür aber an namhaften Universitäten studiert, dazu Hobbys, die zu mir passen. Und wir verfügen über eine hohe Anzahl von Matching-Punkten. Aber vor allem lässt sich schon durch das verpixelte Bild hindurch erahnen, dass da eine absolute Traumfrau auf mich wartet. Ich denke nicht weiter über die Folgen dieses Schrittes nach, fasse mir ein Herz und schicke ihr eine kleine Mail, in der ich mich höflich vorstelle, ein bisschen von mir und meinen Tätigkeiten schreibe, sie frage, was sie heute bei diesem herrlichen Sommerwetter noch so alles unternehmen würde, ob sie noch lange im Büro sitzen müsse, wie und wo sie diesen zauberhaften Sommerabend verbringen wolle. Am Ende fasele ich davon, dass ich jetzt ganz gerne im Urlaub wäre, irgendwo in Spanien, und frage sie abschließend, wie denn ein gelungener Urlaub mit ihr zusammen aussehen könnte. Ganz egal, ob in Spanien oder anderswo. Nicht besonders originell, aber alles offenlassend. Ich bin verblüfft, wie schnell sie mir antwortet. Keine fünf Minuten später macht es pling. »E-Mail für Sie!« Mit zitternden Fingern öffne ich die Online-Post. Das geht ja ruckzuck. Unglaublich. Sie hat ihre Fotos freigeschaltet. Ich bin wie vom Donner gerührt. Heilige Maria, Mutter Gottes, voll der Gnaden! Das gibt es doch gar nicht. Das hat meine kühnsten Erwartungen übertroffen: eine Haubitze, absolut waffenscheinpflichtig, eine Frau wie vom roten Teppich vor den Filmfestspielen, *big hair* wie einst die junge Sophia Loren, volles Volumen, ein Gesicht wie Laetitia Casta, betörend der Augenaufschlag, lasziv der Gesamtauftritt. Auf einem zweiten Foto sieht man sie vor einer antiken Säulenhalle in einem kurzen Nichts von Kleidchen posieren, das im Sommerwind ihre langen Beine umflattert, schlank und rank und absolut unglaublich. Mir treten die Schweißperlen auf die Stirn. »Ausreichend Flüssigkeit!«, pflegt meine Mutter bei diesen Temperaturen zu sagen. Eine Schönheitskönigin mit Harvardabschluss. Jesus Christus! Ich bin beeindruckt.

Leider fällt Laetitias Antwort aber nur sehr kurz aus. Da steht nur: »Hi Du!« Das war's. Was hat das zu bedeuten? Während ich noch überlege, was nun zu tun sei und wie ich strategisch klug reagieren soll, flattert schon die zweite Mail von ihr herein: »Hi Du! Was machst Du?« Na, wenigstens eine Frage. Ich tippe hastig ein paar Sätze ein, dass ich derzeit an einem größeren Essay für eine bedeutende psychologische Zeitschrift arbeiten würde – und an der Konzeption zu meinem neuen Buch säße, lege ich nach, bevor ich nächsten Monat nach Cannes an die Côte d'Azur reisen würde – was frei erfunden ist. (In meinem Kopf läuft zu diesem Zeitpunkt bereits ein Film, in dem Laetitia und ich nackt im Sommerregen tanzen.) »Und Du?«, schließe ich die Nachricht ab. Keine fünf Minuten später kommt schon ihre Antwort! Aber wieder sehr knapp gehalten und doch etwas irritierend. Sie lautet: »Ich habe heute frei. Hihihi ::::::;-))))))))))« Ich werfe die Flinte noch nicht ins Korn, berausche mich nochmals kurz an ihren unerhörten Fotos und gebe dann mit flinken Fingern in meine Tastatur ein: »Ja, schön! Wie heißt Du eigentlich? Ich finde, es gibt nichts Schöneres, als freizuhaben an solch einem Tag! Und was machst Du bei dem Wetter?« Ihre nächste Antwort lässt keine zwei Minuten auf sich warten: »Nichts. Hihihihi ;;;;-----)))))))) Terrasse!!!« »Ja, an so einem Ort lässt es sich bei diesen Temperaturen wohl gut aushalten!«, meine ich noch in meiner Antwort, ich könne mir einen Aufenthalt ebendort auch gut vorstellen. Ich mache noch einen Anlauf und stelle ihr noch ein paar Fragen, etwa wo ihre Lieblingsplätze in Berlin seien, wo sie am liebsten essen ginge, wo einen Kaffee trinken, ich ende mit der Frage: »Hast Du eine eigene Kanzlei?« Die Antwort folgt auf den Fuß. »Nein, hihihi. Ich muss jetzt los ;-)))))«

Danach habe ich nie wieder etwas von ihr gehört. Trotz

weiterer wohlfeiler Mails, die ich ihr hinterherwarf. Nach diesem vielversprechenden Anfang war ich nicht auf alles, aber doch auf sehr viel vorbereitet.

Die Weinkönigin von Ennepetal

Zu meinen frühen und ebenfalls weichenstellenden E-Mail-Kontakten gehörte noch am Anfang meiner Zeit bei *ElitePartner* ein Schriftverkehr mit einer sehr attraktiven niederrheinischen Weinhändlerin, die, gebürtig aus Ennepetal, offenbar irgendwo in der Düsseldorfer Innenstadt ihr Geschäft hatte. Ich fand es aus mir heute nicht mehr erfindlichen Gründen damals überaus spannend, zur Abwechslung einmal keine Akademikerin oder, wie ich es mir sonst bald zur Angewohnheit machte, eine Frau mit halbwegs kreativem Berufsfeld anzuschreiben, sondern wählte mir, ganz antizyklisch zu meinen Vorlieben, eine Weinhändlerin aus. So genau weiß ich nicht mehr warum, aber wahrscheinlich stellte ich mir vor, wie wir dereinst in ihrer Edel-Bodega in der Altstadt Verkostungen internationaler Spitzengewächse vornehmen würden, draußen würde die Julisonne glühen, drinnen wäre es angenehm kühl, die Luft duftete nach Wein, Kork und Barrique. Sie würde in vollendeter Eleganz wahlweise im kleinen Schwarzen oder in lässigen Jeans die Kunden betreuen, die sich an stehende Eichenfässer gelehnt an diesem stimmungsvollen Ort verlustieren würden. Mein Part wäre die Kunst, ich sah mich schon, wie ich im Bodega-Ambiente zarte Gitarrentöne absonderte oder der anwesenden weinseligen Kreativklientel aus meinen Büchern vorlas: Ein Szenario, in dem mein alter Traum von einer

Verschmelzung von Kunst, Lebensart und echtem Genuss wahr wurde. Warum sollte dieser Traum nicht in der Szene-Weinhandlung von Annette, 44, 172 cm, sehr attraktiv, in Erfüllung gehen?

Ihre Bilder verrieten ein attraktives Äußeres, und sie war auch gar nicht auf den Mund gefallen. Wir schickten uns über zehn Tage hinweg humorvolle und charmante E-Mails hin und her. Irgendwann steigerte sich die gegenseitige Freude so sehr, dass sie am Ende die Adresse der Homepage ihrer Weinhandlung mit angeschlossenem Bistro herausrückte. Ich schaute mir die eingestellten Filmchen an, die sie da in ihrem Weinlager wandeln und über Wein philosophieren zeigten, und war bald vollends davon überzeugt, dass da eine Frau mit erheblichem Potenzial auf mich wartete. Am Ende setzten wir ein Treffen an. Wie enttäuscht aber war ich, als ich zwei Tage vor dem Date über das *ElitePartner*-Portal Post von Annette bekam. Sie sagte mir ab. Alles. Nicht nur das Date, nein, sie müsse leider den gesamten Kontakt canceln, schrieb sie. Es täte ihr sehr, sehr leid. Ihr sei ein Fehler unterlaufen: Erst gestern habe sie bei einer erneuten Konsultation meines Profils mit Schrecken entdeckt, dass ich nur 178 cm groß sei. Sie wünsche sich aber einen Mann, der über eine Körpergröße von mindestens 195 cm verfüge. Das habe sie bisher übersehen, sorry. Sie selber begründete diese Grundvoraussetzung damit, dass sie auch noch in High Heels ihren Kopf an die Schulter ihres Partners anlehnen möchte, was bei den erheblichen High Heels, die sie besitzen würde, mit mir so nicht zu realisieren wäre. Und sie würde oft und gerne High Heels tragen.

Was tun? Ich schrieb ihr zurück, dass ich ihr Anliegen vollauf verstehen würde, gab ihr aber zu bedenken, es ließe sich doch für alles in der Welt eine Lösung finden. So könne doch auch ich beim gemeinsamen Ausgang High Heels tragen und so den erforderlichen Größenunterschied wiederherstellen. Und ich schrieb ihr noch, dass ich ihr nicht ganz glauben würde. Ich hätte da einen Verdacht, dass sie sich als Geschäftsfrau in Wirklichkeit eher von praktischen Gesichtspunkten leiten ließe. Wahrscheinlich, so mutmaßte ich in meiner Antwort, seien ja die Geschäftsmieten in der Düsseldorfer Innenstadt so absurd hoch, dass sie nur ein Ladengeschäft mit geringer Quadratmeterzahl gepachtet habe und, um für ihr Weinsortiment in solch beengten Verhältnissen allen verfügbaren Raum ausschöpfen, sicherlich aus rein betriebswirtschaftlicher Räson gezwungen wäre, auch die oberen Regale unterhalb der Ladendecke zu nutzen. Da sei es sicher überaus sinnvoll, einen Partner zu haben, der beim Einsortieren und Entnehmen der Flaschen auch ohne Leiter an die oberen Bretter herankäme – dies fiele bei einer Körpergröße von 195 cm natürlich um einiges leichter als bei 178 cm.

Sie ist nicht mehr auf meine Argumentation eingegangen. Als ich wieder nach Hause kam, war nur noch ihre Absage im Mail-Briefkasten. Die automatisch generierte Standardabsage: »Es war ein netter Kontakt bisher. Vielen Dank dafür. Jedoch möchte ich Ihnen mitteilen, dass ich leider nicht mehr an einem weiteren Kennenlernen interessiert bin. Ich wünsche Ihnen viel Erfolg bei der Partnersuche und verabschiede mich mit freundlichen Grüßen!« Bringen Sie viel Geduld mit! Das sagen sie ja mittlerweile auch in der Notaufnahme im Uniklinikum, warum soll dies bei *ElitePartner* anders sein? Mir war klar, dass es Rückschläge geben würde – und so machte ich mich nach ein paar Tagen Erholung wieder ganz unverdrossen an das Projekt Partnersuche im Internet.

Misslungener Schriftverkehr

»Hallo! So jetzt will ich Dir mal eins sagen: Ich habe in meinem Leben hart gearbeitet, das kannst Du mir glauben. Oh ja! Sehr, sehr hart! Schon während des Studiums. Ich habe nichts geschenkt bekommen, gar nix, ja? Ich habe heute eine 70–80-Stunden-Woche, oft arbeite ich sogar am Wochenende, ich habe außerdem einen heute 18-jährigen Sohn, den ich allein großgezogen habe, eine Leistung, auf die ich stolz bin. Sehr stolz sogar! Und ich habe Stress ohne Ende. Kapierst Du das? Hallo! Ich muss mich vor Dir nicht rechtfertigen!!!!!« Diese Antwort erreichte mich eine Woche später von einer Neurologin, 45, äußerst attraktiv, aus Essen. Ich hatte sie angeschrieben, und es hatte sich eine kleine, belanglose E-Mail-Plauderei entwickelt. Ihre Fotos gefielen mir ausgesprochen gut, eine temperamentvolle südländische Type, die auf den Fotos augenscheinlich im Sommerregen tanzte – oder vor einer Autowaschanlage, so genau konnte man das nicht erkennen. Allein es fehlte irgendetwas Inhaltliches, worüber wir uns hätten austauschen können. Das lag wohl auch daran, dass sie die Sparte »Mein Lieblingsbuch ist…« schlicht nicht ausgefüllt hatte. Ich fragte sie irgendwann, möglichst ohne den Eindruck übersteigerten Bildungsdünkels zu hinterlassen, für welche Themen aus Kultur oder Kunst sie sich denn so grob interessieren würde, und auch, dass ich Spaß an geistigem Austausch hätte und daher wissen wollte, was sie denn gerne so alles lesen würde. Sie reagierte nicht darauf. Bei meiner nächsten Mail schrieb ich am Ende von vielen kleinen Nettigkeiten nur: »Liebe Helena, mich würde aber trotzdem immer noch sehr interessieren, was Du so gerne in Deiner Freizeit liest! Verrätst Du es mir?« Das war die letzte Frage, die sie sich von mir gefallen ließ. Danach kam die Mail, die ich eingangs zitiert habe, und danach schoss sie mich mit der Standardabsagefunktion ein für alle Mal ab. Ich habe nicht begriffen, warum. Offenbar lagen bei ihr die Nerven blank. Oder es war etwas ganz anderes, was einen solchen Schub auslöste.

Eine andere hatte angekreuzt, dass sie einen Kinderwunsch habe. Das hielt mich nicht davon ab, sie zu kontaktieren. Ich dachte, kein Problem, ich habe ja einen Sohn, den ich in den künftigen Ehehafen mitbringen kann. Dann wären wir zu dritt. Sie war erzürnt. Ihre Antwort kam prompt: »Hallo, ICH WILL EIGENE KINDER, und ich denke, dass es ziemlich klar rüberkommt, wenn man sich die Zeit nimmt und meine Zeilen mit Respekt liest. Sowas verletzt mich immer, wie wenig Männer Wünsche von Frauen mit den Füßen treten. Echt unnötig. Gina.«

Oft sind es einfache Missverständnisse, die von vornherein eine konfliktfreie Anbahnung verhindern, auch das ist eine Erfahrung, die ich früh machte. Und manchmal ist man auch selber dafür verantwortlich, dass solche Missverständnisse entstehen. Wie zum Beispiel bei der »Partneranfrage« von einer Dame, die beim Beruf: »Piercing Expert« eingetragen hatte. Eine meiner ersten Anfragen, die ich erhielt. Zu meiner Überraschung wollte sie mit mir in Puccini-Opern gehen, gerne auch aufs Jazzkonzert, und outete sich als Feinschmeckerin, die mit mir gerne piemontesische Trüffel essen wollte. Sie fragte mich zum Einstieg nach meinen Lieblingsrestaurants in Berlin, Rom und Paris. Ihr Anschreiben machte einen sehr gebildeten und wohlerzogenen Eindruck, den ich so gar nicht mit ihrem doch eher zwielichtigen Gewerbe in Zusammenhang brachte, dem sie sich da beruflich verschrieben hatte. Ich teilte ihr ganz offen und ehrlich mit, dass ich nicht so auf Metallstücke am Körper stünde. Beim Posteingangs-Check anderntags konnte ich zwar keine Antwort von ihr finden, dafür fiel mir aber auf, dass mir ein fataler Fehler unterlaufen war. Da stand nicht »Piercing Expert«, sondern »Pricing Expert«, sie war Volkswirtin und vom Thema »Piercing« wohl so weit entfernt wie der Neptun von der Sonne. Oh Gott, was habe ich getan! Ich schrieb sie sofort an und entschuldigte mich, habe aber leider nie wieder etwas von ihr gehört.

»Hi, Du!«, schrieb die Yogalehrerin aus Burladingen, »ich sitz grad total relaxt am dreambeach in Thailand und bin ready, mich krass zu verlieben!« »Ja, ich auch!«, ging ich etwas verlegen auf diese Vorlage ein. »Voll, fett!«, antwortete sie. Aber als sie mit »Geilo!« und »Mega!« meine Idee konterte, sich in einem Stuttgarter Café zum Erst-Date zu treffen, verabschiedete ich mich kurz entschlossen mit dem »Es war ein netter Kontakt bisher«-Button. War mir in dem Fall zu krass. Voll, ey!

Schwarzer Humor

Ein Mann, der glaubt, ein Samenkorn zu sein, wird in eine psychiatrische Anstalt eingeliefert, und die Ärzte geben ihr Bestes, um ihn davon zu überzeugen, dass er kein Samenkorn ist. Als er davon geheilt ist und die Anstalt verlassen kann, kommt er jedoch sofort vor Angst zitternd wieder zurück. Vor der Tür stehe ein Huhn, er habe Angst, von ihm gefressen zu werden. »Aber Sie wissen doch«, sagt der Arzt, »dass Sie kein Samenkorn sind, sondern ein Mensch.« »Natürlich«, antwortet der Mann, »aber weiß das Huhn das auch?« Liebe Leserinnen und Leser, ich weiß nicht, ob Sie den kennen. Das ist mein Lieblingswitz. Ich gebe zu, er ist ein bisschen schwierig zu kapieren. Ich will ihn jetzt auch gar nicht näher analysieren geschweige denn erklären. Dazu bräuchte ich mindestens fünf Seiten Text. Aber es ist eben so, dass man manchmal von interessierten Frauen auf Online-Portalen gefragt wird, worüber man denn lachen würde. Ich habe als Antwort mehrfach diesen Witz verschickt. Bin damit aber nicht wirklich gut gefahren. Die Reaktionen waren nicht gerade überwältigend. »Find ich ehrlich gesagt etwas komisch.« »Find ich gar nicht witzig.« »Hä?« Ein paar Frauen haben gleich kommentarlos den Verabschiedungs-Buzzer gedrückt. Humor ist nicht einfach.

Dennoch bleibe ich dabei: Gerade in der frühen Anbahnung eines Online-Kontakts mit einer interessanten Elitepartnerin geht es darum, so schnell wie möglich aus der Förmlichkeit der geschrieben Sprache herauszutreten, indem man einfach ein paar Kostproben des eigenen Humorempfindens gibt und so die Frau seines Herzens handstreichartig für sich einnimmt. Umfragen zufolge legen Frauen ja großen Wert auf Humor bei Männern, die als mögliche Partner infrage kommen, und daher wollte auch ich hier nicht zurückstehen. Wenn man dann innerhalb eines E-Mail-Schriftverkehrs eine schöne Vorlage bekommt, diese gekonnt retourniert, dann müsste alles Weitere doch a gmahde Wiesn sein, wie der Bayer sagt. Ich habe es mir also angewöhnt, meinen anfragenden Elitepartnerinnen locker und humorvoll zu begegnen. Das ist umso wichtiger, wenn sie, wie zuletzt wieder eine Finanzberaterin aus Bad Homburg, die Neigung und das Talent zu schwarzem »britischem Humor« quasi zur Einstellungsbedingung für eine Partnerschaft machen. »Wenn der Humorlevel stimmt, ist bei mir alles möglich!«, schrieb sie enthusiastisch. Sie berichtete mir ungefragt von ihrem Hobby »Dressurreiten« und wollte bald wissen, ob ich mir vorstellen könne, sie dereinst auf Turniere zu begleiten, auf denen sie mit ihrem Wallach Alhambra teilnahm. Ich bin, ehrlich gesagt, nicht so der Pferdenarr und hab's auch nicht so mit strengen Abrichtungsdarbietungen. Ich versuchte der Frage scherzhaft auszuweichen, indem ich sie fragte, ob es ihr schon mal passiert sein, dass ihr Pferd bei der Schlussdiagonale vor dem Preisgericht geäpfelt habe. Sie hat mich umgehend verabschiedet. Humor ist nicht so einfach. Es sei ja auch dahingestellt, ob mein Gag wirklich so witzig war, auffallend finde ich nur, dass viele Frauen vorgeben, »schwarzen Humor« zu mögen, wenn man ihn dann zur praktischen Anwendung bringt, sind sie aber oft pikiert. »Hallo Du, ist bei Dir das Glas halb voll oder halb leer?«, fragt eine Bankfachfrau, 46, sehr attraktiv. Was soll man da schon schreiben? Mir fällt ein Spruch ein, den mir gestern der Tischtennistrainer meines Sohns per WhatsApp geschickt hat, und schreibe: »Es ist mir egal, ob das Glas halb voll oder halb leer ist. Entscheidend ist, wie viel Flaschen noch da sind.« Für mich ein Riesen-Gag. Für sie nicht. Wurde sofort weggeklickt.

»Telefon steht auf dem Tisch, klingelt, und ich melde misch«, heißt es in dem Lied »Hallo, ich bin Hermann!« der hessischen Band *Rodgau Monotones*. Der Tatort im Song ist ein plüschiges »Café der einsamen Herzen«, wie man es früher noch in Bahnhofsnähe kannte. Heute gibt es Handys. Und irgendwann wagt man den Schritt und rückt die Handynummer raus. »Sollen wir mal telefonieren?« Können wir. Ich schließe erst mal die Tür von meinem Arbeitszimmer, damit keiner mithören kann. Komisch, obwohl ich allein zu Hause bin, weil mein Sohn beim Training ist. Ja, man erledigt so etwas eher in aller Abgeschiedenheit. Wir haben uns zum Telefonat um 19 Uhr verabredet. Um 18:59 Uhr setze ich mich auf meinen drehbaren Bürostuhl vor das Telefon, nehme Haltung an, Habachtstellung. Etwa so wie einst Konrad Adenauer an seinem Schreibtisch im Bundeskanzleramt, wenn er einen Anruf des sowjetischen Staatschefs Chruschtschow erwartete. Frauen sind da anders. Sie führen Erstgespräche gerne vom Bett aus. Das haben sie mir so erzählt. Ich sprach mit Elitepartnerinnen, die es sich nach eigenem Bekunden für das Erstgespräch extra am Ofen gemütlich gemacht, sich in eine Wolldecke eingemummelt oder dafür sogar ihren Lieblingskuschelpullover angezogen hätten. Ob ich auch einen Lieblingskuschelpullover hätte? Nein, hab ich nicht. Eine weihte mich gleich ein, dass das Frozen Yogurt von Häagen Dazs sei, was sie da nebenher vernehmbar schlürfe. Vanilla-Rasberry. Eine hatte eine Stimme wie ein Mann, eine wie Snoopy im Zeichentrickfilm. Manche hatten Dialekt, andere nicht, manche Frauen fanden meine Stimme toll, andere waren entsetzt, weil sie eine süddeutsche Grundfärbung heraushörten, die nicht in ihr preußisches Ideal passte. Eine sagte immer »letztenendlich« statt »letzten Endes«, eine andere »an und für sich der Lage« statt »angesichts der Lage«. Eine andere busselte während des Gesprächs immer wieder vernehmbar ihre Hauskatze ab und unterstrich immer wieder, wie süß das Tier sei. Eine musste das Gespräch kurz mal unterbrechen, um ihre Chinchillas zu füttern. Wieder eine andere hatte zu so etwas überhaupt keine Zeit. Sie mochte gar nicht viel plaudern, sondern nutzte das Ersttelefonat nur dazu, ein Treffen einzufädeln. Ich höre sie hektisch in ihrem Terminkalender blättern. »Hör mal, ich bin mit Terminen bis April absolut zu! Das sieht zurzeit gaaanz schlecht aus bei mir. Sorry!« Ich erfahre alsbald von der total verplanten Frau, einer Remscheider Patentanwältin, 48, sehr attraktiv, dass sie an dem Tag, auf den wir uns dann doch noch einigen, einen *time slot* von maximal fünfzehn Minuten »freischaufeln« könne. Es wäre ihr möglich, mich da ausnahmsweise »reinzuschieben« und die Viertelstunde für mich zu »blocken«, wenn ich das möchte. Das müsse doch fürs Erste reichen. »Ja, locker!«, entgegne ich verdutzt und schiebe noch, um wenigstens das Gesprächsende noch etwas persönlicher zu gestalten, eine Frage nach ihren liebsten Freizeitbeschäftigungen und Hobbys hinterher. Aber zu fragen ist so eine Sache. Manche kommen sich schnell ausgefragt vor. »Und was machst du so in deiner Freizeit?« »Ja, wie find ich das denn? Soll das hier ein Verhör sein oder was? Das geht ja gar nicht!« Oh, sorry.

Irgendwann ist es dann so weit. Es wird ernst. Direkte Partnerberührung. Mein allererstes Date in München. Mit Britta, 42, sehr attraktiv. Eloquent, schlagfertig, geistreich, eine, die mich sofort interessierte. Wie aufregend! Ich stehe vor dem Spiegel im Bad meines Hotelzimmers und trage Skin Refresher auf, ein Kosmetikprodukt, das ich in einem TV-Werbespot gesehen habe, in dem Bundestrainer Jogi Löw durch dieses Gesichtsgel seinen hohen Attraktivitätsgrad offenbar ohne größeren Einsatz zu halten, wenn nicht sogar noch zu steigern vermag. Den Skin Refresher habe ich hauptsächlich wegen meiner Tränensäcke gekauft. Denn seitdem ich mir die Augen lasern ließ, habe ich ab und zu Tränensäcke wie einst Hans-Dietrich Genscher, auch dann oft, wenn ich am Vorabend nicht versumpft, sondern ganz gesund um 22 Uhr zu Bett gegangen bin. Überhaupt Jogi Löw. Der Bundestrainer spielt für mich und mein Leben eine überaus wichtige Rolle. An ihn denke ich oft und gerade dann, wenn ich ein Date habe. Wie würde Jogi auftreten? Welche Fragen würde er seiner Herzensdame stellen? »Und was machsch du so in deiner Freizeit, wenn ich a mol fragen derf?« Vor allem bewundere ich an ihm die Mischung aus Lässigkeit und Autorität. Da kann ich mir viel abgucken. Der Skin Refresher zieht allmählich ein und kühlt mein erhitztes Gesicht wohltuend ab.

Ich verlasse das Hotelbadezimmer und kleide mich an. Ich ziehe mir ein Slim-Hemd mit hohem Kragen über, das ich mein »Geckenhemd« nenne, enge Jeans, ein knapp geschnittenes Jackett, schwarze, spitz zulaufende englische Halbschuhe. Und versuche vor dem großen Zimmerspiegel so zu lächeln wie Jogi Löw. Jetzt noch etwas Wachs ins Haar. Ich forme mein Häubchen gerne in der Art eines RTL-Moderators, denn ich versuche, lässigen Chic zu vermitteln. Ich verlasse das Hotel, erreiche den Ort der Wahrheit, die Riva-Bar in der Feilitzschstraße, und setze mich so bewusst rebellisch angestrubbelt an einen Tisch in der Ecke des Lokals. Ganz locker, ganz cool. Alles, nur nicht spießig rüberkommen! Das Problem ist ja, je mehr man darauf achtet, nicht spießig rüberzukommen, umso spießiger wirkt man. Unspießigkeit ist am ehesten zu erreichen, indem man erst gar nichts unternimmt, um eine angenommene Spießigkeit zu unterbinden.

Ich bestelle eine frisch gepresste Zitrone und eine Flasche Wasser. Ganz gegen die Gewohnheit. Damit sie nicht denkt, ich sei Alkoholiker. Ich hocke da, versuche, ganz locker dazusitzen, lehne mich nach hinten, breite meine Arme aus und glotze locker vor mich hin. Ich merke, wie gut es ist, dass es Smartphones gibt. Um die Einsamkeit des Wartens in bevölkerten Gemeinschaftsräumen zu bekämpfen blieb einem früher oft nichts anderes übrig, als seine Gesundheit zu schädigen: Man rauchte eine Zigarette. Oder man kämpfte gegen das Gefühl an, einsam zu sein, indem man angestrengt so tat, als würde man an diesem unangenehmen Zustand auch noch irgendwie Spaß haben. Alles maximal anstrengend. Heute tippt man dafür irgendeinen Käse ins Handy oder scrollt mal eben durch oder tut so, als telefoniere man gerade. Das ist zwar ähnlich bescheuert wie eine zu rauchen, aber wenigstens nicht gesundheitsschädlich.

Fünf Minuten nach dem vereinbarten Zeitpunkt ist noch keine Elitepartnerin da. Plötzlich geht mir ein schrecklicher Gedanke durch den Kopf. Was, wenn während des Dates unverhofft der ehemalige Arbeitskollege Meyer vor mich tritt, einer, den ich sicher zehn Jahre nicht mehr gesehen und auch gar nicht sonderlich vermisst habe, der mich aber ganz toll fand? Und sich daher gleich mit einem »Das gibt's ja nicht!« ungefragt dazusetzt, weil er sich so richtig freut, ja, nach kurzem Small Talk auch noch meint: »Sag mal, möchtest du mir deine Freundin nicht mal vorstellen?« Solche schrecklichen Zufälle gibt es ja im Leben wirklich! Ich verscheuche den Gedanken, so gut es geht, versuche, mich positiv zu stimmen, nehme wieder Habachtstellung ein in lässigem Chic.

Fünfzehn Minuten nach dem vereinbarten Zeitpunkt ist immer noch keine Elitepartnerin da. Ich werde langsam doch etwas nervös. Plötzlich schießt es mir durch den Kopf. Na klar, das ist Britta! Die da drüben am Nebentisch! Ich erkenne sie nicht, sie erkennt mich nicht. Weil die Fotos halt doch immer wieder täuschen. Ich erhebe mich. »Kann es sein, dass du ausgerechnet auf mich wartest?«, charmiere ich sie mit meinem öligsten Jörg-Pilawa-Lächeln an. Die Blonde blickt von ihrem Handy auf. »Halloó? Geht's noch? Neee«, wiehert sie los, »auf dich warte ich sicher nicht!« Und schiebt noch einen »Spinner!« hinterher, den das gesamte Lokal vernehmen kann. Ich erröte und trolle mich – wie peinlich. Überhaupt ist Peinlichkeit ein steter Begleiter des Elitepartners. Man schämt sich immer ein bisschen. Am ehesten ja wohl dafür, dass es eindeutige Absichten sind, die einen zu diesem Verein geführt haben. Und dass man es nötig hat, weil man anders offenbar keine findet. Peinlich. Immer wieder. Da musst du jetzt durch, sage ich mir und nehme wieder an meinem Tischchen Platz. Noch ein paar Minuten vergehen. Dann erkenne ich sie. Britta steht draußen vor dem Lokal und wartet. Ich weiß nicht, warum sie nicht reinkommt, also springe ich auf und gehe raus. »Hallo?« »Hallo!« Wir stehen uns *face to face* gegenüber. Im Grunde eine knallharte Situation. Innerhalb der ersten dreißig Sekunden entscheidet sich alles, sagen manche. Andere meinen, sogar innerhalb der ersten drei. Das stimmt und dann auch wieder nicht. Bei Britta ist es so. Mein Blick wandert von ihrem blassen Gesichtchen über ihre hellblaue Leichtsteppjacke nach unten und bleibt dann an den Nägeln ihrer großen Zehen hängen, die da umspannt von silberweißen Nylonstrümpfen aus ihren karamellfarbenen Sandaletten ragen – und mich irgendwie an Papageienschnäbel erinnern. Es ist schon aus, bevor es anfängt. Eine ganz harte Situation. Man muss nach außen lächeln, freundlich sein und den Erfreuten spielen und gleichzeitig die aufsteigende innere Enttäuschung bekämpfen. Das kann nicht ohne periodische Gesichts- und Magenkrämpfe gehen und tut es auch nicht! Trotzdem haben wir die Stunde gut rumgekriegt. Aber im Sommerregen getanzt, nein, das haben wir nicht.

Bei anderen war der Fall längst nicht so klar. Es dauerte länger, bis sich die ersehnte Klarheit darüber einstellte, ob ich sie nun attraktiv fand oder eher nicht. Manchmal ging es zwei Stunden, manchmal zwei Wochen oder ein paar Monate. Man sitzt sich gegenüber und redet. Gibt sich locker. Macht ein Witzchen. Lächelt. Gibt sich interessiert. Man versucht, gut anzukommen. Und man prüft. Ist es die? Gefällt sie mir? Außerdem zählt ja, zumal in meinem Alter, nicht nur der Sexappeal. Bei Menschen Ende vierzig sind ja beim Erst-Date auch ein paar andere Dinge wichtiger als mit Anfang zwanzig. So ging es wenigstens mir. Insgeheim checkt man sein Gegenüber nicht allein auf die Grundsatzfrage ab, ob sie diejenige sein könnte, die in einem künftig multiple Orgasmen auszulösen vermag, sondern immer auch: Könnte sie die Person sein, die mir einst nach dem zweiten überstandenen Schlaganfall in der heimischen Grünanlage das Gehen am Rollator wieder beibringt? Ist an ihrer Seite ein Altern in Würde möglich? Oder auch: Ist sie es, die meinen minderjährigen Sohn im Fall meines vorzeitigen Abgangs von dieser Welt zuverlässig und auch noch maximal fürsorglich in die Volljährigkeit führt? Das alles rattert einem durch den Kopf, während man in ein fremdes Gesicht starrt und irgendeinen Unsinn redet.

Erst-Dates finden in der Regel in einem Café statt. Man setzt sich einander gegenüber und bestellt einen Kaffee – oder eine gepresste Zitrone. Ich selbst bevorzuge jedoch Erst-Dates, die in der Kunstausstellung anfangen oder im Freien, bei einem Spaziergang an der frischen Luft. Ins Café kann man später immer noch. Ich beginne also gerne stehend oder gehend. Der Vorteil gegenüber dem sitzenden Café-Date: Man bekommt erst einmal einen Gesamteindruck seiner Elitepartnerin. Auch des Teils, der sonst unterhalb der Tischplatte versteckt ist. Man hat einfach gegenseitig die Gelegenheit, die ganze Gestalt, die da neben einem einherschreitet, zwanglos zu betrachten und zu überprüfen, wie sie auf einen wirkt. Man sieht, wie sie beim Reden den Kopf und die Arme wirft, oder auch, ob ihr Gang elegant ist und ob sie beim Gehen stark oder weniger stark mit dem Hinterteil wackelt.

Wichtig ist, vorher genau zu ermitteln, wo man sich trifft. Ich war da anfangs zu schludrig. Etwa als ich mich bei meinem zweiten Date in der Frankfurter Innenstadt verlief. Ich war zu spät dran, weil meine S-Bahn Verspätung hatte, aber ich erreichte sie nicht per Mobiltelefon, keine Ahnung, warum nicht, irgendwas war eben, Akku leer, Funkloch oder technischer Schaden. Wir hatten uns auf ihren Vorschlag hin um 15 Uhr in der *Thai Lounge* verabredet, Iris, Psychotherapeutin, 46, sehr attraktiv, und ich. Als ich über zehn Minuten zu spät ankomme, gibt es unter der Adresse, die ich mir notiert habe, leider keine *Thai Lounge*. Sondern nur eine *Hair Lounge*. Ein Friseursalon? Habe ich da etwas falsch verstanden? Quatsch, man trifft sich doch nicht in einem Friseurladen zum Erst-Date! Ich blicke mich um, keine Iris zu sehen. Es fängt an zu nieseln. Eine überforderte junge Mutter schiebt einen Kinderwagen an mir vorbei. Ich sehe, wie sich das Kind aus dem Wagen lehnt und seinen Schnuller auf den Gehweg spuckt, die Mutter schimpft. Durch das Schaufenster kann ich insgesamt fünf Friseurinnen bei der Arbeit erkennen. Interessant ist, dass drei von fünf asiatisch aussehen, womit ich gedanklich wieder zur Idee einer real existierenden *Thai Lounge* hinüberwandere. Vielleicht ja im Rückgebäude der *Hair Lounge*? Ich erinnere mich jetzt ganz klar, dass wir ja eigentlich auch zu einem thailändischen Essen verabredet sind. Ich betrete die *Hair Lounge*. Und frage nach der *Thai Lounge*. »Kenn ich nicht, gibt's hier nicht!« Drei Straßen weiter, da gebe es einen Thailänder, der *Thai Express*. Nein, sage ich, *Thai Lounge* heiße der Laden. Ganz sicher. Ich verlasse den Friseurladen, die Nervosität steigt, die Nässe unter den Achseln auch, das Handy versagt seinen Dienst weiterhin. Ich könne ja mal drüben, auf der anderen Straßenseite, einen der Taxifahrer fragen, meint eine der asiatischen Friseurinnen noch. Mache ich. Völlig verblüfft bin ich, als ich die Straße überquere und vor einem Taxistand zum Stehen komme, über den sich ein Schild mit der Aufschrift *Taxi Lounge* wölbt. Taxi Lounge? War das der Treffpunkt? »Entschuldigen Sie, gibt es hier ein thailändisches Restaurant, das *Thai Lounge* heißt?«, frage ich. Nein, sagt der offenbar nordafrikanische Mann. »Das hier ist Taxi Lounge!« »Ja, klar!«, sage ich, »hab ich kapiert, aber gibt es hier auch eine *Thai Lounge*«? Verständnislos blickt mich der junge Mann an. Und sagt nochmals: »Taxi Lounge hier.« Als ich mich wieder in Richtung *Hair Lounge* wende, tippt mir jemand von hinten auf die Schulter. »Bist du Martin?« Ja. *Taxi Lounge* war richtig.

Love Chat

Im Grunde gibt es keine kulturell eingeübte Übereinkunft, worüber man sich beim Erst-Date überhaupt unterhalten soll. Das legt jeder anders aus. Jeder hat da eigene Vorstellungen. Ich dachte immer, man fragt seine Elitepartnerin erst, wie sieht dein Leben aus, und dann erzähl ich ein bisschen von mir. Dann frag ich, ob ihr der Blattsalat mit Putenstreifen schmeckt und was sie von Markus Söders Positionen in der Flüchtlingspolitik hält. Stichwort Obergrenze. Oder mich interessiert, ob sie einen gut sortierten Supermarkt in Laufnähe ihrer Wohnung hat, ein nettes Restaurant, in dem es der Koch noch verstünde, eine klare Rinderbrühe herzustellen, oder ob sie auch schon *Blair Witch 2* gesehen hat. Aber es herrschen da, wie gesagt, völlig unterschiedliche Vorstellungen. Erst-Dating bedeutet manchmal auch absolute Schwerstarbeit. Die Erfahrung macht hier jeder. Und auch ich hatte wirklich harte erste Gespräche. Etwa jenes mit einer internistischen Chefärztin, die mir in einem Bonner Café zwei Stunden lang ohne Punkt und Komma die immensen Vorteile minimal-invasiver Operationsverfahren bei Magenkarzinomen erläutert – und während ihres Vortrags drei Bierdeckel mit ihren fliederfarben lackierten Fingernägeln in hundert Schnipsel zerrupft. Oder jenes mit Larissa, Innenarchitektin, 42, sehr attraktiv, in München. Als ich sie treffe, muss ich unweigerlich an den ehemaligen SPD-Vorsitzenden Rudolf Scharping denken. Larissa hatte kurz vor unserem Treffen offenbar eine sündhaft teure Zweitwohnung in Ottobrunn gekauft und erzählt mir nun ausgiebig von den steuerlichen Vorteilen, aber auch von den Schwierigkeiten, die die Realisierung einer Pellet-Heizung im Eigenheim mit sich brächte. Ich konzentriere mich während ihrer Ausführungen mangels Interesse auf eine kleine Insel getrockneter Spucke, die sich in ihrem linken Mundwinkel ansammelt und sich im Verlauf ihrer Rede mehr und mehr verdichtet. Später zieht sie zu allem Überfluss beim Sprechen auch noch einen dünnen weißen Spuckefaden, einer Spinnwebe gleich, zwischen Ober- und Unterlippe in die Länge – und ich kann machen, was ich will, ich muss darauf starren. Zäh wie der Spuckefaden verstreicht die Zeit. »Pellets geben eine unheimlich kuschelige Wärme ab! Den Luxus gönn ich mir einfach!«, höre ich sie aus der Ferne sagen, und so habe sie sich für ihre Wohnung eine solche Heizung »geholt«! Da schießt es mir plötzlich durch den Kopf. Jetzt hab ich's! Ja klar, das alles erinnert mich an ein Hörfunkinterview, das ich vor etwa zwanzig Jahren einmal als Volontär des Südwestrundfunks führte. In Bonn vor dem Abgeordnetenhaus. Ich weiß nicht mehr, worum es ging. Ich vermute um ein innenpolitisches Thema. Scharping hatte ebenfalls genau einen solchen weißen Spuckefaden zwischen Ober- und Unterlippe, der sich während seiner Antwort auf meine Reporterfrage immer wieder aufs Neue dehnte und zusammenzog, so sehr, dass ich mich während des Interviews gar nicht recht auf das brisante Thema unseres Gesprächs konzentrieren konnte.

Carla, Lufthansa, 43, sehr attraktiv, hat dieses Problem nicht. Sie erzählt mir bei unserem Termin am Frankfurter Flughafen von ihrer Arbeit, die mich als chronischer Flugangstpatient eigentlich ziemlich interessiert. Wie kann man nur solch einen gefährlichen Job ausüben? Und in der Art, in der ich mich ihr nähere, schwingt auch ein bisschen Bewunderung für den Mut mit, den ich ihr unterstelle. Ich gehe davon aus, dass sie als Stewardess schon die ein oder andere brenzlige Situation in 10 000 Metern Flughöhe gemeistert hat – und bin in diesem Glauben auch zu diesem Date am Airport Frankfurt angereist. Aber es stellt sich schnell heraus, dass sie »nur« am Boden arbeitet. Sie meint dennoch, sie hätte durch ihren Beruf schon viel von der Welt gesehen und dass man auf so einem internationalen Flughafen natürlich unheimlich viele und verschiedene Menschen treffen würde. Ob denn auch mal ein interessanter Mann dabei gewesen wäre, frage ich sie. »Ja, die gab es durchaus!«, antwortet sie spitzbübisch lächelnd. Es hätten bei ihr schon einige sehr interessante Männer eingecheckt. Während sie redet, überlege ich, ob ich bei ihr auch einmal einchecken will. Eigentlich sieht sie ja ganz gut aus mit ihrem Pagenkopf, aber ich weiß nicht so recht.

Bei Dr. Sigrun Kniebühler und mir ist es wieder ganz anders. Wir reden bei unserem Erst-Date nicht einfach miteinander, nein, wie führen ein Erstgespräch, wie sie es nennt. Besser gesagt, sie führt es mit mir. Dr. Kniebühler ist 48, Volljuristin, sehr attraktiv. Sie kommt hochhackig, in einem schwarz-grauen Business-Hosenanzug mit weißer Bluse und absichtsvoll verknülltem Kragen. Dr. Kniebühler hat einen leicht metallischen Mundgeruch und siezt mich. »Ich finde Ihr Profil erfrischend interessant!«, sagt sie, als ob sie mir damit zu einer neuen Stelle gratulieren wolle. »Das gleich mal vorneweg!« »Ja, freut mich!«, erwidere ich. Nun bin ich alles andere als der kumpelhafte Typ, aber das »Sie« ist mir doch etwas befremdlich. Ist doch schon sehr speziell. »Sollen wir uns nicht besser duzen? Das ist ja kein Geschäftsessen, oder?« frage ich sie gleich freiweg. »Nein, mein Guter, das ist mir erst mal so lieber! Wenn Sie nichts dagegen haben...?«, sagt sie mit einer Bestimmtheit in der Stimme, die keinen Widerspruch duldet. Dr. Kniebühler sieht ziemlich gut aus. Eigentlich ein ziemlicher Kracher. Sie scheint sich in ihren High Heels wohlzufühlen und lächelt wohlig in sich hinein. Sie lächelt die ganze Zeit über. Mit geschlossenem Mund. »Na, gut!«, denke ich. Vielleicht etwas gewöhnungsbedürftig, aber besser als eine, die mir gleich sagt, dass sie gerne in der nächsten Telefonzelle verführt werden möchte.

Ob es mich stören würde, wenn sie sich während des Gesprächs Notizen mache? Ich blicke ihr in die Augen. »Notizen? Wieso das denn?« Das hab ich auch noch nicht erlebt. »Nur so für mich. Sozusagen für den Hausgebrauch!« Sie setzt ihre schwarze Hornbrille ab. Dort, wo normalerweise die Augenbrauen wachsen, sind bei ihr zwei haarlose schwarze Linien, gezogen wie mit einem dicken Filzstift. »Find ich ehrlich gesagt ein bisschen komisch, aber wenn es sein muss!« Ich bin ziemlich irritiert. Soll ich die Veranstaltung abbrechen? Sofort? Dr. Kniebühler kramt ein kleines braunes Notizbuch aus dem Seitenfach ihrer Notebook-Umhängetasche. »Na gut«, erklärt sie plötzlich, »wir können uns auch duzen, aber eigentlich hab ich das so schnell nicht so gerne!« Dr. Kniebühler überrascht mich. Ich war gerade drauf und dran, die Notbremse zu ziehen, jetzt will ich ihr noch eine Chance geben. »Na, dann bin ich ja beruhigt, Sigrun!« Sie lächelt wieder wohlig in sich hinein. Und nippt an ihrem Darjeeling. Und dann fragt sie mich ohne Umschweife nach meiner Promotion. »Du gibst hier an, du seist auch Doktor. Worin bist du denn ›Doktor‹, wenn ich fragen darf?« Sie malt Anführungszeichen in die Luft, während sie das zweite Mal Doktor sagt. Ich fühle mich nicht mehr so wohl, berichte dennoch bereitwillig von meiner Promotion im Fachbereich politische Philosophie, die ziemlich genau 20 Jahre zurückliegt, worum es in meiner Dissertation so ungefähr ging und was ich damals mit der Schrift zeigen wollte. Und dann aber auch, dass das doch eigentlich ziemlich wurscht sei. »Nö, find ich nicht!«, meint sie. Sie fängt an, von ihrer Dissertation zu erzählen. Vertragsrecht. Puuh. Ich kürze ab – und falle ihr irgendwann charmant ins Wort, versuche dabei, Unkompliziertheit und Wärme auszustrahlen: »Und was machst du denn so, wenn du mal nicht arbeitest?« Sie macht große Augen. »Ho-ho-ho!«, sie scheint amüsiert zu sein. Sie würde viel Yoga machen. Erst letztes Wochenende sei sie auf einem Retreat im Bad Meinberg gewesen, wenn ich es genau wissen wolle. Also bei Yoga Vidya. Viel Atemzeugs und so. Sie sei jetzt wieder »balanced« und mit sich im Reinen. Das würde sich richtig gut anfühlen. Sie sei auch sehr dankbar dafür. Sie würde übrigens auch spüren, wenn andere nicht in der Balance wären. Das dachte ich mir schon und sage es ihr auch. Sie würde übrigens auch spüren, dass auch ich meine Mitte noch nicht gefunden hätte. »Ich meine es ernst!« Sie lächelt. Sie lächelt wieder wohlig mit geschlossenem Mund. Sigrun fragt mich nun ganz ernsthaft, ob ich mit mir im Reinen wäre, das sei für sie ganz wichtig. Ob ich »Zugang« zu meinen Problemen und Traumatisierungen hätte. »Ich glaube schon!«, höre ich mich sagen. »Und du?« »Ich? Ja klar.« Na dann. Gut zu wissen. Trotzdem haben wir den Tandem-Doppelsprung im Paragliding dann doch nicht gewagt. Und wenn wir wieder zum »Sie« übergegangen wären, hätte ich sicher nichts dagegen gehabt.

Meistens versucht man auch bei suboptimalen Treffen, versöhnlich auseinanderzugehen. Gibt sich höflich und wohlerzogen. Wäre ja auch noch schöner! »Wir hören voneinander!«, ruft man sich am Ende am Bahnsteig oder vor dem Café zu. Bussi links, Bussi rechts. »Schön, dass ich dich kennenlernen durfte!« Man lächelt und gibt sich herzlich. »Also dann, mach's gut!« Keiner sagt irgendetwas Verbindliches am Ende des Erst-Dates. Wozu auch? Man muss ja erst mal alles sacken lassen. Wenn man will, dreht man sich nochmals um und schaut, ob sie sich vielleicht auch umdreht. Wenn sie sich dann auch umdreht, ist das ein schönes Zeichen. Wenn nicht, dann nicht.

Schlimm sind Erst-Dates, zu denen es nicht kommt, weil man kurz vorher einen entscheidenden Fehler macht. Klar, die Aufregung ist groß, die Nerven spielen einem einen Streich, und so muss man jeden Satz, jedes Wort mit großem Bedacht wählen. Lockerheit anzustreben ist immer gut, aber auch gefährlich, zumal bei mir, weil mich Lockerheit immer wieder zu Übermut und Ironie verleitet. Die versteht aber bekanntlich nicht jeder, zumal wenn man sich nicht kennt. Und schon verrennt man sich, legt eine Lunte und kann sie nicht mehr löschen, bevor sie den Sprengsatz erreicht. Ich weiß sehr gut, wovon ich rede. Ich könnte mir heute noch in den Arsch beißen, wenn ich daran denke, wie ich dieses wirklich vielversprechende Date durch einen völlig verunglückten Joke vermasselt habe.

Ich sitze wieder in der S-Bahn Richtung Frankfurt City, Konstabler Wache. Cornelia, Gymnasiallehrerin, 44, äußerst attraktiv, und ich wollen uns vor dem Städelmuseum treffen, wir haben ein bisschen hin und her geschrieben, einmal telefoniert, ich habe eigentlich ein gutes Gefühl. Ich bin gut in der Zeit, und alles ist so weit okay. Ich strecke die Beine aus, kratze mich am Hals und schicke ihr noch eine überflüssige WhatsApp-Nachricht. Ich sei jetzt unterwegs und würde mich schon sehr freuen. Sie antwortet mit »dito«, was mich aufgrund der Knappheit und des reduzierten Emotionsgehalts etwas befremdet. Um die Situation aufzulockern, fällt mir ein Witzchen ein, das ich ihr umgehend schicke, ohne die schwerwiegenden Konsequenzen, die ich dadurch auslöse, auch nur annähernd vorauszuahnen: »Ach übrigens, ich hab dir gar nicht gesagt, dass meine Mutter mitkommt!« Keine Reaktion. Drei Minuten später setze ich noch einen drauf. »Das macht dir nichts aus, oder?« Ich gluckse schon innerlich vor Vorfreude. Was für ein Riesengag! Wer bringt schon seine 72-jährige Mutter mit zum Erst-Date! Der Joke erschien mir wasserdicht. Ein absoluter Brüller! Kurz vor der Ankunft an der Konstabler Wache erhalte ich die Antwort. »Na gut, aber um ehrlich zu sein, finde ich das eher suboptimal!« Auf den letzten Metern des Fußwegs durch die Frankfurter Innenstadt kann ich es nicht sein lassen und tippe ein: »Ja, tut mir leid, aber meine Mutter wollte ihre künftige Schwiegertochter eben unbedingt persönlich kennenlernen.« Ich erreiche den verabredeten Treffpunkt vor dem Städelschen Kunstinstitut am Schaumainkai. Gähnende Leere. Bis auf ein paar vereinzelte Schneeflocken, die mir um die Nasenspitze tanzen, nichts und niemand. Keine Menschenseele. Ich warte zwanzig Minuten. Es kommt auch niemand mehr. Meine Versuche, mittels meines Mobiltelefons einen Kontakt zu Cornelia herzustellen, schlagen allesamt fehl. Mich friert es. Ich entschließe mich, ins Museum zu gehen. Ohne Elitepartnerin. Was bin ich doch für ein Hornochse! Ich nehme Platz vor dem großen Daubigny-Gemälde. Der Tag endet suboptimal.

Funklöcher

Wie gesagt, manche meinen, es entscheide sich beim ersten Date bereits in den ersten Sekunden, ob zwei als Partner infrage kommen – und verweisen auf wissenschaftliche Studien. Das liest man immer wieder. Ich glaube das nicht. Ich denke, tatsächlich entscheidet es sich in den ersten Sekunden, ob man sich gegenseitig halbwegs attraktiv findet. Aber über den Sinn oder Unsinn der gesamten Veranstaltung und erst recht über die Aussichten auf eine erfolgreiche Partnerschaft sagt das gar nichts. Im Gegenteil, oft ist es ja so, dass das, was gar nicht so prickelnd anfängt, ja noch wachsen kann. Die meisten real existierenden Partnerschaften in meinem Umfeld, die ich als halbwegs harmonisch einstufen würde, waren auch keine Liebe auf den ersten Blick, sondern bahnten sich langsam an, bei der Arbeit oder im Freundeskreis. Man sah sich immer wieder, unternahm gemeinsam irgendetwas, und irgendwann verliebte man sich ineinander.

Das Elend ist also, dass man nach einem Erst-Date gar nichts weiß. Wenn da etwas sofort »funken« sollte, weiß man nur, dass man sich attraktiv findet – und sonst gar nichts. Wenn es nicht funken sollte, dann weiß man auch nicht unbedingt genau, ob das nun das untrügliche Zeichen der Natur ist, dass wir beide eben nicht füreinander bestimmt sind, oder ob das Ausbleiben des erhofften Funkenschlags erst eine Aufforderung an beide sein könnte, es doch erst einmal längere Zeit miteinander zu versuchen, um so herauszubekommen, ob das Ausbleiben des Erstfunkens ja womöglich dadurch zu erklären ist, dass sich hier die beiderseitige Energie gerade erst noch zu einem wesentlich gewaltigeren Spätfunken anstaut, um sich dann eines Tages in einer noch viel größeren, anfänglich überhaupt nicht für möglich gehaltenen erotischen Wucht vulkanartig zu entladen. Was also tun, wenn es nicht funkt? Abservieren oder abwarten, davonlaufen oder intensivieren?

Was allerdings stimmt, ist, dass man es innerhalb weniger Sekunden genau weiß, wenn eine Frau nicht infrage kommt. Diese Klarheit gibt es. Wenn man sofort merkt, oh Gott, nein, wir beide sind definitiv nicht füreinander geschaffen. Wie die arme Britta mit den Papageienschnäbel-Nägeln und ich. Ja dann, so finde ich, verhält man sich dennoch ganz und gar höflich und bringt die Zusammenkunft noch mit Stil über die Bühne. Andere Männer sind da rabiater. Habe ich gehört. Thomas erzählte mir von einem Bekannten, der sich bei Erst-Dates immer nach ein paar Minuten von einem Freund auf dem Mobiltelefon anrufen ließe und einen beruflichen Notfall simulieren würde für den Fall, dass er überhaupt keine Lust mehr hätte, länger als unbedingt notwendig auch noch die belangloseste Konversation mit einer Kandidatin zu führen, die bei ihm sowieso schon durchgefallen war. Bei Gefallen ignoriere er den Anruf, bei Nichtgefallen erhebe er sich umgehend, spiele den Notarzteinsatz und würde seiner Begleiterin gehetzt zurufen: »Du, es tut mir leid, ich muss sofort los, bei mir brennt's im Job!«, und ließe so seine verdatterte Date-Partnerin einfach sitzen. Vielleicht schickt er ihr danach noch eine SMS und verabschiedet sich wenigstens auf diese charmante Art? Ich weiß es nicht. Aber ich finde das nicht schön. Ich bin da anders. Ich nehme mir vor, mich immer nett zu unterhalten, und verberge, so gut es mir gelingt, meine Enttäuschung. Und es ist mir bisher auch immer ganz gut gelungen.

Vielleicht funkt es ja schon heute mit Vanessa? Ich schwebe auf der Rolltreppe aus den Tiefen der Kölner U-Bahn am Rudolfplatz nach oben ins gleißende Tageslicht, das die rheinische Metropole, nicht gerade eine der schönsten deutschen Städte, in ein nahezu schmeichelhaftes Licht rückt. Gerade hat es zu regnen aufgehört, die Frühsommersonne scheint wieder und blendet mich, sowie mein Kopf die Höhe des Straßenniveaus erreicht. Trotzdem habe ich sie schon aus der Froschperspektive sofort erkannt: Vanessa, Senior Consultant, Figur »normal«, »sehr attraktiv«. Ein anderes Date. Aber Vanessas Figur ist nicht wie angegeben »normal«. Sie ist »mollig«, wenn nicht sogar ziemlich übergewichtig, und sie ist leider gar nicht attraktiv. Außerdem ist sie nicht 46, sondern, wie sich später herausstellt, 54 Jahre alt. Vanessa sieht irgendwie aus wie die ältere Schwester von Beth Ditto und trägt eine Art großflächigen Umhang, der wohl ihre Körperfülle kaschieren soll, ihr aber die Anmut eines Möbelstücks verleiht, das zu Schutzzwecken mit einem Überwurf versehen wurde, damit es auf dem Speicher schadlos die nächsten zweihundert Jahre überdauern kann. Um ihrem Körper den Eindruck der Plumpheit zu nehmen, trägt sie enge Kunstlederleggings und etwa zehn Zentimeter hohe Pfennigabsätze.

Mir fällt plötzlich das Volkslied ein: »Spannenlanger Hansel, nudeldicke Dirn, geh'n wir in den Garten, schütteln wir die Birn!« Ich pfeife leise die Melodie vor mich hin, als ich mich ihr nähere. Versuche, meine Enttäuschung humoristisch umzuwandeln, ein quasi buddhistischer Trick. »Hallóo!«, rufe ich auf der zweiten Silbe betont und heuchle den Erfreuten. Wir tauschen zwei französische Begrüßungsküsschen aus. Anteile ihres Make-ups bleiben an meiner Wange pappen. Ich versuche, mir nichts anmerken zu lassen, und lächele doch etwas gequält. »Na, alles klar?«, entfährt es mir. Mehr fällt mir nicht ein. Eigentlich bin ich ziemlich sauer. Ich schwöre mir, beim nächsten Date vorher genau abzufragen, ob eine 17 oder 70 ist. Und ob ihre Figur tatsächlich »normal« ist. Es hätte ja durchaus die Kategorie »mollig« gegeben oder »ein paar Pfunde zu viel«. Weil ich ein höflicher Mensch bin und wohl auch, weil ich ja extra wegen ihr hierhergekommen bin, absolviere ich dennoch mit ihr ein gutbürgerliches Mittagessen in einem hochpreisigen Szene-Restaurant. Das hat wohl damit zu tun, dass wir in unserem letzten Telefonat noch unsere Restaurantvorlieben abgeglichen und uns dann nach längerer thematischer Einkreisung ausgerechnet für dieses Speiselokal hier entschieden haben. Wie von allen guten Geistern verlassen, erkläre ich ihr da, sie sei eingeladen. Das lässt sie sich nicht zweimal sagen. Vanessa sitzt mir inzwischen im ärmellosen Kaschmirtop gegenüber – und präsentiert mir ihre teigigen Oberarme. Sie bestellt. Vanessa haut richtig rein und lässt es sich heute richtig schmecken. Eine wahre Freude ist es, ihr dabei zuzuschauen. Lachs-Carpaccio, danach Rinderfiletspitzen, und am Ende gibt sie sich noch den Panna-Cotta-Dessertteller. Ich nage an einem Feldsalat herum, heuchle eine leichte Magenverstimmung und nehme einen Schwarztee, den ich normalerweise so gut wie nie trinke. Ich übernehme die schmerzhaft hoch ausfallende Rechnung, gentlemanlike. Ja, dann müsse ich so langsam wieder gehen, sage ich nach knapp zwei Stunden, in denen wir uns hauptsächlich über Immobilienpreise in der Kölner Innenstadt und im Umland und über Reiseziele unterhalten, die wir zu Urlaubszwecken schon angesteuert hätten oder es dereinst noch vorhaben.

Vanessa steuert den Parkplatz an. Schon zwanzig Meter vor ihrem Geländewagen zieht sie den Schlüssel aus ihrer Handtasche und drückt entschlossen den Türöffner. Die Blinklichter gehen an, ich höre die Türknöpfchen laut knacken. Vanessa fährt mich zum Bahnhof. In ihrem SUV riecht es, als habe sie erst vor Kurzem einen Sack fauler Zwiebeln transportiert. Wir gleiten, ohne ein Wort zu wechseln, durch die Innenstadt. Kurz bevor wir das Ziel erreichen, reißt sie das Lenkrad herum. Rollt in einer kleinen Seitenstraße aus, schaltet erst mal den Motor aus. Sagt dann eine ganze Weile gar nichts, atmet tief durch und nimmt mich dann fest in den Blick. Ja, was denn nun wäre. Sie sei ein »sehr großer Fan von Klartext«. Klingt leicht bedrohlich. Tja, schwadroniere ich, ich müsse das alles erst mal sacken lassen, obwohl ich genau weiß, dass ich sie nie mehr wiedersehen will. Sie hätte ein sehr gutes Bauchgefühl, meint sie – und scheint mir zu allem entschlossen, sodass ich schon befürchte, sie könnte gleich den Knopf mit der Zentralverriegelung betätigen und sich daranmachen, mir in den Nacken zu beißen. Ich taste fahrig nach dem Griff der Beifahrertür. »Gib uns ein bisschen Zeit!«, lache ich gekünstelt. »Okay!« »Ja dann, also – ich melde mich!«, moderiere ich die Szene ab, hau die Beifahrertür zu. Ich sehe noch, wie ihr Trizeps beim Abschiedswinken wackelt. Im Bordbistro der Bahn bestelle ich erst einmal ein großes Pils. Das hab ich mir jetzt aber auch verdient. Es folgen noch zwei weitere.

In den Transiträumen unserer Gesellschaft, in den Warte-
sälen, in den Hotels und erst recht unterwegs: im Auto
oder in der Bahn fühle ich am meisten Freiheit, am
wenigsten Wehmut – mein Leben lastet dann kaum auf
mir, ich werde leicht. Wenn ich unterwegs bin, fühle ich
keine Heimatsehnsucht, keinen Heimatdruck – wenigstens für die Dauer einer Reise ist man den Problemen der
eigene Beheimatung, Festlegung, des Für und Wider, wo
und wie man leben will, enthoben. Auf eine herrlich be-
freiende Art und Weise. Nach oder vor einem Date ist das
Bordbistro der Deutschen Bundesbahn im ICE mein Ort
der Wahl. Ich kenne keinen herrlicheren Ort. Das wird
Sie vielleicht wundern.

Nein, nicht weil ich ein Gourmet wäre. Deswegen
komme ich nicht hierher. Das »ofenfrische« Baguette
empfehle ich wirklich niemandem, auch nicht die Königs-
berger Klopse. Aber ich gönne mir ab und zu die Nürnberger Rostbratwürsten mit Kartoffelsalat, zumal wenn es
in der Karte heißt: »Dazu empfehlen wir Bitburger Pre-
mium Pils!« Aber dennoch. Nein, deswegen komme ich
nicht hierher, sondern weil hier eine Atmosphäre herrscht
wie sonst nur in einem Beckett-Stück. Ist schon mal ein
Regisseur oder Dramatiker auf die Idee gekommen, ein
Bordbistro in einem Theater nachbauen zu lassen und in
diesem fahrenden Gemütskarussell ein wahrhaft exis-
tenzialistisches Drama stattfinden zu lassen? Das wäre
sicherlich eine spannende Szenerie.

Ich blicke um mich. Nur Männer hier, vielleicht 15, es
ist ziemlich voll. Auch ein paar enttäuschte Emotionsrei-

sende? Gut möglich. Es ist Abend, alle sind hundemüde, alle verkabelt, alle im Kontakt mit ihren Smartphones, alle stumm und alle schrecklich einsam. Ich mitten unter ihnen. Es stinkt nach feuchtem Kaninchen und verbrauchter Luft. Der Zug ruckelt vor sich hin, die Gesichter hellgelb im Neonlicht, die Bedienung hat immer wieder Schwierigkeiten, sich beim Bringen oder Abtragen der Getränke bemerkbar zu machen, weil die Jungs alle so vertieft in ihre Smartphones sind: maximale Außenabschottung. Keiner spricht auch nur ein Wort mit dem anderen, obwohl wir direkt, fast auf Körperberührung, auf diesen Hochbänken nebeneinandersitzen. Man hört nur Atmen und Räuspern und das Fahrgeräusch, ab und an das Abstellen eines Bierglases – und immer wieder quakende WhatsApp-Signale. Das ist die Einsamkeit in der Menge, dachte ich. Von der Francis Bacon geschrieben hat. Und Edgar Allen Poe.

Ich hatte Dates in Mainz, in Wiesbaden, in Frankfurt, in Köln, in Düsseldorf, in Weimar, in Heidelberg, in Stuttgart und in Freiburg. Denn ich dachte, nur wer investiert, wird belohnt. In Sachen Liebe darf kein Aufwand zu hoch sein! Also habe ich mir die Bahncard 50 besorgt und bin als Emotionsreisender unterwegs. Immer wieder. Im ICE. Auf der Hinreise meist euphorisch, auf der Rückreise meist desillusioniert, manchmal aber auch mit dem schummrigen Gefühl, ja, diesmal könnte es vielleicht etwas werden. Der Zug rauscht durch die Nacht.

Nur wer sich keine Illusionen mehr macht,
kann der Welt in der größtmöglichen
Zärtlichkeit begegnen.

Karim Ruschel

4. Kapitel

Cleveres Selbstmarketing

Schummeln gilt nicht!

Auf dem Markt herrscht ein kühles Klima. Die Gesetze von Angebot und Nachfrage regieren hier. Ganz unsentimental. Selbst auf einem Partnerschaftsmarkt ist das so. Man beobachtet kritisch das Angebot und preist sich selber an. Was zählt, ist das gekonnte Selbstmarketing. Durch mehr oder weniger erlaubte Tricks versucht man, seinem Glück nachzuhelfen. Natürlich wird am Ende übertrieben. Mehr noch, es wird gelogen, dass sich die Balken biegen. Schließlich will man in die absolute Partnerelite vordringen.

Man hat herausgefunden, dass bei der Online-Partnerschaftsvermittlung vor allem kleine Männer lügen. Sie versuchen mangelnde Körpergröße nicht etwa, wie man vermuten könnte, durch hinzugeschwindelte Zentimeter wettzumachen, sondern durch zusätzliche frei erfundene akademische Grade, Berufserfolge oder andere geschönte Karriereangaben. Frauen hingegen bescheißen vor allem beim Alter, bei der Figur und beim Körpergewicht, weil sie die Erfahrung gemacht haben, dass Männer auf jüngere und schlanke Frauen stehen. Das ist natürlich nicht schön für all die Frauen, die diesem Ideal nicht entsprechen. Trotzdem will es mir nicht einleuchten, warum sich manche dafür ausgerechnet an mir rächen. Das tun sie aber. Immer wieder.

Meine Erfahrung ist: Wenn man die Angaben von manchen Frauen einfach stehen lässt, ohne sie zu überprüfen, dann kann es gut möglich sein, dass man am Tag der Begegnung eine unerfreuliche Entdeckung macht. Will man aber vorher sichergehen, dass alles hieb- und stichfest ist, und man spricht die betreffenden Frauen darauf an, ob alle ihre Angaben korrekt sind, sind sie oft stinksauer. Der in einer solchen Frage enthaltene Verdacht wird ein ums andere Mal mit dem Aufschrei der Entrüstung beantwortet, wie unverschämt es sei, ihn überhaupt zu hegen. Will man als Mann dennoch vorsorgen und flicht vor dem ersten Date schriftlich oder auch am Telefon nur leise ein, dass man es nicht so gerne mag, wenn geschummelt wird, dann sind beide zutiefst verärgert: die Frauen, die tatsächlich schummeln, und die, die es nicht tun. Die Frauen, die schummeln, sind verärgert, weil sie sich ertappt fühlen und sich nun darüber empören, dass sie irgendeine Rechtfertigung abgeben müssen. »Das machen doch alle hier!«, bellte eine Göttinger Marketingexpertin, 45, sehr attraktiv, in den Hörer, als herauskam, dass sie ihr Alter um insgesamt fünf Jahre nach unten korrigiert hatte. »Blenden gehört zum Geschäft. Oder glaubst du etwa, dass ich nur, weil ich ein paar Jahre älter bin, auf attraktive jüngere Männer verzichten will? Träum weiter!« Sprach sie und drückte mich weg. Nachdem nach langem Hin und Her eine Altersabweichung von immerhin vier Jahren eingeräumt wurde, meinte eine andere am Telefon leicht beleidigt: »Ich dachte immer, ich bin hier die einzige Ehrliche! Manno-mann, das ist doch nur ein Spiel!« Eine Dritte lachte mich sogar aus: »Sag mal, so naiv kannst du gar nicht sein! Wo lebst du?« Und fügte völlig genervt an: »Ich lass mich nicht aufs Äußere reduzieren! Dafür musst du dir eine andere suchen!« Leider sind aber auch die Frauen ver-ärgert, die alles wahrheitsgemäß angegeben haben. Ent-weder darüber, dass man sie überhaupt im Verdacht haben könnte, unwahrheitsgemäße Angaben zu machen – oder wiederum darüber, dass es mir als Bewerber überhaupt wichtig ist, es bei Äußerlichkeiten so genau zu nehmen. Das bringt manche zum Schluss, ich müsse ein besonders herzloser Macho sein. »Soll ich dir etwa noch meinen Body-Mass-Index zuschicken? So eine Unverschämtheit!« Dabei wollte ich nur wissen, ob alles so stimmt.

Interessant ist, dass nicht wenige der fülligeren Frauen, die offenbar so viel Wert auf die inneren Werte legen und sich über die äußerlichkeitsfixierte Männer-welt massiv aufregen, selbst sehr wohl genauer hin-schauen, wenn es um die Körper der Männer geht, die da für die eigene Partnerwahl näher in Betracht kom-men könnten. Ein Beispiel aus meinem Bekannten-kreis bestätigt das. Eine vierzigjährige Frau, die bislang nur schlechte Erfahrungen mit Online-Partnervermitt-lungen gemacht hat, beklagt sich neulich in meiner Stammkneipe gegenüber einer Freundin, dass Männer immer nur aufs Äußere schauen würden. Es ist heute ausnahmsweise kein »Mädelsabend«, ich darf unbe-helligt mit am Tisch sitzen und höre interessiert zu. Sie erntet vollstes Verständnis seitens ihrer beiden Zuhöre-rinnen. Ja, selbst ein weiterer männlicher Zuhörer am Tisch scheint daran heftig Anstoß zu nehmen. Fünf Minuten später erzählt sie kopfschüttelnd von ihrem letzten Date mit einem Typen, der überhaupt nicht infrage gekommen sei. Sie lacht etwas verächtlich und schüttelt den Kopf. Der Typ sei unmöglich gewesen. »Stellt euch mal vor, der war kleiner als ich, hatte einen Bauchansatz und eine Glatze!« Man ist sich sofort einig: »So was geht ja gar nicht!«, und bestellt noch einen Hugo Sprizz. »Was siehst du aber den Splitter im Auge deines Bruders, doch den Balken in deinem Auge nimmst du nicht wahr?«, schreibt dazu der Evangelist Matthäus im Buch 7, Abschnitt 3 seines berühmten Traktats über Partnerschaftsanbahnung im Neuen Testament. Es ist kurios, aber völlig normal: Der Mensch fällt über andere ein äußerst hartes Urteil, wenn sie sich falsch verhalten, blickt jedoch nur allzu großzügig darüber hinweg, wenn es ihn selbst betrifft. Aber ich denke dennoch, dass ich hell genug bin und diesen blinden Fleck nicht habe, zumindest nicht, wenn es um die Auswahl einer geeigneten Elitepartnerin geht. Ich bin mir darüber absolut bewusst und finde es völlig in Ordnung, nach dem Äußeren zu gehen. Zumal am Anfang – und die Frauen tun das ja ganz genauso.

Googlen als Gegenwehr

Wenn mir auf eine Anfrage-E-Mail eine Elitepartnerin geantwortet hatte, die ich interessant fand, habe ich das getan, was alle machen, aber keiner zugibt: Ich habe versucht, sie zu googlen. Wenn es mir also Katja aus Karlsruhe, Kommunikationsdesign, 46, sehr attraktiv, angetan hatte, habe ich Vorname, Beruf und Wohnort in die

Suchleiste eingegeben und geschaut, ob es noch weitere Informationen zu ihrer Person oder Fotos von ihr gibt: etwa eines bei der Weihnachtstombola vom Volleyballverein oder bei einem Firmenjubiläum. Das Ziel ist klar. Solche Fotos ergänzen auf erfrischend unverfälschte Art und Weise diejenigen, die die Betreffende zur Selbstvermarktung bei *ElitePartner* ins Netz gestellt hat. Der Gesamteindruck rundet sich harmonisch ab, die potenzielle Kandidatin schrumpft dadurch in aller Regel von einer Göttin zu einer irdischen Gestalt, zu einem Menschen wie du und ich, sie wird authentisch. Und gerade die Authentizität ist es ja, die bei der Kapitalisierung unseres Emotionslebens immer mehr flöten geht, weil wir alle mittlerweile Experten darin sind, uns »warenästhetisch« optimal zu verkaufen.

Jemanden zu googlen, um an Zusatzinformationen zu kommen, scheint weitverbreitet zu sein, und dennoch wirft es drei Fragen auf: Erstens, was sagt es mir über meine Elitepartnerin? Zweitens, was sagt es mir über mich? Und drittens: Ist es in Ordnung? Meine Erfahrung: Ja, jemanden zu googlen kann von Vorteil sein. Wenn etwa erst nach dem dritten Date herauskommt, dass sie für die FDP im Stadtrat von Wanne-Eickel sitzt, dann kann man so wertvolle Zeit sparen, sprich: Googlen kann manchmal schlicht eine lohnende Abkürzung bei der Entscheidungsfindung sein. Aber im Grunde erfährt man nicht wirklich mehr über jemanden, je mehr äußere Daten man heranzieht. Es sagt einem meist nicht sonderlich viel über die Person, für die man sich interessiert, wenn man beim Googlen drei oder vier »Treffer« landet. Man kann vielleicht herauskriegen, was sich genauer hinter »Oecotrophologin« oder »Purserin« verbirgt, manchmal deckt man einen Schwindel bei der Altersangabe auf, aber sonst lässt sich meiner Erfahrung nach nur das herausgoogeln, was man herausgoogeln will. Je nach den Vorschusslorbeeren, die man einer Person aus unerfindlichen Gründen gibt oder sie ihr eben vorenthält, bestätigt es entweder das berechtigte Interesse an einer Person oder eher negative Vorurteile, die andernfalls wohl genauso gereift wären. Also wenn ich vorher schon entschieden habe, ihr eine Chance zu geben, suche ich nach solchen Informationen im Internet, die mich bestätigen, hier richtigzuliegen, wenn nicht, dann suche ich nach all jenen, die mir sagen, dass sie eher nichts für mich ist. Über mich selbst dagegen sagt dieses Vorgehen sehr viel: Ich bin offenbar nicht der Typ, der sich gerne überraschen lässt. Ich bevorzuge die »vernünftige Kaufentscheidung«. Ich verhalte mich also hier auf dem Partnerschaftsmarkt offenbar wie beim klugen Kauf einer neuen Waschmaschine, wo ich ganz genauso versuche, zusätzlich zum Werbetext im Prospekt unabhängige Informationen etwa von der Stiftung Warentest an Land zu ziehen, um die eigene Kaufentscheidung zu untermauern. Das müsste mir eigentlich zu denken geben.

Und ist es okay? Eine moralische Frage. Googlen ist irgendwie nicht okay. Zumindest wenn man Menschen diskutieren hört, die sich mit den sittlichen Gefahren des Internets für die menschliche Zivilisation auseinandersetzen. Ich wette, jeder hat so einen Internetkritiker im Freundeskreis. Oder man denkt selber so. Ich bin da sehr gespalten, aber mal ehrlich, irgendetwas ist ja auch pfui am Googlen. Es ist ein wenig wie eine kleine, fiese Stasirecherche. Man wird zum Privatdetektiv. Und es ist ein bisschen so, wie wenn man bei jemandem im Nachttischchen wühlt. Es hat auch ein bisschen was von verbotenem Tagebuchlesen. Nun könne man einwenden, streng genommen stimmt das gar nicht. Denn jemanden zu googlen bedeutet ja nur, an Zusatzinformationen zu kommen, die diejenige Person einst selbst aus freien Stücken der Öffentlichkeit überantwortet hat, just an dem Tag, an dem sie diese im Vollbesitz ihrer geistigen Kräfte ins Internet gestellt hat oder zumindest damit einverstanden war, dass dies geschieht. Diese Informationen sind nicht »privat«, sondern gehen lediglich über jene hinaus, die die betreffende Kandidatin über ihr Persönlichkeitsprofil herausgeben möchte.

Ich selber habe eine Website. Aus beruflichen Gründen, damit man mich als freien »Autor, Publizisten, Schriftsteller« findet – und mich für tolle Events oder Grammy-Aftershowpartys buchen kann. Eigenartigerweise habe ich mir bei *ElitePartner* aber schnell ein Pseudonym zugelegt, das ich zumeist erst kurz vor einem direkten Treffen auflöse. Warum? Tja, weil ich eben nicht so ohne Weiteres gegoogelt werden will. Das scheint ein bisschen widersprüchlich zu sein. Sich selbst versucht man vor der Google-Attacke zu schützen, recherchiert aber fleißig über andere im Internet. Man könnte sagen, das ist doch ein bisschen schizophren, oder nicht? Ja, ist es auch, aber genauso gut kann man die Ansicht vertreten: na wenn schon. Schizophren, aber trotzdem legitim.

Aber das eigentliche Problem ist ja gar nicht so sehr die möglicherweise moralisch fragwürdige Einsicht in Fremddaten, sondern die Entzauberung der Person, auf die ich mich da freue. Wenn ich etwa meinen künftigen Abteilungsleiter google, dann hat das keine weitreichenden Konsequenzen auf unsere spätere berufliche Beziehung.

Anders bei Elitepartner. Wenn ich hier schon lange vor einem persönlichen Treffen so viel wie möglich von einem Menschen in Erfahrung bringe, anstatt die Spannung auszuhalten und mich einfach überraschen zu lassen, dann beraube ich mich der Chance auf eine spontane, unvoreingenommene Begegnung. Der Widerspruch bei vielen Online-Strategen ist: Ich will. Und ich denke, ich weiß, was ich will. Das offene Ende aber scheue ich, obwohl nur ein solches Vorgehen eine reelle Chance bietet, einmal das zu finden, was ich will, nämlich eine romantische Beziehung. Merkwürdig, warum wir so ein schlechtes Verhältnis zum Ungewissen haben. Wahrscheinlich weil wir im Kern alle Kontrollfreaks sind und bei unserer Glücksuche nichts dem Zufall überlassen wollen.

Vorbauen und Nachrücken

Man könnte meinen, es seien vor allem Männer, die naturgemäß zum vorauseilenden Kontrollverhalten neigen – so auch bei der Partnerwahl online. Das stimmt aber nicht unbedingt. Mein Eindruck nach längerer Zeit bei *ElitePartner*: Frauen gehen entgegen landläufiger Meinung mindestens so rational vor, wie man das von uns Männern sagt. Mehr noch, ich behaupte, viele Frauen verfügen über eine hohe strategisch-multioptionale Intelligenz, gerade bei der Partnersuche. Jedenfalls sind viele Frauen, die ich hier getroffen habe, ungemein weitsichtige Wesen und bauen gerne schon mal vor für den Fall, dass es diesmal nichts wird mit dem Traummann. Im Moment seien sie zwar mit einem sehr netten Mann in Kontakt, schrieben mir einige, aber falls daraus nichts würde, dann würden sie gerne wieder bei mir anklopfen. Ob sie dies dürften? Auf solch eine Idee muss man erst einmal kommen! Ich weiß nicht, ob sich diese Frauen vorstellen können, dass die darin enthaltene Auskunft, man sei nicht schlecht, aber im Moment eben nur zweite Wahl, einem Anwärter nicht unbedingt besonders schmeichelt. Welcher Mann, habe ich mich gefragt, hat so wenig Stolz, dass er zurückschreibt: »Okay, dann warte ich die nächsten drei, vier Monate ab, ob sich die Beziehung zu deinem IT-Spezialisten so entwickelt, wie du dir das wünschst. Falls nicht, melde dich einfach wieder, wir können uns dann gerne auf einen schnellen Cappuccino an deinem nächstgelegenen S-Bahnhof treffen.« Ich habe einer einmal spaßeshalber geantwortet, sie könne sich gerne wieder melden, falls das Schiff mit ihrem Wirtschaftsingenieur sinken sollte. Falls ich da noch am Leben sei, würde ich mir die Wiedervorlage gerne nochmals anschauen.

Eines Tages kam Post aus Hamburg. Von einer Filmschauspielerin. Wow! 39-jährig, äußerst attraktiv. Ich war beeindruckt. Sie fand auch noch mein Profil »ansprechend« und wollte wissen, wer sich hinter diesen sympathischen Zeilen verberge. Ich schickte ihr eine wohlformulierte Antwort, in der ich mich mehr als nur ein bisschen erfreut von ihrem Vorstoß in meine Richtung zeigte. Meine Fotos stießen bei ihr auf Gefallen, und ein munterer Dialog entspann sich. Von Kreativer zu Kreativem und zurück. Wir mailten ein bisschen hin und her. Ich betonte mein ebenfalls ausgeprägtes Künstlertum. Weil sie permanent von Paris, London und New York schrieb, täuschte ich ebenfalls einen nicht wirklich ausgelebten Kosmopolitismus an und versuchte ein bisschen Eindruck zu machen – mit meinen Mitteln. Meine Vorliebe für Wanderungen durch deutsche Mittelgebirge, vornehmlich den Schwarzwald, unterdrückte ich geflissentlich, erwähnte dagegen eine anstehende Reise nach Zürich zu einer Preisverleihung, allerdings ohne sie näher darauf hinzuweisen, dass ich auf dieser Veranstaltung keineswegs der Geehrte sei, sondern nur im Publikum sitzen würde. Es schien ihr zu behagen, was sie von mir zu lesen bekam. Sie fing auch bald an, von ihrem Privatleben zu erzählen, von José, von dem sie sich vor einem halben Jahr getrennt hätte und der trotz anderslautender Abmachungen immer wieder schmutzige Wäsche waschen würde. Und wie schwer es heutzutage sei, eine Tagesmutter zu finden, die sich um ihre drei Kinder im Grundschulalter kümmern würde, »wenn ich am Set bin«. Auch interessierte sie sich durchaus für mich. Aber dann war sie zwei Wochen im Urlaub. Mit wem, weiß ich nicht. Sie meldete sich nach ihrer Rückkehr sofort wieder bei mir, erkundigte sich nach meinem Wohlergehen, und wir kamen wieder ins Gespräch. Über dies und das. Sie zeigte Mitgefühl für meine Lebenslage als Witwer, ich für die ihre als demnächst Geschiedene. Das Leben ist kein Ponyhof. Dann war wieder drei Tage Ruhe. Ich steuerte nun auf ein Treffen zu, sie aber schrieb mir eine ominöse Botschaft. Der Inhalt: José sei gestern wieder eingezogen. Das müsse sie mir so ganz offen schreiben. Aber gleich hinterher: Das müsse gar nichts heißen. Für uns beide. Zwar schrieb sie mir unmissverständlich, dass sie den Kontakt zu mir nun erst mal auf Eis legen würde, aber: »Ich trau dem Frieden nicht!« Es sei nicht das erste Mal! Ihr Exmann sei schon einmal vor zwei Jahren nach einer damaligen Trennung kurze Zeit später wieder in die gemeinsame Wohnung zurückgekommen, aber schon sechs Wochen später wieder ausgebüchst. Für den absolut wahrscheinlichen Fall, dass es diesmal wieder nichts würde mit einer Wiederannäherung, würde sie gerne in Kontakt mit mir bleiben. Sie fragte mich allen Ernstes, ob ich ihr meine private E-Mail-Adresse schicken könnte, unter der sie sich dann melden könne, wenn es so kommen sollte, wie sie es befürchten würde, eben dass sie und ihr Mann auch dieses Mal nicht mehr zusammenfänden. Sie sei dann ja eventuell nicht mehr bei *ElitePartner*. Sie fragte mich also, ob ich als Elitepartner in Wartehaltung infrage käme und dann quasi im Nachrückverfahren doch noch den begehrten Platz an ihrer Schauspielerinnenseite einnehmen wollte. Wie viel praktischen Sinn in Liebesdingen Menschen doch an den Tag legen! Im romantischen Segment wird auf einmal knallhart kalkuliert. Wenn- beziehungsweise Wenn-nicht-Szenarien werden durchgespielt, und man sorgt schon mal vor. Der nächste Witwer kommt bestimmt. Wahrscheinlich hat erst das Talent zum emotionalen Multitasking die Spezies Mensch im evolutionären Überlebenskampf so erfolgreich gemacht.

Zwei Eisen, ein Feuer

Nach dem sechsten, siebten und achten sehr angenehmen Mail-hin-und-her habe ich mit Nicole aus Freiburg telefoniert. Gleich achtzig Minuten lang. Ach, war das nett! Sie hat davon erzählt, dass sie so ganz anders sei als all die anderen. Das hört man natürlich gerne und saugt es begierig auf. »Ja, auch ich bin anders als all die anderen Männer da draußen!«, rufe ich voll ungespielter Ergriffenheit in mein Smartphone. Sie scheint erleichtert zu sein. Sie erzählt mir von ihrem alten Damenrad, das sie über alles liebe, von ihrem Töpferraum im Keller, in dem sie sich gelegentlich »austoben« würde, davon, was sie da so alles herstellt und wie lustig es ist, wenn sie die Sachen auf dem Flohmarkt verkauft. Dann ist von Malerarbeiten an ihrem Ferienhaus am Ammersee die Rede, die demnächst anstünden und eine Reise eben dorthin nächste Woche notwendig machten. Sie berichtet mir von ihrem erwachsenen Sohn Tobi, der in Dresden Architektur studieren würde, von ihrer Mama und ihrem Papi, mit denen sie sich ganz dolle verstünde, und wie froh und dankbar sie wäre, dass sie ein so gutes Verhältnis zu ihren Eltern habe, ganz anders als viele ihrer Freundinnen. Sie erzählt mir von ihrer sie so erfüllenden Arbeit als Heilpraktikerin, vom Badminton-Sport, den sie immer donnerstagabends betreibe. Aber auch von ihren Eigenheiten, und dass sie eben eine sei, die nicht in eine Schublade passe, das müsse sie dazusagen. Ganz offen und ehrlich. Sie sei sehr eigen, würde oft draußen im Freien schlafen, gerade jetzt im Sommer, und ihre Marmelade bei Mondlicht einkochen, weil sie dann länger haltbar sei. »Das ist weiße Magie, weißt du?«, flüstert sie voller Ironie. Ich bestelle schon mal ein Töpfchen. »Na klar, kriegst du, ganz sicher!«, lacht sie ins Telefon. Am Ende stimmen wir darin überein, dass es sich auf jeden Fall lohnen würde, sich einmal persönlich kennenzulernen. Ich biete ihr tatsächlich an, sie besuchen zu kommen. Vielleicht nächstes Wochenende?

Das könnte was werden, denke ich, als ich auflege. Eine ungewöhnliche Frau. Kurze Zeit später erhalte ich eine WhatsApp-Nachricht von ihr. Wenn man seine Handynummer rausrückt und der andere speichert sie in der

Kontaktliste seines Smartphones, dann geht ja automatisch das WhatsApp-Fensterchen auf, vorausgesetzt, man ist bei WhatsApp registriert. »Ich würde dir gerne eine E-Mail schreiben, hier reicht der Platz nicht! VLG Nicole« Klar, ich gebe ihr meine E-Mail-Adresse und finde kurze Zeit später eine sehr liebevolle Nachricht vor. Sie habe das Gefühl, schreibt Nicole, dass wir uns schon ganz lange kennen. Jedenfalls sei dies ein Gespräch gewesen wie mit einem sehr vertrauten Menschen, sie habe ein gutes Gefühl und spüre eine tiefe innere Verbindung zu mir, wie sonst nur zu ganz wenigen Menschen in ihrem Leben. Als ich alles gelesen habe, bin ich schon halb verliebt. Mir ist ganz blümerant ums Gemüt, als mich schon die nächsten Neuigkeiten von ihr erreichen. Diesmal als Whats-App-Nachricht: Ein Foto von ihr, eine Portraitaufnahme, allem Anschein nach aufgenommen in ihrem Garten, ein Bild, auf dem sie warmherzig lächelt und sehr gütig aussieht. »Für dich!«, steht drunter. »Schlaf schön!«, schreibt sie noch. Plus Kuss-Emoji. Ich atme tief durch und denke noch: Junger Vatter, was machen'se da mit dir? Ich schaue mir wieder ihr Foto an. Stelle mir vor, wie sie ihr Damenrad ölt, wie sie im Mondschein ihre Marmelade einkocht und wie sie sich in ihrem Töpferraum austobt. Meine Nicole!

Drei Tage später schreibe ich ihr, dass ich eine Zugverbindung nach Freiburg herausgesucht hätte, und gebe ihr meine Ankunftszeiten durch. Nicole reagiert erst nicht. Aber dann doch noch mit etwas Verspätung, am nächsten Morgen. Sie schreibt zurück, dass es leider doch nicht ginge. Sie hätte gestern Abend mit einem Manager von UPS Deutschland ein sehr, sehr nettes Date gehabt. Und nun Schmetterlinge im Bauch! Es würde kribbeln! »Es tut mir leid, aber das musst du verstehen. Dir viel Glück und alles Gute!« Dann schreibt sie mir noch, sie mag das nicht, zwei Eisen zugleich im Feuer zu haben. Dazu sei sie einfach nicht der Typ. Andere Frauen könnten das vielleicht, sie nicht. Sie sei eben anders.

Es gibt tatsächlich nicht wenige Elitepartnerinnen, die parallel vorgehen. Im Grunde ist das eine logische Sache, ein Gebot der Effizienz, könnte man sagen. Ich selbst bin ja da nicht anders, stehe immer mal wieder mit einigen Frauen gleichzeitig in Kontakt. Wenigstens schriftlich. Neu war für mich jedoch das Verhalten, parallel zu Telefonaten, die nun doch der persönlicheren Art waren, offenbar in unmittelbarer zeitlicher Nachbarschaft noch ganz ähnlich intensive Gespräche zu führen, die dann fast umgehend Schmetterlinge im Bauch auslösten. Ach je. Ich war enttäuscht. Und ein bisschen traurig auch. Also gut, es wird keine Mondlichtmarmelade geben, und wenn einer mit ihr in ihrem Töpferraum herumtoben darf, dann werde das leider nicht ich sein. Sondern der glückliche Mann vom internationalen Paketdienst.

Enttäuschungsprophylaxe

Das Schlimmste emotionale Erlebnis, das unmittelbar aus der Mitgliedschaft bei *ElitePartner* resultieren kann, ist nicht, dass man sich eine Woche lang auf eine tolle Frau freut und dann beim Date nach 31 Sekunden denkt: »Ach du Schande, und wie bitte bringe ich jetzt noch die nächsten anderthalb Stunden rum?« Nein, liebe Leserinnen und Leser, lassen Sie sich das von mir gesagt sein, das Schlimmste ist, eine zu treffen, die einem irgendwann ans

Herz geht – und dann erleben zu müssen, dass dieses Gefühl leider nicht ansatzweise oder zumindest nicht »vollumfänglich« erwidert wird. Deswegen versucht man beim nächsten Mal, Vorsorgemaßnahmen zu treffen. Man hat Angst genau vor diesem Worst-Case-Scenario, zumal dann, wenn man diesen Fall schon einmal erleben musste, und tut beim nächsten Mal alles, damit es nicht ganz so wehtut, würde Monica Bellucci trotz einer vielversprechenden Annäherungsphase doch noch einen unerwarteten Rückzieher machen. Geht das überhaupt?

Es ist doch so, irgendwie wissen alle, die hier unterwegs ist, dass sie sich auf schlüpfriges Terrain begeben. Partnervermittlung ist Wandeln auf Glatteis und eine emotionale Rutschpartie, wenn nicht schon vorprogrammiert, so doch nicht unwahrscheinlich. Also ist es umso naheliegender, dass sich alle, die hier unterwegs sind, irgendwie absichern wollen. Keiner will hier entgegen allen anderslautenden Beteuerungen die Kontrolle aufgeben, keiner will im Kummerloch landen. Man will hier eine möglichst intensive »echte« Liebesbeziehung erleben, sich aber am besten nicht aus der Reserve locken lassen, man sucht Leidenschaft, will aber die innere Distanz nicht aufgeben. Etwas, was im Grunde komplett unmöglich ist. Dennoch beschreibt dies die gängige Vorgehensweise der meisten gerade unter den erfahrenen Kandidaten, die sich schon einmal ein paar Schrammen geholt haben. Sie versuchen, die Kontrolle über das Geschehen zu behalten, und zwar in allen Phasen der Annäherung, sie versuchen, sich so lange wie möglich ein Hintertürchen offen zu halten und immer einen Schritt unverbindlicher zu sein als der andere.

Ich bin nicht frei von solchem Denken. Aber ich gehe

doch etwas anders vor. Ich reduziere aus Eigenschutz nicht so sehr meinen Output an Verbindlichkeit, sondern habe mein psychologisches Defensivverhalten verbessert. Heute habe ich bei meinen Eroberungsfeldzügen in der Welt der Elitepartnerinnen gewissermaßen innere Fangnetze eingezogen, die mich im Fall eines möglichen Absturzes bestmöglich schützen sollen. Meine Strategie zur Enttäuschungsprophylaxe, die ich mittlerweile perfektioniert habe, ist so simpel wie wirksam: Um mich selbst vor allzu heftigen Erschütterungen im Fall eines Nichtgefallens oder gar einer barschen Zurückweisung zu schützen, habe ich es mir im Lauf der Zeit angewöhnt, nicht allein wegen einer Elitepartnerin die Schauplätze unserer Erstannäherung anzusteuern, zumal wenn sich diese in weit entfernten Städten befinden sollten. Ich verbinde ganz einfach eine zweite, ganz anders gelagerte Absicht mit dem Date, tue mir immer also noch etwas anderes Gutes. Ich versuche, um es kurz zu machen, zwei Fliegen mit einer Klappe zu schlagen. *ElitePartner* ist ein *Adventure Trip*. Manchmal sogar wie Freeclimbing, die Kunst, sie ist mein unsichtbares Rettungsseil.

Kunst als Kompensation

Mit dem Namen Auguste Allongé können wahrscheinlich nicht allzu viele Menschen etwas anfangen. Auguste Allongé ist ein französischer Freiluftmaler der sogenannten Schule von Barbizon. Er wurde 1833 in Paris geboren und starb 1898 in Bourron-Marlotte. Ich würde sagen, er ist durchaus in der Bundesliga der französischen Landschaftsmalerei des 19. Jahrhunderts anzusiedeln. Er malte viele seiner Bilder in der Nähe dieses berühmten Malerdörfchens Barbizon im Wald von Fontainebleau südlich von Paris, die meisten zwischen 1860 und 1875. Eines der schönsten Gemälde von Allongé, eine sommerliche Weidelandschaft am Waldrand, habe ich in einem New Yorker Online-Auktionshaus ersteigert. Es war ziemlich ramponiert, aber daher auch ganz günstig. Für knapp 1000 Euro habe ich es gekauft. Es zählt zu den schönsten Bildern, die ich besitze. Drei Monate war es bei Wolfgang, dem besten Restaurator der Welt, in seinem Atelier in München. Er hat es wieder flottgemacht. Jetzt halte ich es in den Händen, ein Schatz. Ich bin glücklich. Heute fahre ich nach Frankfurt zu Cristina, meiner Rahmenrestauratorin, die sich auf antike Rahmen spezialisiert hat. Danach treffe ich mich mit Elitepartnerin Cora auf ein Heißgetränk in der Innenstadt. Das Bild liegt auf dem Rücksitz, ich sitze im Auto und höre den Song *Postcards From Paraguay* von Mark Knopfler.

Ich habe eine kleine, aber feine Gemäldesammlung. Vor ein paar Jahren habe ich meine Leidenschaft für alte Landschaftsgemälde entdeckt. Nach einem Besuch in der Neuen Pinakothek in München habe ich einfach mal bei eBay gestöbert und bald schon mein erstes Bild, eine Sommerlandschaft im Dachauer Moor von Hermann Eichfeld aus dem Jahr 1870, ersteigert. Falls es Sie interessiert, liebe Leserinnen und Leser, sage ich es Ihnen, falls nicht, trotzdem: Hermann Eichfeld ist ein Schüler von Joseph Wenglein, dem letzten großen Landschaftsmaler der sogenannten Münchner Schule, von dem einige wundervolle großformatige Gemälde ebenfalls in der Neuen Pinakothek hängen. Und auch von Wenglein habe ich mir mittlerweile ein Bild zugelegt. Eine großformatige Studie eines

Hohlwegs in einem luftigen Laubwäldchen irgendwo in der Nähe von Bad Tölz. Im Lauf der Zeit habe ich meine Sammlung Stück für Stück vergrößert, nicht aus Angeberei oder sonstigen unlauteren Beweggründen, nein, ganz einfach, um mich daran zu erfreuen. Heute sitze ich oft anstatt vor der *ARD Tagesschau* vor einem meiner Gemälde und tauche ein in die Landschaften, die sie mir zeigen, dänische oder belgische Meeresküsten, holländische Kanallandschaften, französische Flusslandschaften, bayerische Wälder und Moore, aber ganz ohne röhrende Hirsche, balzende Auerhähne oder klappernde Mühlen am rauschenden Bach. Mich interessieren keine Idyllen. Und ich besitze übrigens kaum ein Gemälde einer Landschaft, die nur sonnenbeschienen wäre. Mich interessiert die Schönheit im Widrigen, mich interessieren Wolken fast mehr als die Sonne. Ich sitze dann in meinem Ohrensessel und lasse die Stimmungen auf mich wirken, erfrische mein Gemüt an ihnen, lass mich von ihnen trösten, wärmen, wiegen, bin entzückt von ihrer Schönheit und, wie man noch zu Goethes Zeiten sagte: ergötze mich daran. Warum? Ich vermute, um meinem ausgehungerten Belohnungszentrum im Stammhirn Nahrung zu geben.

Eigentlich geht es ja auch bei *ElitePartner* um nichts anderes, als Singles wie mir etwas für das Belohnungszentrum im Stammhirn in Aussicht zu stellen. Tatsächlich, seit ich bei *ElitePartner* bin, habe ich nach getaner Arbeit abends im einsamen Kämmerchen noch eine Option mehr, als mich meinen Kunstwerken zu widmen, meiner Gitarre neue Melodien zu entlocken oder ein Bierchen zu öffnen. Ich kann jetzt auch noch jeden Tag checken, ob da vielleicht eine attraktive Frau eine Partneranfrage an mich gerichtet hat oder ob ich eine neue Kandidatin finde, der ich ein paar liebe Zeilen senden möchte. Das gibt meinem Tag ein zusätzliches Ziel. Und wenn sich da nichts tut, bleibt mir immer noch meine Kunst. Und so ist es eben auch, wenn ich auf Brautschau bin, liebe Leserinnen und Leser. Ich bin Kunstsammler aus Leidenschaft, aber eben auch, damit sich jede meiner Emotionsreisen lohnt, egal, wie sie am Ende verläuft. Es soll sich möglichst immer irgendwie rentieren, habe ich mir irgendwann gesagt, wenn ich auf Reisen bin. Das ist meine Enttäuschungsprophylaxe. Wenn also ein Date misslingt, dann ist das nicht so schlimm, denn ich bin immer auch wegen der Malerei in den Hauptstädten dieser Republik unterwegs. Morgens bei Charles-François Daubigny, Cornelis Lieste oder Vilhelm Kyhn, zum Mittagessen mit meiner charmanten Lektorin beim Piper Verlag, (die frisch vermählt ist und daher als potenzielle Partnerin leider auch nicht mehr infrage kommt), nachmittags zum Scharwenzeln mit Sandra oder Manuela, 45, sehr attraktiv. Und wenn Sandra mich doof und Manuela mich unattraktiv findet oder umgekehrt oder wir beide uns gegenseitig tatsächlich nicht mögen sollten, dann habe ich immer noch meine Bilder, in die ich mittlerweile ganz vernarrt bin. Manchmal schon fast mehr als in all die Sandras und Manuelas der Republik.

Commitment

Aber selbst wenn alles perfekt organisiert ist und es scheint, als liefe diesmal alles rund, bei *ElitePartner* ist man vor Unwägbarkeiten nie gefeit. Das liegt manchmal an der eigenen inneren Verfassung oder derjenigen der Frauen, auf die man trifft, oder aber schlicht daran, dass man die Marktgesetze nicht beherrscht, die hier gelten. Ich hatte zwei *ElitePartner*-Dates in Münster, die auf verhexte Art und Weise gar nicht zustande kamen. Und das lag nicht an Münster. Ich glaube heute, es lag daran, dass ich damals eine ganz wichtige Spielregel der Liebesanbahnung im Online-Zeitalter nicht kannte.

Das erste Date war mit Bettina, Drehbuchautorin, 43, sehr attraktiv. Ich habe sie nach ein paar Mails getroffen. Sie war auf der Durchreise nach Basel, machte einen Zwischenstopp in Frankfurt, und wir trafen uns in einem Café in Bahnhofsnähe. Bettina war eine der Frauen, bei denen ich dachte, die würde ich gerne ein zweites Mal treffen. Am Ende unserer ersten Zusammenkunft lag etwas Unklares, Unentschlossenes zwischen uns. Und als ich drei Nächte darüber geschlafen hatte und ihr den Vorschlag machte, sich ein zweites Mal zu sehen, war sie nicht abgeneigt. Ich bot ihr an, nach Münster zu kommen, nicht nur wegen ihr, sondern ehrlich gesagt, weil ich da eben noch etwas ganz anderes vorhatte, worüber ich sie anfänglich im Dunkeln ließ, ohne deswegen ein furchtbar schlechtes Gewissen zu haben. Sie schien sich zu freuen. Am Vorabend gab ich ihr noch meine genauen Ankunftszeiten auf dem Bahnhof durch und teilte ihr meinen Ablaufplan für diesen Tag mit. Ich schrieb ihr, dass ich gegen 13 Uhr einen Termin hätte, weil ich mir bei einem Antiquitätenhändler ein interessantes Gemälde anschauen wollte, gegen 14:30 Uhr wäre ich dann zu allen Schandtaten bereit. Sie signalisiert mir per SMS, dass es so für sie in Ordnung sei.

Andertags sitze ich im ICE. Schon fliegen die westfälischen Ebenen am Zugfenster vorbei, ich bin guter Dinge, nicht mehr lange bis Münster. Da erhalte ich eine SMS. Bettina sagt alles ab. Kein Treffen, kein Date. Der Grund:

Sie ist eingeschnappt. Sie habe sich das gründlich überlegt. Wenn sie nicht der einzige Grund sei, weswegen
ich den Weg nach Münster antreten würde, dann wolle
sie mich gar nicht sehen. Offenbar reiche sie als Person
allein nicht als Motivation für mich aus, schreibt sie ver-
ärgert, und das ließe gar nichts Gutes für die Zukunft
erahnen. Damit hatte ich nicht gerechnet. Ich denke
nach. Sie hat irgendwie recht und irgendwie nicht. Für
mich war das Gemälde, für das ich mich interessiere, tatsächlich eine Art Zusatzmotivation oder eben eine Art
emotionaler Stoßdämpfer für den Fall, dass sich unser
Treffen als nicht so erfreulich erweisen würde. Andererseits finde ich das völlig legitim und ärgere mich darüber,
dass sie mich, der ich die Strapazen einer ICE-Reise auf
mich nehme, um sie zu besuchen, einfach kurzfristig, so
mir nichts, dir nichts, per SMS abserviert. Aber noch während ich mich über diesen ebenso unerwarteten wie un-
eleganten Korb ärgere, den ich da gerade bekommen habe,
beginne ich schon, mich auf das Bild zu freuen.

Zwei Stunden später holpere ich mit einem pakistani-
schen Taxifahrer durchs Münsterland, der Kunsthänd-
ler hat sein Geschäft irgendwo in der Pampa, tatsächlich
kommt die Adresse oder zumindest das, was ich mir da
notiert habe, nicht oder nicht eindeutig genug in seinem
Navigationsgerät vor. Wir passieren auf Schotterpisten
verfallene Gehöfte, ein Wäldchen. Der Taxifahrer sieht
etwa so aus wie der Schauspieler Peter Sellers in dem Film
The Party von Blake Edwards. Im Wageninnern riecht es
nach Curry und zu lange getragenen Socken. Sein Taxi
ist schon betagt, und die Sitze quietschen jedes Mal vor
Altersschwäche, wenn er über ein Schlagloch fährt. Er
funkt die ganze Zeit auf Pakistanisch irgendwelches Zeugs

durch. Unserem Ziel kommen wir dadurch nicht näher. Irgendwann halten wir neben einer Landwirtin in schwarzen Gummistiefeln an, die am Wegrand steht und die ich um Hilfe frage. Sie reibt sich die Backen und weiß dann, wo mein Händler wohnt. Leider am ganz entgegengesetzten Ende der Pampa. Wir drehen um. Irgendwann jedoch stehe ich vor einer alten Scheune, und Herr Erdmann kommt heraus. Er winkt und bittet mich herein. Die ganze Scheune ist vollgestopft mit altem Trödel. Es ist ziemlich frisch hier drinnen, nur ein kleiner Kanonenofen sorgt für ein wenig Wärme. Herr Erdmann hat einen Tropfen an der Nase und schnäuzt sich in ein blaues Taschentuch. Und dann überreicht er mir das Bild, weswegen ich die 450 Kilometer hierher gefahren bin. Ich kann es nicht fassen. Ich halte ein absolutes Meisterwerk in den Händen. Es ist ziemlich mitgenommen, hat ein paar Löcher, Risse in der Leinwand, dazu Spuren alter, nicht fachmännisch ausgeführter Retuschen, aber mein geübter Blick sagt mir sofort, dass es durch eine Restaurierung wieder in einen tollen Zustand zu versetzen ist. Eugène Lavieille. Ein Corot-Schüler. Er hat ein paar seiner schönsten Bilder in der frühesten Morgendämmerung gemalt, natürlich im Freien, vor Ort. Auf dem Bild ist eine solche Morgenstimmung in wunderbaren blassen hellblauen und rosa Tönen festgehalten. Ich erkenne am Kirchturm, der in der Mitte des Bildes aus den Bäumen ragt, und an der restlichen Häusersilhouette den Ort Montigny-sur-Loing unweit von Barbizon. Das Bild dürfte etwa aus dem Jahr 1865 stammen. Ich handle einen guten Preis heraus. Ich bin zufrieden, der Händler ist es auch. Ich bin glücklich, pfeife ein Liedchen ums andere und lass mich schließlich von der Frau des Kunsthändlers in einem klapprigen Fiat

Panda wieder in die Stadt zum Hauptbahnhof kutschieren. Es regnet in Strömen, aber mein Besuch in Münster hat sich vollauf gelohnt.

Vielleicht ein Jahr später um die Osterfeiertage bewege ich mich wieder im ostwestfälischen Raum. Ich hatte eine launig-lustig-leichte Anfrage-Mail an eine Musikerin namens Vera aus Hamm im Münsterland geschrieben. Sie antwortet mir fast umgehend und schreibt mir, wie toll es sei, dass es bei *ElitePartner* offenbar noch Männer mit Selbstironie und Tiefgang gebe, die auch noch originell und gut aussehend rüberkämen – diese Hoffnung hätte sie eigentlich schon beerdigt. Ich fühle mich mächtig geschmeichelt. Sie schaltet ihre Fotos frei. Wow! Ein Glückstag. Nach so viel blondierten BMW-Bräuten, nach viel BWL und Recruiting und Consulting eine mit Witz! Wir telefonieren anderntags. Ein sehr lustiges Gespräch, bei dem wir ausgiebig über die *ElitePartner*-Welt lästern und uns prima verstehen. Wir wollen uns sehen. Bekunden wir beide. Das würde nicht so einfach sein, meint sie, weil sie berufstätig sei und weil sie drei schulpflichtige Kinder habe, außerdem würde ich ja nicht gerade um die Ecke wohnen. Stimmt. Aber ich will ihr und auch mir zeigen, dass ich auch bereit wäre zu investieren, dass ich Charakter habe und mich zur Abwechslung auch einmal einzig wegen des Kennenlernens zu einer Elitepartnerin aufmachen würde, ganz ohne dass es dazu eines Motivationsverstärkers bedürfe.

Ich presche vor. Man könne sich ja auf halber Strecke in Köln treffen. Ja, auch und sogar am Ostermontag. Sie lehnt das umgehend ab. Zu weit, keine Zeit. Klar, kann ich verstehen. An Ostern gehört man seiner Familie oder dem, was noch davon übrig geblieben ist. Ich bin etwas verdutzt, weil ihre Abfuhr so gar nicht zu ihrem Interesse an mir passt, das ich aus unserem Telefonat herauszuhören geglaubt habe. Auch kommt von ihr kein Gegenvorschlag. Tags darauf schlage ich ihr per WhatsApp vor, sie einfach am Wochenende darauf besuchen zu kommen. Ich würde mir freinehmen und mich ins Auto setzen. Ich hätte Zeit und würde eine Überlandpartie machen, sodass sie keinerlei Umstände hätte. Ich höre zwei Tage lang nichts nach diesem Vorschlag. Ich schicke ihr eine Nachricht mit der Frage, ob sie über mein Angebot, zu ihr nach Hamm zu reisen, nachgedacht hätte. Sie reagiert. Sie wolle das nicht. Ich bin wie vor den Kopf gestoßen. Ich bin enttäuscht, ziehe mich aus diesem Kontakt zurück, der so vielversprechend begonnen hat. Aber dann überkommt es mich doch noch. Zwei Wochen später will ich wissen, was sie denn zum Rückzug bewogen hatte, und schreibe ihr eine kleine E-Mail, der zentrale Satz lautet: »So komfortabel bekommst du es nicht mehr!« Mehr als exklusiv wegen ihr von so weit her anzureisen könne ich ihr nicht anbieten. Sie antwortet mir, dass es eben genau diese Exklusivität gewesen sei, die sie abgehalten habe, auf meinen Vorschlag einzugehen. Das sei so, meint sie, wie wenn man von einem wildfremden Menschen ein großes wertvolles Geschenk bekommen würde, das könne und wolle sie nicht annehmen. Nach solch einer Investition könne man sich kaum noch locker und wie beiläufig begegnen. Wenn ich hier mal beruflich in der Gegend wäre und man würde sich auf einen Kaffee treffen, gerne, aber dieses Leichte, Ungezwungene, das sei so ja gar nicht mehr möglich, wenn da einer extra eine so lange Anreise auf sich nähme. Das würde sie stressen, und deswegen zöge sie sich lieber zurück.

Wie macht man es richtig? Nicht einfach. Ich habe lange darüber nachgedacht. Sie hat absolut recht. Allerdings, sollte mir nochmals eine so charmante und vielsprechende Frau wie Vera über den Weg laufen, werde ich zwar erneut rein exklusiv wegen ihr zum Minnedienst im Münsterland erscheinen. Ich werde ihr aber vorher glaubhaft versichern, dass ich nur rein »beruflich« oder sonst wie zufällig in der Gegend wäre, auch wenn dem gar nicht so sein sollte. Und später, wenn wir einst glücklich verheiratet in unserer Hollywoodschaukel sitzen und diese Geschichte unseren Enkeln und Urenkeln erzählen, werde ich mit der Wahrheit herausrücken, und wir werden alle herzlich lachen und uns noch ein knackiges Rostbratwürstchen vom Kugelgrill pflücken.

Zappeln lassen

Weniger ist oft mehr. Einer Elitepartnerin gegenüber mit Aufmerksamkeitsbekundungen zu geizen ist oft weitaus »zielführender«, als sie damit zu überschütten. Das habe ich daraus gelernt. Ja, sich rarzumachen ist oft die wesentlich wirkungsvollere Strategie, sie für sich einzunehmen, als zu häufig und zu intensiv Einsatzbereitschaft und Entgegenkommen zu zeigen. Sie zappeln zu lassen ist am Ende eine raffinierte Technik, das fremde Begehren kräftig zu steigern. Aber das ist nicht nur eine Strategie in einem sich online abspulenden Anbandeln bei *Elite-Partner*, die zum Erfolg führen soll. Es ist auch ein Gesetz des Marktes, auf dem Waren zirkulieren, über das einst der berühmte Nationalökonom Thorsten Veblen geschrieben hat. Die Attraktivität einer Ware nimmt durch einen hohen, ja überhöhten Preis keineswegs ab, sondern ist dadurch unter Umständen sogar noch zu steigern. Bei bestimmten Gütern wissen ihre Anbieter die Nachfrage durch das Anheben ihres Preises sogar noch erheblich zu erhöhen. Einfacher ausgedrückt: Manchmal wird etwas durch die Schwierigkeit oder den hohen Aufwand, in seinen Besitz zu kommen, noch wesentlich attraktiver, als es dies bei freier Verfügbarkeit wäre. Ein Paradox und doch ein makroökonomisches Gesetz, das auch auf dem Heiratsmarkt gilt. Tatsächlich, auch sich im Austausch mit einer interessierten Elitepartnerin rarzumachen kann eine ganz ähnliche Wirkung entfalten. Zwar kann ein solches Rückzugsverhalten so wirken, als sei man gar nicht richtig interessiert oder verfolge die Idee, sich kennenzulernen, nur halbherzig, viel öfter aber hat es die viel nachhaltigere Wirkung einer Exklusivitätssteigerung der eigenen Person. Wer sich rarmacht, eher abweisend wirkt oder sogar abgeneigt, wird in den Augen des anderen oft noch viel begehrter, als er es sonst wäre.

Gleichzeitig können Verbindlichkeit und Engagement, also eigentlich wunderschöne Tugenden im mitmenschlichen Zusammenleben, bei *ElitePartner* schnell wie nackte Aufdringlichkeit wirken. Wenn das Sichbemühen um jemanden über die Maßen geschieht, wird dies von den Betreffenden oft gar nicht mehr als gebende Geste wertgeschätzt, sondern als Drängeln empfunden. Es kann dann auch der Eindruck entstehen, da will einer unbedingt ohne Rücksicht auf Verluste. Bei aller Einsatzbereitschaft kann die Wucht, mit der ein solches Vorpreschen einhergeht, letztendlich vollkommen kontraproduktiv sein, weil sie am Ende vom demjenigen, für den da alle Hebel in Bewegung gesetzt werden, auf eine hohe Bedürftigkeit zurückgeführt wird. Sie ist letztlich nicht nur lästig, sondern vielleicht sogar bedrohlich, weil man instinktiv davon ausgeht, dass aus einem solchen Verhalten bald Forderungen nach Gratifikation entstehen könnten. Man wittert also eine Vorform von emotionaler Erpressung – und schießt den Vogel lieber ab.

Es ist manchmal ein wirklich verrückter Wirkungsmechanismus, den es im Liebeswerben von uns strategisch ausgebufften Elitepartnern gibt – und der uns das Leben schwer machen kann: Je mehr sich eine um mich bemüht, desto unattraktiver wird sie für mich. Andererseits erhöht es meine eigene Attraktivität ungemein, wenn ich sie zappeln lasse. Ja, es ist eine regelrechte Manipulationskunst, jemanden maximal effizient zappeln zu lassen, und wer sie beherrscht, weiß, dass er dadurch die nachhaltigste Steigerung der eigenen Attraktivität auf den andern zu bewirken vermag. Das gilt selbst in Situationen, in denen man eigentlich denkt, man werde wesentlich weniger stark begehrt, als man selbst begehrt. Sogar dann lässt sich mit etwas Geschick dieses Kräfteverhältnis umkehren, vorausgesetzt, es versteht sich einer wirklich auf diese hohe Kunst. Das Ganze ist ein Spiel mit dem Geheimnis. Ein Versteckspiel. Am Anfang muss man Interesse wecken und es seinerseits zeigen, sich dann aber schnell bedeckt halten. Je länger man schweigt, sich zurückzieht und so tut, als sei man überhaupt nicht auf diesen Kontakt angewiesen, umso mehr erhöht man die eigene Attraktivität. Es ist höchst eigenartig: Wer um sich herum die Aura der Unnahbarkeit schafft, erzeugt eine unglaubliche Sogkraft. Wahrscheinlich weil er damit nicht einmal so sehr an die Wünsche und das Begehren des anderen appelliert, sondern vielmehr an sein Ehrgefühl.

Was allerdings auch dem Virtuosen in dieser Disziplin in die Quere kommen kann, das sind die eigenen wechselnden Stimmungslagen, in die uns das Leben immer wieder stürzt. Wenn man gerade nicht sonderlich bedürftig ist, fällt es einem naturgemäß leichter, die Zappel-Waffe einzusetzen. Aber ausgerechnet in Phasen, in denen man selber Nähe sucht, ob aus heftiger Hingezogenheit zu einer Frau oder schlicht wegen eines innerbetrieblichen psychischen Schwächeanfalls, verstößt man nur zu schnell und wider besseres Wissen gegen das Gebot und macht die entscheidenden Fehler!

Ich habe die Erfahrung gemacht, dass *ElitePartner*-Kontakte, die nicht gleich nach der ersten E-Mail abgebrochen werden, sondern ein bisschen köcheln, aber dann ins Schlingern geraten und irgendwie unzufriedenstellend verlaufen, auf verschiedene Art und Weise beendet werden können. Entweder man lässt sie einfach auslaufen, meldet sich nicht mehr, und die Sache versandet irgendwann, was aber eher selten ist. Oder man macht einen Schlusspunkt. Man schreibt eine E-Mail nach einer Zeit des Schriftverkehrs, der irgendwie zu nichts geführt hat, oder nach einem Date, das nicht recht glücklich verlief, und wünscht alles Gute.

Oft aber ist eine Absage schon in relativ frühem Stadium eine kleine Verletzung, zumindest für den, der da nach eingehender Prüfung verabschiedet wird. Klar, sobald man sich ein wenig Hoffnung auf ein Traumfinale macht, fängt man schon in der Frühphase an, Dinge von sich nach außen zu zeigen, die man nicht jedem x-beliebigen Menschen zeigen würde: Man hat sich, wenigstens einen Spaltbreit, geöffnet, um sich und dem anderen zu signalisieren, dass man es ernst meint. Also kann ein Korb, auch wenn er schon ganz früh, vielleicht schon nach dem zweiten oder dritten E-Mail-Kontakt oder nach einem frühen Telefonat verteilt wird, bereits eine kleine Kränkung sein. Und wie sich kleinere und größere Körbe anfühlen, die man hier bekommt, das wissen über kurz oder lang alle, die hier unterwegs sind.

Auf der anderen Seite ist es aber keinesfalls so, dass zwei, die es da miteinander ausprobieren und dann merken, es soll nicht sein, daraus den Schluss zögen, dass eine Verabschiedung immerzu schonend und einfühlsam vorgetragen werden sollte. Im Gegenteil, meiner Erfahrung nach herrscht in diesen Portalen trotz allen Zärtelns und Flirtens in der Sprache immer wieder eine plötzlich in unvermutete Schroffheit umschlagende Direktheit, wenn es darum geht, jemanden wieder loszuwerden. Man klickt den anderen weg, drückt den »Es war ein netter Kontakt bisher«-Button, man sperrt den anderen ein für alle Mal aus seinem Leben aus, man blockiert ihn bei WhatsApp, man will ihn auslöschen, als habe es ihn oder sie nie gegeben.

Ich habe auch an mir selbst beobachtet, dass ich mit wachsender Zahl an Kontakten, die ich geknüpft habe, rücksichtsloser geworden bin. Anfangs noch formulierte ich bei jeder freundlich gehaltenen Partnerschaftsanfrage, die mir nicht zusagte, eine ebenso freundlich gehaltene Absage, heute drücke ich einfach die »Es war ein netter Kontakt bisher«-Taste, die mit einem einzigen Klick eine unliebsame Elitepartnerin auf Nimmerwiedersehen von meiner Kandidatinnenliste löscht. Aufgabe erledigt, Problem gelöst. Ich finde das mittlerweile auch nicht mehr so schlimm. Der Wegklick-Button ist kurz und schmerzlos. Wäre es besser, ich würde ihr in aller Detailtreue die Wahrheit sagen? Etwa dass ich ihre Fotos von vornherein unattraktiv fand und ihren Text unoriginell, dass sie mir zu dick, zu hässlich, zu dumm war? Oder dass letztlich meine Google-Recherche ergeben habe, dass ich es für ganz und gar unerquicklich halte, diesen Kontakt weiterzuführen? Jemandem diese kränkende Litanei zu ersparen und die Betreffende schlicht wegzuklicken, das ist nicht schlimm, sondern oftmals maximal schonend. Unschön finde ich es allerdings, wenn mich Frauen, die nach einer gewissen Anbahnung eines Dialogs, in dem wir uns vielleicht schon zehnmal hin und her gemailt, ja, vielleicht schon ein-, zweimal telefoniert, ja, vielleicht uns sogar schon einmal getroffen haben, später mir nichts, dir nichts per Knopfdruck aus ihrem Leben entsorgen, weil irgendeine Irritation oder ein Missverständnis ein kleines Fragezeichen hinter den Kontakt gesetzt hat. Die Bereitschaft, dem anderen eine Chance zu geben, zu erklären, was man genau meinte mit einem Satz, der den anderen verstört hat, ist gering. Ja, sie wird noch geringer, je länger man sich unter den Tausenden von Bewerbern tummelt. Darüber sollte man sich hier im Klaren sein. Der Marktplatz mit massenhaft verfügbaren Partnern entwertet jeden einzelnen und lässt den respektvollen Umgang oft auf eine zivilisatorische Schwundstufe zurückfallen, es herrscht hier oftmals ein rüder Umgangston, der gerade für Neulinge absolut gewöhnungsbedürftig ist. Es ist wie bei einer Online-Bestellung: Man schickt den Artikel zurück, wenn sich der Kauf als fehlerhaft erwiesen hat. Viele machen das ohne viel Ziererei, ohne Worte, kommentarlos. Elitepartner zu sein ist manchmal ein raues Leben, nichts für Muttersöhnchen und Sensibelchen. Man braucht ganz schön harte Bandagen, um es zu überstehen.

Man liebt nur, woran man leidet.

Gustave Flaubert

5. Kapitel

Beladen, belastet, bedürftig

Altlasten

Das Leben ist hart, liebe Leserinnen und Leser. Ich behaupte, gerade Menschen, die jenseits der vierzig sind und bei einer Online-Partnervermittlung landen, haben sehr oft diese Härte gespürt, manchmal die volle Breitseite. Es sind viele hier, die auch Lebenserfahrungen der leidvolleren Art durchgemacht haben. Eine der schlimmsten ist sicherlich der Beziehungsbruch mit dem Lebenspartner, mit dem man eigentlich einmal alt werden wollte, von dem man dachte, er sei die Liebe des Lebens. Ich habe hier viele Frauen getroffen, die die Trennung vom Ehemann verkraften mussten, oftmals dem Vater der gemeinsamen Kinder, einer, der da einfach ging und sie sitzen gelassen hat nach einer intensiven und erfüllten langen gemeinsamen Zeit, die jetzt für immer vorbei ist.

Wer in der zweiten Lebenshälfte angekommen ist, wer verlassen wurde, egal, ob durch willentliche Entscheidung seines Partners oder durch dessen ganz und gar unfreiwilliges Ableben wie in meinem Fall, der hat in aller Regel die Primetime seines Lebens mit einem Partner verbracht, den sie oder er geliebt hat. Viele von uns haben den Schrecken einer Trennung erlebt, jedoch ohne bislang herausgefunden zu haben, worin die berühmte Chance besteht, die ja bekanntlich auch immer in einem Neuanfang liegt. Elitepartner sind oft Vertriebene aus einem Behaglichkeitsparadies, Elitepartner leben oft jenseits der Komfortzone des Lebens. Elitepartner stehen im rauen Wind des Lebens.

Kein Wunder, dass das, was wir unter Glück in der Liebe verstehen, von alten Erinnerungen überlagert ist. Und auch wenn wir bei *ElitePartner* einen sympathischen Menschen kennengelernt haben, auf den wir uns wirklich freuen, auch wenn wir willens sind, ein neues Kapitel in unserem Leben aufzuschlagen, verblassen diese Erinnerungen nicht ohne Weiteres. Viele können sich nicht wirklich vorstellen, dass sich noch einmal ein neues Glück einstellt. Kein Wunder, wo so viel Liebe war, der man nachtrauert, fällt es schwer, sich davon zu verabschieden und einem neuen Leben eine Chance zu geben.

Wir alle tragen Erinnerungen und Gefühlserfahrungen in uns, die uns prägen und die Teil von uns geworden sind. Wir tragen schmerzvolle Erinnerungen an Menschen in uns, die wir geliebt haben, und genauso die Sehnsucht nach ihnen, wenn sie gegangen sind. Es gibt aber nicht wenige, denen solche Gefühlszustände später im Leben, wenn die Liebe zu Ende ist, lästig sind. Sie tun alles dafür, um diese Erinnerungen auszulöschen. Ist das gut und richtig so? Wie geht man überhaupt um mit diesen Erinnerungen? Ist es denn überhaupt möglich und erstrebenswert, den Schmerz zu betäuben oder ihn gar abzuschalten, wenn der Mensch, auf den sich diese Gefühle beziehen, nicht mehr ist? Oder sind solche Gefühlszustände später im Leben, wenn eine Liebe geendet hat, nicht einfach der

Preis dafür, überhaupt tief gehende menschliche Bindungen eingehen zu können, so wie die freudvollen Gefühle, die sie ausgelöst haben, einst der Lohn dafür waren? Ich glaube, dass es nur menschlich ist, mit diesen »Altlasten« zu leben, sie auch als Teil unseres jetzigen Lebens anzuerkennen und ihnen auch einen Raum in der Gegenwart zu geben. Ich habe mich gefragt: Kann man nicht in seinen Gedanken und Gefühlen noch in Verbindung zu einem geliebten Menschen sein, den man verloren hat, gleichzeitig seine Unwiederbringlichkeit akzeptieren und dennoch in der Gegenwart leben? Viele Frauen, die ich getroffen habe, denken nicht so. Sie legen im Gespräch immer wieder großen Wert darauf, keinerlei »Altlasten« zu haben. Und wenn sie einmal welche hatten, dann erzählen sie mir gleich freiweg, dass diese mittlerweile psychologisch erfolgreich verarbeitet seien. Man täuscht eine neue Unbeschwertheit vor, die es aber gar nicht gibt. Denn »Altlasten« zu haben gilt als ziemlich unsexy bei der Partnersuche.

Viele Frauen haben auch mich angesichts meiner traurigen Vorgeschichte besorgt gefragt, ob ich denn »Altlasten« hätte. Ob ich denn überhaupt frei wäre für eine neue Beziehung. Die Frage, ob ich frei oder bereit wäre, fand ich legitim. Ich dachte auch von mir, ich sei es, und glaube es immer noch. Die Frage nach den »Altlasten« hat mich dagegen ziemlich ins Rudern gebracht und dann auch geärgert. Anfänglich habe ich auf diese Frage reflexhaft geantwortet: »Nein, natürlich nicht!« Wohl um die Chance auf eine Partnerschaft zu bewahren. Aber schon bald habe ich erwidert: »Klar habe ich Altlasten!« Eigentlich jeder in meinem Lebensalter hat »Altlasten«. Wer hat keine? Alle hatten einmal einen Traum, der zerplatzt ist, alle, die hier zum zweiten oder x-ten Mal unterwegs sind, sind Verlassene, Verschmähte, Gestrauchelte, Gescheiterte, Unglückliche oder Steppenwölfe wie ich.

Für eine neue Beziehung bereit zu sein, das habe ich gelernt, heißt nicht, seine »Altlasten« einfach abzuwerfen wie einen alten Rucksack und wieder bei null anzufangen. Keiner fängt bei null an, sondern vor dem Hintergrund von Erfahrungen. Es geht darum zu akzeptieren, dass es vielleicht eine schwierige Vergangenheit gibt, aber dennoch dem Neuen Raum zu geben. Ungemein schwierig ist es zu erkennen, wie sehr einen die Vergangenheit im Griff hält, wie sehr wir unter ihrem Einfluss stehen. »Was würdest du tun, wenn heute dein Exmann mit einem Blumenstrauß vor der Haustür stünde und sagen würde, es tut mir leid, lass es uns bitte nochmals versuchen?« Das habe ich Cordula damals nach unserem dritten Treffen gefragt, als ich von ihr schon das meiste ihrer Geschichte erfahren hatte. Sie lachte. »Ach den! Den will ich doch gar nicht mehr.« Zuvor hatte sie mir noch ausführlich von ihm erzählt, wie er sie hintergangen habe, wie sie psychisch zusammenbrach, als sie an diesem Tag nach Hause kam und ihn in flagranti mit der Neuen ertappte, von der Verzweiflung der Tage, die darauf folgten, von seiner Entscheidung, die er ihr zwei Wochen später mitteilte, dass er gehen würde, dass sie und ihr Sohn zurückblieben. Sie hatte davon gesprochen, als ob es gestern gewesen wäre. Wie sie gelitten habe, erst ganz langsam wieder Mut fasste und nach vorne schaute. Aber sie wolle ihn gar nicht mehr, wiederholt sie. Sie merkt gar nicht, dass zu ihrer Selbstauskunft so gar nicht passt, dass sie noch immer den Ehering trägt, dazu eine Kette um den Hals, die, wie sie mir ein anderes Mal sagte, sein Hochzeitsgeschenk an sie war, und dass in ihrem neuen Heim noch immer ein Anrufbeantworter ertönt, wenn sie nicht da ist, der sich mit dem Ansagetext meldet: »Hallo, the family you're calling is temporarily not available...« Ihr stiegen die Tränen in die Augen, als sie mir dies alles erzählte, so, wie mir die Tränen in die Augen stiegen, als ich ihr irgendwann vom langsamen Fortgehen meiner Frau erzählt habe, die Geschichte von vier Jahren Brustkrebs und dem Ende auf der Palliativstation in der Uniklinik Mainz, Zimmer 4.

»Altlasten« sind nicht das Problem. Ein Problem kann es aber durchaus sein, sich darüber nicht bewusst zu sein, ob und wie sehr sie einen leiten und ob sie einen letztlich daran hindern, auf einen neuen Menschen wirklich offen zuzugehen. Und da nehme ich mich gar nicht aus, das könnte so auch für mich zutreffen. Wie oft habe ich das schon vermutet?! Versuche ich vielleicht unbewusst, das Leben, so, wie ich es mit meiner Frau hatte, mit einer anderen neu zu inszenieren? Und andere Frauen ihr altes mit mir? Gut möglich. Ich habe einige derer, die ich getroffen habe, im Verdacht, dass sie mich nicht nur unter dem Aspekt beurteilten, ob es mit mir eine realisierbare Möglichkeit einer ganz neuen Form des Zusammenseins gäbe, sondern unbewusst versuchten, die alte Beziehung in der sich hier eventuell anbahnenden neu zu erleben. Dies geschieht vorzugsweise bei solchen Kandidatinnen, die verlassen wurden oder gänzlich unfreiwillig aus der alten Beziehung ausgeschieden sind. Sie wollen wieder, was sie hatten, und wenn es nicht in der alten Besetzung geht, dann eben in einer neuen. Die neue Beziehung wird daran gemessen, wie viel der alten sich in ihr realisieren lässt.

Mir fällt auf, dass viele Frauen bei *ElitePartner* Botschaften aussenden, in die sich zum mehr oder weniger euphorisch vorgetragenen Wunsch nach einem neuen Partner oft eine gewisse Dosis Bitterkeit mischt. Wenn da Frauen schreiben: »Das Besondere an mir ist« »...dass ich noch an das Gute im Menschen glaube!«, »...dass ich wie ein Phoenix aus der Asche bin«, »...dass ich ein Stehauffrauchen bin«, »...dass ich doch irgendwie immer wieder auf die Füße komme« oder »...dass ich trotz allem nie aufgeben werde, egal, was passiert!«, wenn Frauen Satzenden verfassen wie »...dass ich mir inzwischen sehr wohl bewusst darüber bin, was ich will und was nicht!« oder gar »...dass ich die Hoffnung noch nicht aufgegeben habe, hier einen Mann mit Charakter zu finden!!!«, dann künden all diese Wünsche nicht nur von tiefer Sehnsucht nach einem aufrechten Lebenspartner, sondern zunächst einmal von einer grundsätzlichen Eingeschnapptheit. Diese wiederum ist wohl nur durch enttäuschende Beziehungserfahrungen zu erklären. Wenn da eine bekennt, das Besondere an ihr sei, »...dass ich sehr wohl meine Meinung sagen möchte!!!«, oder wenn eine andere schreibt, das Besondere an ihr sei, dass sie sich »sicher nicht den Mund verbieten lässt!«, dann ist davon auszugehen, dass es mit der freien Meinungsäußerung in der vorhergehenden Beziehung nicht besonders weit her gewesen sein kann. Oder wenn eine betont, es sei ihr ganz wichtig, »...dass du unbedingt offen und ehrlich mit mir bist, keine Geheimnisse vor mir hast und keine Spielchen machst!«, dann scheint genau daran die letzte Partnerschaft zerbrochen zu sein. Wenn letztlich eine hier hinterlegt, »...dass ich meine Weiblichkeit durchaus genieße und mir das auch nicht verbieten lasse!«, dann denkt man unweigerlich: »Hinter dir muss eine schlimme Zeit liegen!« Bei *ElitePartner* sind viele Bewerberinnen unterwegs, die negative Beziehungserfahrungen hinter sich haben, die sich aber trotz aller emotionalen Feuerstürme als standhaft erwiesen haben oder sich auch nur so präsentieren möchten – und trotz allerhand Blessuren, die sie erlitten haben, wieder mit erhobenem Haupt in den Kampf um die Liebe ihres Lebens ziehen.

Elitepartner, zumal jene der Generation 40 plus, sind Wiederholungstäter. Konflikte, die offenbar zum Scheitern der vorigen Beziehung geführt haben, will man in der neuen ausschließen. Das ist verständlich. Man lernt ja dazu. Problematisch wird es aber, wenn man versucht, in einer neuen Beziehung von vornherein die Fehler zu korrigieren, die zum Aus der letzten geführt haben. Dennoch gleichen viele schon in ganz frühen Kennenlernphasen gerne die berühmten »No-Gos« ab. Aber diese »No-Gos« sind oft gar nicht so sehr Verhaltensweisen, schlechte Angewohnheiten oder gar Geschmacklosigkeiten wie weiße Socken in Sandalen, sondern komplexe Zusammenhänge, die zum Scheitern der Beziehung mit dem Vorgänger geführt haben. Man hat seither eine klare Vorstellung davon, nicht wie es sein soll, sondern wie es ganz sicher *nicht mehr* sein soll. Und man versucht nun, die Partnerschaft, die sich da anbahnt, von vornherein von den Konfliktpunkten zu bereinigen, die zum Untergang der vorherigen geführt haben.

Ich habe das immer wieder erlebt, kenne diesen weiblichen musternden Blick mit hochgezogenen Augenbrauen, der die Fragen mit den Ausschlusskriterien begleitet. Und sie lassen auch nie lange auf sich warten. Ich habe mein Pils am Tresen beim Date noch nicht halb ausgetrunken, da kommt schon die erste: »Sag mal, hätte ich mit dir auch jedes zweite Wochenende Outdoor-Stress, weil wieder eine Fahrradtour ansteht, oder könntest du auch damit leben, dass ich ab und zu einfach nur in meinem Lieblingskuschelpullover eine Wochenende zu Hause vor mich hinlümmeln und gar nichts machen will?« Der Exfreund, der Exelitepartner, er ist immer dabei. »Bist du sauer, wenn ich am Wochenende mal nicht mit auf die Vernissage komme?« Diese No-Go-Listen sind eine verspätete Abrechnung mit dem Expartner, und der Neue, der da jetzt im Café sitzt und auf seine Partnerschaftstauglichkeit abgeprüft wird, muss nun aus dem Stand heraus versprechen, auf keinen Fall dieses oder jenes zu fordern, damit die neue Beziehung erst ins Rollen kommen kann.

Es ist ja durchaus verständlich. Eine Form von Eigenschutz und Konfliktvorsorge, aber mit einem nicht unerheblichen Haken: Eine solche Sichtweise verhindert fatalerweise, ganz unbefangen einem neuen Menschen zu begegnen. Klar, man möchte beim nächsten Partner Fehler vermeiden, die zu Trennung mit dem Ex geführt haben. Die Vorsorgemaßnahmen haben aber ihren Preis: Vor lauter Achtgeben darauf, dass man ja nicht wieder in die alten Fallen tappt, wird gern übersehen, worin nun das Schöne, Neue, Besondere der sich soeben anbahnenden Beziehung bestehen könnte, und genauso, wo vielleicht ihre tatsächlichen Probleme begraben liegen. Und es wird übersehen, dass es ja auch sein könnte, dass mit dem Neuen die verhasste Bergtour auf einmal ganz wunderbar sein könnte und die fürchterliche Vernissage genauso. Selbstauskünfte werden vor dem Hintergrund der letzten frustrierenden Beziehung verfasst. Und sehr, sehr viele, die hier unterwegs sind, tragen jede Menge Beziehungsfrust mit sich herum und Probleme, die sie auf den Neuen projizieren, obwohl der aller Wahrscheinlichkeit nach ganz anders tickt.

Am Ende des Tunnels

Ob man sich auf die Frau gegenüber des Bistrotisches früher oder später »einlässt« – wie man im Psychojargon sagt – oder nicht, hat viel, viel mehr Gründe als jenen, ob es da zwischen zweien »funkt« oder nicht. Das ist wenigstens meine Erfahrung. Über die berühmte Attraktivität, die ein anderer Mensch auf mich in der *ElitePartner*-Grundsituation ausübt, entscheidet nicht allein seine umwerfende Ausstrahlung, sondern immer auch der Zustand, in dem ich mich in diesem Augenblick selbst befinde. Als Elitepartner gibt es so etwas wie eine Tagesform, in der ich gerade bin, und dazu eine sich ebenso wandelnde, mal stärker oder mal schwächer sich regende Bedürftigkeit grundsätzlicher Art. Diese Bedürftigkeit hängt mit den besagten »Altlasten« zusammen, vielleicht sollte man besser sagen damit, wie sich das alte Leid, das wir erfahren haben, in unserem Gemüt bemerkbar macht und wie wir damit umgehen, wenn sich der Lebensschmerz mal wieder regt. Es ist dann wie beim Wetter. Manchmal trübt sich der Himmel über unserer Seele merklich ein, und manchmal kommt wieder die Sonne durch. Aber die Umschwünge kommen meistens unangemeldet. »Ich möchte, dass man mir eines Tages erklärt, warum einen die Niedergeschlagenheit ganz überraschend packt, wenn alles in Ordnung zu sein scheint.« Das hat die Schriftstellerin Yasmina Reza gesagt. Und ich schließe mich ihrer Forderung an. Die wechselnden Wetterlagen unseres Gemüts entscheiden jedoch nicht nur darüber, wie wir gestimmt sind, sondern sie haben einen ganz entscheidenden Einfluss auf die Partnersuche.

Es ist doch so: Wenn man an sonnigen Tagen zwischendurch einmal nicht von den Stürmen des Lebens gebeutelt, sondern von seinen Aufwinden getragen wird wie ein Adler, der am Himmel majestätisch seine Kreise zieht, dann braucht man eigentlich gar niemanden, und wenn, dann will man als Mann in den besten Jahren nur eine Königin an seiner Seite, wen denn sonst? Wenn es einem dagegen schlecht geht, man sich krank, alt und scheiße fühlt, trostbedürftig und schwach, dann gibt es Tage, an denen man nach einer Lebenspartnerin bedürftig ist wie die Wüste Gobi nach einem Regenschauer, und man macht nur zu schnell verhängnisvolle Kompromisse, ohne dass es einem wirklich bewusst wäre. Man ist auf einmal bereit, auch die Nächstbeste zu nehmen, vorausgesetzt, sie wäre eine halbwegs verlässliche Seelentrösterin und in der Lage, eine kräftige Rinderbrühe herzustellen. Man macht erotische Abstriche, Sekundärtugenden bekommen plötzlich Gewicht, und man beglückwünscht sich bald für den neuen Realitätssinn und verabschiedet alle alten Gedanken von knisternder Erotik in das Reich überspannter Fantasie. Sprich: Man ist urplötzlich geneigt, vielleicht auch einem »objektiv« nicht ganz so attraktiven Menschen des gegenteiligen Geschlechts eine Chance zu geben.

Gerade wir Einsamkeitsvirtuosen, die wir uns bei

ElitePartner einfinden, durchleben hier ganz erhebliche Schwankungen. Mal ist die Einsamkeit in Ordnung, man kommt mit ihr klar, aber dann ist derselbe Zustand auch wieder höchst bitter und unbefriedigend, kaum auszuhalten. Ja, es gibt in solch einem *ElitePartner*-Leben Phasen, in denen man als Single bedürftig und dadurch emotional höchst unmündig ist, sodass man sogar eine golfende Geschäftsführerin aus Detmold anschreiben würde, die man sonst weiträumig umfahren hätte, oder gar eine sinnliche Softwareentwicklerin aus Soest. Dann wieder, in Phasen der inneren Festigung, konsultiert man das verflixte Portal volle vier Wochen nicht, streift den Wartemodus ab, es fehlt einem nichts, wenn man mal keine E-Mails oder Partneranfragen bekommt. Und dann, wie über Nacht gekommen, dreht sich wieder alles um das eine Thema.

Bedürftigkeit und Schwäche – sie lenken unsere Bahnen bei *ElitePartner* weitaus mehr als einfach nur der freie Wille, jemanden zu finden, mit dem man sich gut versteht. Und wenn dann noch die 48-jährige medizinisch-technische Assistentin, sehr attraktiv, den Satzanfang »Das Besondere an mir ist…« mit den Worten zu Ende führt, »…dass ich Licht am Ende des Tunnels sehe«, dann schreibt sie damit einen zentralen Satz nieder, der eine emotionale Ortsbestimmung für sehr viele hier Versammelte vornimmt, von der ich denke, dass sie absolut zutrifft. Viele hier sind Menschen in einem sehr langen Tunnel. Am Ende des Tunnels sehen sie zwar ein schwaches Licht, aber sie sind noch im Tunnel. Und gehen auf ihren High Heels wackeligen Schritts weiter zum Licht. Mit dem Einloggen ins Partnerschaftsportal bekommt dieses Licht ein Gesicht: Am Ende des Tunnels wartet der

Elitepartner und breitet schon mal seine Arme und seine Pferdelederjacke aus, im Hintergrund steht schon der Porsche mit laufendem Motor. Mit eingeschalteter Sitzheizung auf der Beifahrerseite. Und so ist es für mich als dürstenden Mann, mich empfängt meine Elitepartnerin mit offenen Armen wahlweise im kleinen Schwarzen oder in lässigen Jeans. Oder von mir aus auch in ihrem Lieblingskuschelpullover. Warum? Na klar, um mich zu erlösen. Was denn sonst?

Hauptsache, nicht mehr einsam!

Online-Portale für Leute wie uns, die wir jenseits der Lebensmitte auf Partnersuche gehen, sind immer auch Sammelbecken für krisenerprobte Menschen. Das scheint erst mal ein Vorteil zu sein. Gleiches gesellt sich zu Gleichem. Und tatsächlich, gerade weil wir Elitepartner so leidgeprüft sind, verstehen wir uns untereinander oft bestens – oft schon nach kürzester Zeit. Oft treffen wir uns noch blutenden Herzens beim Szene-Japaner oder im Kultur-Café zum Date, nicht lange, nachdem ein schwerer Seelensturm getobt hat, wenn die Trennung vom Expartner noch ganz frisch oder präsent ist. Wir haben im Grunde eine ganz ähnliche Geschichte hinter uns, und so steuern wir beim Gespräch sehr schnell auf ein überaus ergiebiges gemeinsames Thema zu. Man kennt das, was der andere erzählt, aus eigener Erfahrung, hört zu, nicht nur mehr oder weniger aufmerksam, sondern höchst interessiert. Man tut alles, um den anderen zu verstehen, ihn zu unterstützen, man pflichtet ihm bei, wenn er sich empört. Man identifiziert sich mit seinem Gegenüber.

Man muss sich auch gar nicht bemühen, ein Interesse aufzubringen, sondern man nimmt Anteil am Schicksal des anderen aus eigener Betroffenheit heraus. Dann geht es nicht lange, und man fühlt sich erkannt von jemandem, eben weil er das gleiche Schicksal teilt. Endlich eine, die weiß, wie schlimm sich mein Leben anfühlt! Man fühlt sich getröstet und empfindet seinerseits Mitgefühl. So entsteht schnell eine große Vertrautheit. Ein Gefühl von gegenseitiger Sympathie und Solidarität, man glaubt, sich richtig gut zu verstehen. Das Glück, jemanden gefunden zu haben, der einem den eigenen Schmerz erleichtert, auch wenn er nur zuhört, das ist es, was viele schon mit irgendwelchen Liebesgefühlen verwechseln, die sie bald auch füreinander zu empfinden glauben. Und das ist ein ziemliches Problem.

Ich behaupte, die erste Motivation, sich in unserer Altersklasse bei *ElitePartner* einen neuen Partner an Land ziehen zu wollen, ist nicht allein das überbordende Interesse an einem neuen Menschen im eigenen Leben, sondern mindestens so sehr die verlockende Aussicht, dass dadurch eine Epoche mehr oder weniger langer Ödnis endet. In solchen Phasen wird die Vorahnung, einst könnte dieselbe Person, die einen aus der Lethargie holt, der Grund sein, sich diese wieder zurückzuwünschen, genauso zuverlässig verdrängt wie das Eingeständnis, man habe da neben sich eigentlich keinen neuen Lebenspartner sitzen, sondern eher eine Art Teilzeit-Tröster, keinen Traumpartner, sondern einen Menschen mit primär therapeutischer Funktion. Aber nicht nur für die Frauen stehen meiner Erfahrung nach Motive, wie beispielsweise einen starken Beschützer zu finden, im Vordergrund. Wir alle suchen hier einen Partner, der sich für uns zeitweise in den Sturm des Lebens stellt und uns eine behagliche, weitgehend windstille bürgerliche Existenz garantiert. Aber anstatt zu versuchen, nach einer durchgestandenen Krise erst einmal selber wieder fester im Sattel zu sitzen, begibt man sich unsicheren Schritts ins Partnerschafts-portal und übergibt die Aufgabe, für die eigene Stabili-sierung zu sorgen, an den unschuldigen Menschen, den man dann beim ersten Date im Café trifft.

Die Sehnsucht nach Erlösung vom eigenen Leid – sie treibt viele an. Oft auch gegenseitig. Dann trifft Sehn-sucht auf Sehnsucht, Projektion auf Projektion. Innere Standfestigkeit und Ausgeglichenheit, all das ist es doch, was man erreicht haben möchte, bevor man auf Part-nersuche geht. Viele aber neigen dazu, die Reihenfolge umzukehren, und verhalten sich so, als ob sich diese er-sehnten inneren Zustände erst durch den neuen Partner einstellten, der da bald vor der Tür steht, als würde erst und nur durch ihn die eigene Not behoben. Elitepartner sind oft nicht auf der Suche nach einem Lebenspartner, sondern »bedürftig« – nach ganz unterschiedlichen seeli-schen Zuständen: nach Schutz, nach Geborgenheit, nach Zärtlichkeit, nach Trost, nach Therapie, nach Bestätigung, nach Unterhaltung, nach Inspiration. Alles legitim. Es ist dabei ganz verständlich, dass man nach Kräften versucht, die eigene Bedürftigkeit zu verheimlichen, weil man ahnt, dass die Chancen auf eine glückvolle Partnerschaft in den Keller rauschen, wenn man sie unumwunden zugibt. Viele aber sind sich über die eigene Bedürftigkeit gar nicht im Klaren. Und weil sie es nicht sind, sehen sie nicht klar, wer zu ihnen passt und wer eher nicht. Im Grunde kann jede halbwegs adrette und durchschnittlich empathische Person diese Bedürfnisse erfüllen, zumal wenn sie selbst bedürftig ist. Weshalb man sich relativ schnell höchst beglückt um den Hals fällt. Oder noch brutaler ausgedrückt: weshalb hier viele die Erstbeste, die ihnen über den Weg läuft »abgreifen«. Zu zweit ist man eben weniger allein.

Sexueller Notstand

Liebe Leserinnen und Leser, Sie wissen es, wir alle sind auch manchmal hormonell unterwegs, bisweilen auf der Überholspur, bisweilen aber auch auf dem Standstreifen. Dabei haben wir alle ganz ähnliche Zyklen, auch wir Männer: entweder im Frühling oder zur Fastnachtszeit oder kurz vor Weihnachten. Die Libido erwacht meistens dann, wenn man sie am wenigsten brauchen kann, an der Kasse bei REWE, beim Frühjahrsputz oder auf der Kfz-Zulassungsstelle.

Und Sie wissen auch: Mit zunehmendem Alter werden die Perioden anhaltender Lüsternheit nicht weniger, ganz im Gegenteil, ein Umstand, der den reifen Mann bisweilen eher irritiert denn belustigt. Aber so ist es eben. Andererseits sind wir auch nur Menschen, und es muss im Grunde niemanden beunruhigen, wenn er sich wieder einmal solchermaßen fremdbestimmt fühlt. Ich weiß es, Sie wissen es: Der Geist ist willig, aber das Fleisch ist schwach.

Ja, auch darüber müssen wir reden, liebe Leserinnen und Leser, denn wir sind Menschen und keine Roboter. Ich erröte dabei, bekenne aber freimütig, wie schon der gute alte Jean-Jacques Rousseau in seinen *Bekenntnissen*: Ja, auch ich werde hin und wieder von solchen inneren

Bildern, selbst komponierten Kurzfilmen und Sequenzen bedrängt. Zwar tritt in solchen Filmen auch regelmäßig meine Psychotherapeutin auf, und ich sehe sie dann, wie sie heftig mit der orangefarbenen Eckhart-Tolle-Hör-CD herumfuchtelt und immerzu ruft: »Im Hier und Jetzt bleiben!« Aber ihre Aufforderung bleibt von mir oftmals ebenso unerhört wie alle anderen Stimmen, die mich vor solchen Sehnsuchtsanfällen bewahren wollen und mir als Alternative wahlweise Atemübungen oder bewusstes Wahrnehmen meiner unmittelbaren Umgebung anbieten.

Solche Phasen halten manchmal nur ein paar Minuten an, manchmal auch länger. Helfen tut nichts dagegen, nicht Alkohol, nicht kaltes Duschen oder körperliche Anstrengung. Auf jeden Fall reift in diesen Stunden wieder einmal der Wunsch in mir, endlich wieder einmal eine sexuell halbwegs zufriedenstellende Situation zu realisieren, anders ausgedrückt: in meiner libidinösen Bilanz nicht länger rote Zahlen zu schreiben, sondern wenigstens, wie Wolfgang Schäuble sagen würde, eine schwarze Null anzustreben, oder, wenn ich ehrlich bin, sogar noch ein bisschen mehr. Aber dazu brauche ich eben eine echte Frau, eine, die mir gefällt und ich ihr. Und auch deshalb lande ich dann wieder auf den *ElitePartner*-Seiten und schau mir an, wer dafür infrage kommen könnte. Und ganz genauso geht es, wie ich stark vermute, auch manchen meiner potenziellen Partnerinnen am anderen Ende der Online-Röhre.

Wir Elitepartner sind aber keineswegs nur triebgesteuert, bedürftig und außengeleitet, liebe Leserinnen und Leser. Nein, als Menschen mit Herz und Hirn regiert uns alle gleichzeitig ein unbändiger Wille, unserer Not zu entrinnen. Wir wollen raus aus dem Jammertal, sind topmotiviert, maximal einsatzbreit und dazu noch ausgestattet mit einer konkreten Vorstellung vom Paradies. Manche meinen, dort schon einmal gewesen zu sein, und alle denken, es müsste möglich sein, aus eigener Kraft zurück in dieses gelobte Land zu gelangen, aus dem wir einst vertrieben wurden.

Ist der Entschluss gefasst, werden die Frequenz und Intensität, in denen man das verflixte Online-Portal konsultiert, zu mehr als nur zu einer Art Seismograf der eigenen seelischen Befindlichkeit. Jetzt geht es um Therapie. Das Portal wird zu einer Art Sanatorium, einem Hafen. Wenn man es richtig angeht, bekommt man bald wieder Boden unter die Füße, hat wieder Spaß – zusammen mit einer tollen Frau. Ein sonnenbeschienenes Leben kehrt plötzlich zurück, wenn wir die Elitepartnerfantasie zu Ende denken, die höchst unsichere Schriftstellerexistenz wird plötzlich wieder zum erstrebenswerten coolen Künstlerleben, das klamme Konto hat keine Todesbedrohung mehr. Zu zweit ist das schwere Leben viel leichter zu schultern. So ein Portal verändert alles, es schafft eine neue Perspektive, Hoffnung. Wir müssen es nur wollen.

Der Wille zum Partner, den wir da entfesseln, er regt sich aber nicht nur irgendwie von selbst in uns, sondern er bekommt unaufhörlich Nahrung von einer großen Erwartungshaltung, die von außen gesteuert wird. Denn klar, selbst im nüchternen Pragmatiker oder im gröbsten Holzklotz, den eigentlich gar nichts aus der Ruhe bringt, entsteht schon kurz nach der Anmeldung ein gewisser nervöser Erwartungsdruck. Wir werden hibbelig. Das ist so ähnlich wie beim Bereitschaftsdienst bei der Feuerwehr. Gleich geht es los! Ohne mich in einem Online-Portal zu bewegen, würde ich mich riesig freuen, im Parkhaus meine Traumpartnerin zu finden, ich rechne aber nicht damit. Nach der Anmeldung im Online-Partnerschaftsportal ist das anders. Jetzt gehe ich insgeheim davon aus, dass sich meine Erwartung demnächst bestätigt. Ich warte nun darauf, dass sich das *ElitePartner*-Versprechen erfüllt.

Außerdem leben wir Elitepartner in einem Dilemma: Wir haben bezahlt. Und Investitionen müssen sich lohnen. So sind wir gepolt. Und je mehr ich investiert habe, desto weniger bin ich bereit, mir einzugestehen, dass am Ende des Tages nichts »Zählbares« herauskommen könnte, dass ich auf dem Trockenen sitze, dass keine dabei wäre, die für mich infrage käme. Jeder Kontakt, den man da anbahnt, kostet Zeit, Nerven und Geld. Die Selbstillusionen, die man stetig und mühsam in sich emporgezüchtet hat, gibt man nicht so schnell auf. Ich habe gesät, also will ich ernten. Es muss sich irgendwie lohnen, dass ich jeden Abend versucht habe, mit wohlfeilen Sätzen auf Astrids Botschaften zu antworten, dass ich mich bemüht habe, eloquent am Telefon zu erscheinen, liebenswürdig, interessiert, offen. Es muss sich erst recht irgendwie auszahlen, wenn ich im ICE sitze und nach München fahre. Kunst und Bilderkram hin oder her. Deswegen tut man sich so schwer mit dem Eingeständnis, dass es diese Kandidatin nicht ist und die andere auch nicht. Es stimmt gar nicht, das ist meine Erfahrung, dass hier die viel gescholtene »Wegwerfmentalität« herrscht oder eine neue Kultur der »Unverbindlichkeit«, nein, oft hält man viel zu lange an der einen fest, die nicht für einen geschaffen ist. Warum? Weil man Erfolg will.

Der Wille ist unsere Kraft, der Erfüllung unserer Erwartung vom Glück nachzuhelfen, erst recht, wenn es ausbleibt. Aber auch er ist eine Art zweischneidiges Schwert. Denn auch der unbändige Wille zum Erfolg, so sehr er uns antreibt und in Schwung hält, trübt die klare Sicht, die in Gefühlsdingen sowieso oft schon ziemlich eingeschränkt ist. Er macht einen geneigt, Störendes auszublenden und das Liebenswerte herauszufiltern, auch wenn es denkbar wenig ist, damit das Projekt überhaupt eine Chance hat. In Wahrheit findet man immer irgendetwas Nettes an einer Person, die einem zugeneigt ist, etwas Liebenswürdiges, Reizendes, ein Fünkchen in der Freundlichkeit, im Witz, wo er aufblitzt. Oder man findet zumindest die Armbanduhr nicht schlecht und den originellen Autoaufkleber sympathisch, während man die geschmacklose Handtasche, die feuchte Aussprache und den watschelnden Gang eher ausblendet. Beim herkömmlichen Kennenlernen bekomme ich ein Gesamtpaket präsentiert, das mir ganz ohne strategische Hintergedanken einfach vorgeführt wird, so, wie es ist, und in das ich mich über kurz oder lang verlieben kann oder nicht. Bei der *Elite-Partner*-Annäherung *will* ich mich verlieben, und deshalb suche mir in meinem Gegenüber die Andockstellen aus, an die ich meine Verliebtheitswünsche anschließen könnte – und bilde mir dann irgendwann auch ein, sie stünden Pars pro Toto für eine akzeptable Frau. Das kann so weit gehen, dass man sogar untrügliche kognitive oder emotionale Alarmsignale, die mir mein Frühwarnsystem sendet, unterdrückt, im Bestreben, die Illusion der Idealpartnerin möglichst lange am Leben zu halten. Das muss nicht so sein, aber es ist zumindest eine große Gefahr, die uns gerade dann belauert, wenn wir bis in die Haarspitzen motiviert zu Werke gehen.

Totale Toleranz

Die Not unserer Bedürftigkeit und der Wille, dieser Not zu entrinnen, schränken unsere Entscheidungsfreiheit ziemlich ein. Man findet nur allzu schnell jemanden gut, weil man jemanden gut finden will. Dafür tun wir, wenn nicht alles, so doch viel, oftmals zu viel: Vor allem opfern wir unseren Eigensinn und unterwerfen uns einem selbst auferlegten Offenheits- und Toleranzdiktat. Kurz, wir verstellen uns in einer manchmal unheilvollen Art. Denn nur so meinen wir, die Chance zu haben, einen Traumpartner gewinnen und ihn festhalten zu können.

Nicht, dass Sie nun denken, liebe Leserinnen und Leser, es ginge mir darum, dafür zu werben, doch lieber und immerzu »authentisch« zu sein. Authentizität im Umgang mit anderen Menschen halte ich für eine äußerst umstrittene Tugend, auch wenn sie alle so toll finden in unserer angeblich so künstlichen Konsumwelt, in der sich alle von morgens bis abends in der so oft beklagten amerikanischen Falschheit angrinsen. Sich so anpassen zu können, dass unser Verhalten einer bestimmten sozialen Situation entspricht, ist sogar eine ganz und gar hilfreiche, höchst angenehme Qualität gelebter Sozialkompetenz, die, wie ich finde, ruhig viel mehr Menschen beherrschen dürften. Authentisch kann immer auch unappetitlich sein oder schlicht ungehobelt. Und wer mag schon so was? Es ist absolut in Ordnung, wenn man beim ersten, zweiten und x-ten Date versucht, sich anders zu geben, als ich gerade »bin«. Es ist für alle ein Segen, wenn man versucht, seine Schokoladenseite hervorzukehren, und jene Anteile der eigenen Persönlichkeit erfolgreich unterdrückt, von denen man aus Erfahrung weiß, dass sie bei anderen nicht immer ganz so gut ankommen. Eigentlich alle Menschen, die einen Partner suchen, versuchen bewusst oder unbewusst, Seiten von sich zu verbergen, von denen sie annehmen, sie seien nicht gerade einnehmend und stünden dem Ziel einer erfolgreichen Partneranbahnung eher im Weg. Und sie tun gut daran.

Aber das meine ich gar nicht so sehr. Sich dort zurückzunehmen, wo etwa meine schlechten Angewohnheiten erdrutschartig durchzubrechen drohen, ist nicht verkehrt, sondern eine echte Tugend. Einen guten Eindruck zu hinterlassen war noch nie ein Verbrechen. Nein, es geht um eine Verstellung der anderen Art, eine Verstellung, die ganz und gar unheilvoll ist. Genau genommen geht es um eine Offenheit, zu der man sich in der *ElitePartner*-Welt ständig verpflichtet fühlt und die alles andere als ein Segen ist. Gemeint ist eine falsch verstandene Toleranz, eine Offenheit in dem Sinn, dass ich nicht mehr offen und ehrlich beurteile, was mir passt und was nicht, wie ich das sonst zu tun pflege, sondern nun meine, jeder Weltanschauung, auch noch der abwegigsten, jeder geschmacklichen Entgleisung, allem, was ich eigentlich mit gutem Grund ablehne, auf einmal supertolerant, neugierig und höchst aufgeschlossen zu begegnen.

Es gibt einen Sketch von Dieter Hallervorden. Ein Paar

gleicht ab, ob es zueinander passt. Alles passt. Vierzig gleiche Meinungen, Vorlieben, Genüsse. Dann kommt die Frage, ob sie saure Gurken möge. Nein, sagt sie. Er ist erschrocken. Was? Er sagt, er liebe saure Gurken! Es täte im schrecklich leid, meint er dann, unter diesen Umständen würden sie beide wohl kein Paar werden können. Hundertprozentige Deckungsgleichheit als Ideal gelungener Partnerschaft zwischen ihr und ihm? Trifft das die Praxis zeitgenössischer Partnerschaftsanbahnung? Nein, das Gegenteil ist richtig. Tatsächlich, wer auf dem zweiten Bindungsweg ist, zumal jenseits der vierzig, meint unaufhörlich den Beweis antreten zu müssen, dass man noch nicht »eingefahren« ist, noch nicht eingerostet und stets offen »für Neues«. Selbstauskünfte totaler Toleranz sind hier das Mantra. So, wie etwa viele pensionierte Menschen meinen, sich permanent als »rüstig« präsentieren zu müssen, egal, ob in der *Apotheken Umschau* oder den Stellenanzeigen in Stadtteilzeitungen, in denen sie zur Aufbesserung ihrer Altersbezüge einen Nebenjob suchen, so meinen wir älteren Elitepartner andauernd, wir müssten dem Verdacht entgegenwirken, irgendwie »unoffen« zu sein.

Auch ich habe an mir bemerkt, dass ich den Frauen, die ich getroffen habe, immerzu das Gefühl geben wollte, ich sei nicht nur offen für eine neue Beziehung, sondern viel grundsätzlicher offen für allerlei neue Freizeitbeschäftigungen, Musikrichtungen, Essensgewohnheiten oder auch für ganz neue Meinungen und Frageansätze. Obwohl das eigentlich gar nicht stimmt. Ich weiß genau, was ich will und was nicht. Punkt. Und das mit Ende vierzig. Dennoch, ich kämpfte immer um eine Haltung, dem Neuen und Unbekannten eine Chance zu geben.

Einerseits weil ich mich tatsächlich immer im Verdacht habe, festgefahren, über die Jahre verschroben und innerlich unflexibel geworden zu sein, Entwicklungen, die ich, wenn ich sie bei anderen beobachte, aufs Heftigste verurteile. Aber andererseits ist mir auch schnell klar geworden, dass da draußen Frauen leben, die ein eigenes langes Leben hinter sich haben, einen anderen Geschmack als ich, andere Vorlieben und Lebensgewohnheiten. Wenn ich nun ausschließlich nach einer Frau meines Herzens Ausschau halten würde, die genauso ticken würde wie ich, dann würde für die erfolgreiche Suche nach ihr die Dauer eines Menschenlebens kaum ausreichen. Ich will also »offen« sein. Für die Neue und das Neue, was sie mir da ins Haus bringt. Aus Überzeugung. Aber, streng genommen, zumindest in Teilen auch aus eindeutig strategischen Gründen.

Damit Sie mich richtig verstehen, grundsätzlich ist ein offenes Wesen, eine gewisse Neugierde dem Leben gegenüber, ganz egal, wie alt man ist, nicht schlecht. Das ist schon klar. Und wenn ich selber in mein Profil hineinschreibe, ich sei ein weltoffener Typ, dann bin ich das auch. Die Frage ist nur, liebe Leserinnen und Leser, wie weit das gehen muss. Wie viel Eigensinn ist gut, wie viel sollte man sich davon im Leben bewahren, und wie viel davon ist abträglich, egal, ob für eine gelungene Biografie oder eine erfolgreiche Online-Partnersuche? Ein Beispiel: Wenn Astrid am Bistrotisch sitzt und davon erzählt, ihr Traum wäre es, sich einen West Highland White Terrier zuzulegen, oder besser noch gleich zwei davon, wenn sie bald meint, dass sie bestimmte Positionen der AfD sehr gut nachvollziehen könnte, wenn sie den Satz ausspricht »Wer zu uns kommt, soll sich bitte schön an die

Regeln halten, die bei uns gelten!«, weiter bekennt, dass sie Mario Barth zum Schreien komisch findet, und alle Bände von *Gregs Tagebuch* schon auf dem Klo gelesen hat, dann wird mein Toleranzwille zwar auf eine harte Probe gestellt. Aber ich spiele erst einmal mit. Es ist nicht ungewöhnlich für ein Treffen zweier Elitepartner, wenn solche irritierenden Botschaften keinesfalls zum sofortigen Abbruch des Kontakts führen, sondern weit über die Schmerzgrenze hinaus in die eigenen Denkgewohnheiten eingemeindet werden. Man ist schließlich so schnell nicht bereit, sich von der Illusion zu verabschieden, dass man mit diesem Gegenüber einst glücklich werden könnte – und so schluckt man auch die dicken Brocken: neoliberale Politikappelle wie »Leistung muss sich wieder lohnen!« aus den Mündern arbeitsscheuer, besser begüterter Manager-Exgattinnen, antifeministische Statements vermeldet ausgerechnet von gebildeten Frauen, die an humanistischen Gymnasien Ethik oder Sozialkunde unterrichten, schwulenfeindliche Parolen, ja unverhohlener Antisemitismus. Das Diktat zur Toleranz ist streng – und so bin auch ich immer wieder unehrlich gewesen und habe vor lauter vorauseilender Offenheitsverpflichtung so getan, als fände ich Katjas Idee großartig, zusammen mit ihr eine Trekkingtour durch Nepal zu machen, zwei Monate nach Bhutan zu fahren, nach Patagonien, Myanmar, Australien, Neuseeland oder weiß der Teufel wohin. Obwohl ich mich während dieses gespielten Begeisterungsanfalls innerlich schon höchst besorgt fragte, was sollen wir beide auch zwei Monate lang in Bhutan miteinander anfangen, was miteinander reden, was miteinander unternehmen? Eigentlich hasse ich so etwas. Bhutan. Nepal. Patagonien. Da holt man sich nur seltene Krankheiten und Durchfall. Jeder meint heutzutage, er müsse eine »Weltreise« machen. Ich nicht. Und an Deck der Aida schon einmal gar nicht. Aber ich räume ein, auch als diese Idee einst kreuzfahrtdampfermäßig auf mich zukam, habe ich hohe Begeisterung geheuchelt. Nein, ich fahre lieber in den Schwarzwald oder ab und zu mal nach Paris, aber nicht nach Bhutan oder auf die Jungferninseln.

Pinky Lady

Wenn man unbedingt will, dann macht man auch alles Mögliche mit, was man sonst nicht mitmachen würde. Das ist das Elend mit der Offenheit unter solchen Vorzeichen. Viel besser wäre es doch, und ich hoffe doch sehr, Sie stimmen mir in diesem Punkt zu, liebe Leserinnen und Leser, dem Bösen irgendwann Einhalt zu gebieten. Zur Not auch auf die Gefahr hin, dass sie sofort aufsteht und geht. Ich plädiere daher inzwischen für mehr Zivilcourage auch beim Erst-Date und dringend dafür, eben nicht mehr alles abzunicken. Ja, vielleicht sogar zur Abwechslung einmal des eigenen Seelenheils halber lauthals zu protestieren, wenn eine Eliteprinzessin beim Erst-Date meine eh schon geschundenen Nerven auf eine Zerreißprobe stellt.

So geschehen in Nürnberg, wo ich zum elitepartnerschaftlichen Gefühlsabgleich auf eine Studienrätin mit den Unterrichtsfächern Englisch und »Bio« treffe, die etwa so aussieht wie die jüngere Schwester von Maria-Elisabeth Schaeffler. Wir haben uns auf ihren Wunsch hin vor einem Waffengeschäft in der Nürnberger Innenstadt verabredet. Sie erscheint mehrheitlich in Pink, trägt Nike-

Free-Turnschuhe in derselben Farbe und erinnert mich bei aller üppigen Weiblichkeit irgendwie doch nur an ein überdimensioniertes Playmobil-Männchen. In der Hand hält sie einen Schlüsselbund mit einem gelbgrünen Dino-Baby aus Kunststoff als Anhänger, das quietscht, wenn man es zusammendrückt. Sie begrüßt mich mit »Na, alles klar?!« und wedelt fröhlich mit ihrem Schlüssel-bund herum. »Und, wie geht's dir?«, frage ich sie später. Sie meint, sie sei heute »maximal tiefenentspannt«. Wir kommen ins Gespräch. Sie kommentiert fast jeden mei-ner Sätze mit einem schrill eingeworfenen »Okääääih!«, Zustimmungen werden immer wieder auch in »Wie geil ist das denn!« verpackt, ablehnende Äußerungen in »Ne, also das brauch ich jetzt überhaupt nicht!«. Einer ihrer pinkfarbenen Schlüsselsätze lautet: Sie müsse unbedingt etwas an ihrer »Work-Life-Balance« ändern, um mehr »Quality Time« für ihren pubertierenden Sohn zu haben, außerdem fragt sie mich schon bald, ob ich als Alleiner-ziehender auch genügend »Support« bekäme – und, ganz allgemein, wofür ich mich in meiner Freizeit so »commi-ten« würde. Und als das Essen kommt, schaut sie mich nur an und sagt: »Gönn's dir!« »Gleichfalls!« Wir un-terhalten uns über Mobiltelefone. Besser gesagt, sie lenkt das Gespräch auf dieses spannende Thema, während sie auf ihrem quadratischen Sushi-Teller herumstochert. Pinky redet über neue praktische Downloads, Apps, über die Vor- und Nachteile von Apple, iPhones, Smartphones, Tablets, über Tarife und innervertragliche Wechselmög-lichkeiten.

»Wie heißt dein Anbieter?«

»Ich bin bei T-Mobile!«

»Du bist ja komplett verrückt.«

»Wieso denn?«

»Da schmeißt du ja Knete ohne Ende zum Fenster raus! Ich hab mir jetzt eine Allnet-Flat geholt, bei der du sechs Gigabyte Datenvolumen hast, in ganz Europa kostenlosen Internetzugang – und das bei maximaler LTE-Geschwindigkeit!« Sie könne auch jederzeit vom Handy auf den TV streamen. »Und ein dreimonatiges Netflix-Abo ist auch noch mit dabei!«

»Das ist natürlich toll«, sage ich, ohne irgendetwas zu kapieren.

»Und weißt du, was ich dafür bezahle?«

»Nee...«

»14,99 Euro!«

»Das ist natürlich irre!«

»Irre? Das ist mega, sag ich dir! Ein Supi-Vertrag!«

Während Pinky auf dem Klo ist, beobachte ich ein Pärchen am Nebentisch. Ich könnte wetten, die sind auch zum Erst-Date verabredet! Die beiden unterhalten sich sehr angeregt und scheinen regelrecht beglückt zu sein voneinander. Ob es bei denen gefunkt hat? Vermutlich. Später begleite ich Pinky zurück zum Ausgangspunkt des heutigen Parcours. Unser Treffen endet, wo es begonnen hat, vor dem Waffengeschäft. Sie lässt nochmals das Dino-Baby quietschen und meint dann noch, sie sei sogar schon mal in dem Geschäft drin gewesen. Ich will wissen, wozu. Sie sagt, sie hätte sich damals einen »Taser« kaufen wollen.

»Echt? Hattest du etwa Angst, dass du von jemandem angegriffen wirst?«, frage ich sie besorgt.

»Nein«, murmelt sie etwas geistesabwesend, »ich wollte selber jemanden angreifen...!«

»Ja, um Gottes willen, wen wolltest du denn angreifen?«, frage ich entsetzt.

»Das wusste ich damals, ehrlich gesagt, auch nicht so genau!«, gibt sie augenzwinkernd zurück.

Ich denke noch: »So, wie ich dich kennengelernt habe, meine Liebe, wird sich sicher über kurz oder lang ein Opfer finden!«, gehe aber nicht weiter auf ihre Antwort ein und verabschiede mich mit einem süßen »Also, Tschüssi dann!«

Ich habe damals mitgespielt. Und ich habe oft mitgespielt. Viel zu oft. Das war ein Fehler. Aber ich sage es heute umso eindrücklicher: Bei Pink endet die Toleranz. Pink ist für mich keine Farbe, sondern eine Geschmacklosigkeit. Pink ist die Farbe von Frauen, die »Mädelsabend« machen. Pink ist keine Farbe, sondern ein Programm, das hat die kluge Journalistin Bascha Mika einmal geschrieben. Ein Programm, das irgendwann im Kinderzimmer mit Prinzessin Lillifee gestartet wird und sich wie die Myzel eines Hefepilzes bis ins Erwachsenenalter durchzieht. Meistens ist in Pink der Wunsch enthalten, das kleine Mädchen mit der Piepsstimme sein zu dürfen oder vollends das hilflose Bambi – auch noch mit 58 Jahren –, das einen finanzkräftigen Sugardaddy braucht, der es von morgens bis abends rettet. Eine Art Regressionsprogramm ist das. Pinkfarbene Frauen appellieren also unbewusst an starke Männer. Sie selber gehören einer Fraktion an, die gerne im goldenen Käfig lebt und eine starke Schulter braucht. Wer also nach einer selbstbewussten, emanzipierten Frau auf Augenhöhe aus ist, sollte zumindest gewarnt sein, wenn da eine Explosion in Pink vor einem steht.

Das weiß ich heute, und das wusste ich damals. Die Frage, die sich daran anschließt, ist aber grundsätzlicher Art: Wie viel Toleranz bringt man einem Menschen gegenüber auf, der sich da als potenzieller Liebespartner präsentiert, und ab wann wiegelt man ab? Muss man als Gebot des gesunden Realitätssinns nicht immer ästhetische oder auch weltanschauliche Kompromisse machen – und die Kandidatin, die man sich da erwählt hat, mit einem selber ja ganz genauso? Und wenn dem so wäre, ab wann ist genug? Ist das quietschende Dino-Baby ein untrüglicher Ausschlussgrund – oder nur eine missliche Bagatelle? Oder Pink. Reine Äußerlichkeitsverirrung oder doch ungeschönter, direkter Abdruck eines fehlgeleiteten inneren Wesens? Wann verzeiht man zu viel im falschen Bewusstsein einer gefühlten Verpflichtung, die eigene grundsätzliche Offenheit unter Beweis stellen zu müssen, und wann ist man zu ignorant und engstirnig, vielleicht weil da nur ein Signal nicht recht ankommt und man eine Liaison beendet, obwohl da noch viel Musik drin gewesen wäre? Das ist hier die Gretchen-Frage.

Dennoch, zumindest auf den Seiten namhafter Online-Vermittlungsfirmen scheint unsere Generation 40 plus eben keineswegs die vorschnell angenommene Festgefahrenheit zu regieren, kein geistiger Altersstarsinn, kein Prinzipien-Dogmatismus auf Teufel komm raus. Im Gegenteil, wir reagieren geradezu panisch, wenn wir festzustellen meinen, wir seien nicht tolerant gegenüber einem Lebensstil oder einer Weltanschauung, die nicht die unsere ist. Ja, am Ende lachen wir selbst über Dinge, die wir nicht witzig finden, nicken zu Statements, die uns normalerweise aufs Höchste befremden würden, und geben recht, wo wir gestern noch entschieden den Kopf geschüttelt hätten, nur um gute Miene zum bösen Spiel zu machen. Also unterhält man sich mit Astrid und auch mit der gymnasialen Quietschmaus aus Franken. Zu lange und zu intensiv. In maximaler Toleranz.

Ich bin übrigens felsenfest überzeugt davon, dass es in meine Richtung gar nicht anders war. Wahrscheinlich haben viele Frauen bei mir ganz genauso und viel zu lange gute Miene zum bösen Spiel gemacht. Ich vermute, es gab genug Frauen, die meine Liebe zu meinen alten Öl-Schinken ziemlich befremdet hat, meine eigenartige Naturverbundenheit, die eher in die Wandervogel-Zeit passt als ins 21. Jahrhundert, oder mein weitgehendes Unverständnis gegenüber allseits populären Wochenendbeschäftigungen wie »Shopping« oder partnerschaftlich eingehaktes Marktschlendern. Und die sich dennoch halb aus Höflichkeit, halb aus Strategie zurückgenommen haben, wohl weil sie maximal offen sein wollten für diesen komischen Vogel. Aber ganz egal, am Ende macht man zu viel zu lange mit – und merkt viel zu spät, dass man Dinge tut, die gar nicht dem eigenen Fühlen, Wollen, Denken entsprechen.

Und wie ist es beim Geschmack? Ich denke, es ist völlig normal, wenn sich zwei Menschen, die fast ein halbes Jahrhundert voneinander getrennt gelebt haben, ohne sich auch nur einmal über den Weg gelaufen zu sein, zu unterschiedlichen Wesen entwickelt haben. Und es ist auch gar nicht schlimm, wenn sie dabei einen ganz unterschiedlichen Geschmack ausbilden – und sich darin respektieren. Denn normalerweise verfügen Menschen ja über die Gabe, einen anderen Geschmack anzuerkennen. Man sagt dann, okay, es ist zwar nicht mein Geschmack, aber was soll's? Wenn man allerdings insgeheim meint, der andere hätte nicht nur einen anderen, sondern einfach nur einen schlechten oder vollends gar keinen Geschmack, dann wird es eng. Wie soll das gut gehen? Dasselbe gilt für den Humor. Humordissonanzen in Partnerschaften, zumal in der Anbahnungsphase, sind etwas ganz und gar Existenzielles. Interessanterweise entscheidet sich an diesen beiden Komplexen die Möglichkeit einer Partnerschaft oft unmittelbar. Weshalb man eigentlich solchen Diskussionen nicht ausweichen, sondern direkt auf sie zusteuern sollte, will man Klarheit erlangen.

Mir ist Humor wichtig, wie hoffentlich jedem normalen Menschen. Denn beim Humor hört der Spaß auf. Schlimm finde ich, wenn Menschen über schlechten Humor lachen. Also über Humor, der gar keiner ist. Noch schlimmer, wenn dies eine tut, die ich mir als Wunschpartnerin erwählt habe. Am Allerschlimmsten aber ist es, und spätestens hier sollte alle vorauseilende Toleranz enden, wenn sie von mir erwartet, dass ich über ihren Humor lachen soll, auch wenn der eher zum Weinen ist. Mir fällt dazu nur das Beispiel des in der Frauenwelt hoch beliebten Komödianten Dieter Nuhr ein. Manche sagen, man kann so wenig über Humor streiten wie über Geschmack. Der Meinung bin ich nicht, aber ich hatte einen *ElitePartner*-Kontakt, der an Dieter Nuhr zerbrach. Diesmal hatte ich das selbst verordnete Schweigegelübde tatsächlich durchbrochen und versucht, meiner Partnerin klarzumachen, dass es sich bei diesem Unterhaltungskünstler meiner Ansicht nach um einen erheblichen Vollpfosten handelt, um einen weitgehend humorlosen Brabbelkopf, ja um einen »Rechts-Kabarettisten«, von dem die wirklich witzige Schauspielerin Christine Prayon einmal gesagt hat, sie würde nie in seiner Show auftreten, weil er eine »Systemstütze« sei. Tatsächlich passt zu Nuhr weit eher das Berufsbild eines Werbeagenten in der Provinz, der Kampagnen zur erfolgreichen Vermarktung von Sitzrasenmähern lanciert, als das eines wahrhaft kritischen Kleinkünstlers. Das Schreckliche an ihm sei diese zur Schau getragene Fitnessstudio-Tauglichkeit, sagte ich ihr, das Stylische, das Bemühen, nicht nur lustig, sondern auch sexy wirken zu wollen. Gut möglich, dass Nuhr der erste Kabarettist ist, der eine Rolex trägt, einen SUV fährt und wahrscheinlich FDP wählt. Ich bin damit aber nicht bei ihr durchgekommen. Sie widersprach mir heftig. Als ich dagegen auf *Fawlty Towers* verwies, als sie mich nach gutem Humor in meinem Sinn fragte, war es endgültig vorbei. Sie könne nicht verstehen, sagte sie, die einmal in England studiert hatte, wie man John Cleese witzig finden könne. Der sei für sie ein Brechmittel. Der Disput endete ohne Ergebnis. Es war unser letztes Gespräch.

Too much information

Damit ist das Thema totale Toleranz auf dem Heiratsmarkt, als gefühlte Selbstverpflichtung und als strategisches Gebot der Erfolgsoptimierung, aber noch lange nicht abgehakt. Das Offenheitsdiktat, dem wir uns bei *ElitePartner* unterwerfen, wirkt auch noch in eine ganz andere Richtung. Es geht nicht nur um maximale Toleranz gegenüber all dem, was man da zu hören und zu sehen bekommt, es geht auch um Sich-nackig-Machen, Selbstentblößung, Seelenstriptease. Es geht um ein Verständnis von Offenheit, wonach man meint, dazu angehalten zu sein, vor der unbekannten Elitepartnerin, die da beim Erst-Date am Tisch gegenüber Platz genommen hat, alle Hüllen fallen zu lassen. Es geht darum, so viel von sich zu zeigen und nach draußen zu geben wie nur irgendwie möglich. Seit ich bei *ElitePartner* unterwegs bin, stehe ich unter diesem merkwürdigen Druck der Selbstoffenbarung. Ein Druck, den ich sicherlich selber aufbaue, der aber auch von außen ausgeübt wird, sozusagen vom Setting der *ElitePartner*-Grundsituation. Dieser innere Druck bringt mich dazu, die Nähe, die da ungebremst auf mich zukommt, umgehend und mindestens in gleicher Drastik zu erwidern. Das Motiv ist klar: Man will nicht als zwielichtige Type, als dubios oder windig erscheinen, oder etwa als Aufreißer, sondern als einer, der es ernst meint. Also muss man Zeichen setzen, welche die eigene Seriosität glaubwürdig signalisieren. Man muss versuchen, alle Zweifel zu zerstreuen, und vertrauensfördernde Maßnahmen einleiten. Um dieses Ziel zu erreichen, reagiert der durchschnittliche Elitepartner intuitiv mit maximaler Offenheit. »Ich suche übrigens keine Affäre!«, sagen viele Frauen gleich am Anfang. »Damit das schon mal klar ist, ja?!« »Ich auch nicht!«, versuche ich, sie kleinlaut zu beruhigen. Nein, wir suchen eine Partnerschaft. Eine echte, ehrliche, aufrichtige Partnerschaft. Und deswegen geht hier alles ganz anders los, als wenn ich eine Frau im Zugabteil anquatsche oder in der Krankenhauskantine.

Man meint dann, richtig aufmachen zu müssen. Erzählt von sich zu schnell zu viel und zu viel Persönliches. Von der unglücklichen Kindheit, der schwierigen Familiensituation, von den Pubertätsschüben seiner Töchter und Söhne, von Niederlagen und eigener Schwäche. Es geht eben darum, bloß nicht oberflächlich oder unverbindlich zu erscheinen. Ich öffne mich, weil ich davon ausgehe, nur so könne die anwesende Elitepartnerin meine eigenen unschlagbaren Persönlichkeitsqualitäten erkennen, meine Charakterstärke, meine Aufrichtigkeit, meinen Edelmut, mein durch und durch ehrliches Ansinnen, hier kein Abenteuer, sondern eine ethisch fundierte Partnerschaft anzustreben, in der sich Frau und Mann in vollem Respekt begegnen und wir uns lieben und ehren, bis dass der Tod uns scheidet. Also bin ich dann doch irgendwann ganz authentisch, ganz innerlich, ganz ich selbst. Und öffne meine Schleusen, auf dass sich ein Wasserfall an Intimitäten auf mein Gegenüber ergieße.

So erwartet das auch Elitepartnerin Doris. Da bin ich mir sicher. Sie braust schon zwei Stunden nach unserem ersten Telefonat aus Kassel an. Bei Wind und Wetter und Eiseskälte. Spontanidee. Sie komme mich einfach besuchen. »Okay, ich habe heute Abend noch nichts vor. Also dann, bis nachher!« Zwei Stunden später schießt sie zur Tür der Bar im *Hyatt* herein, die ich für unser Speed-Date vorgeschlagen habe.

»Hi!«

»Hi!«

»Puuuh!«

»Was puuuh?«

»Na, was da heute wieder für Arschlöcher auf der Autobahn unterwegs waren! Unglaublich...« Sie müsse erst mal runterkommen. Puuuh. Aber sicher, Baby. Ich lehne mich zurück und reiche ihr die Getränkekarte. Am Tisch nimmt eine Frau Platz, die in etwa so aussieht wie die RTL-Moderatorin Frauke Ludowig, sie hat lange blondierte Haare, die wie Bananenschalen vom Kopf herabhängen, und setzt zum Studium der Getränkekarte eine bordeauxrote Lesebrille auf.

Schon nach sieben Minuten habe ich alle 243 Handy-Fotos von ihr gesehen, Fotos von ihrer Tochter, die sie wahlweise Möpselchen, Schnüffel oder Mausimaus nennt, von Walter, ihrem Schwiegervater, der streng genommen gar nicht mehr ihr Schwiegervater sei, den sie aber immer noch so nennen würde, weil sie auch nach der Trennung von Hans-Pi noch ein herzliches Verhältnis zu ihm habe, weil der nämlich auf ihrer Seite stünde, von Alex, ihrer besten Freundin, von ihrem Lieblingsbruder Johannes, von Rafael, ihrem schwarzen Reitpferd, von Flupsi, ihrem Labrador, von der neuen italienischen Designer-Einbauküche in ihrer Dreizimmeretagenwohnung. Ich tauche in eine Welt ein, die ich nicht kenne und eigentlich auch gar nicht kennen will. Doris zieht eine elektrische Zigarette aus ihrer Handtasche, fängt an, daran hektisch zu saugen und weißen Dampf in die Luft zu pusten. »Ich dachte, du seist Nichtraucherin«, sage ich etwas verdutzt. So stand es in ihrem Profil. »Bin ich doch! Seit zwei Wochen!«, sagt sie und deutet auf die E-Zigarette.

Doris lehnt sich zurück und stützt sich dann mit den Ellenbogen auf der Tischplatte auf. Sie nimmt mich fest in den Blick. Ich weiche aus, mein Blick wandert nach unten. Ich erkenne in ihrem Dekolleté, das sie mir offenherzig darbietet, ein fingernagelgroßes, gelb-grünes Blumenmedaillon, das an ihrer Halskette hängt, daneben ein ebenfalls fingernagelgroßes, ebenfalls gelb-grünes Hämatom. Ja, und dann sei da noch die Sache mit Thorsten und Barny. Thorsten sei so was wie ihre männliche beste Freundin.

»Ach frag mich nicht, wie lange wir uns schon kennen!«, sagt sie, ohne dass ich sie gefragt hätte. »Seit Ewigkeiten! Seit dem Studium. Sicher seit 1990. Oder schlag mich tot! Thorsten und ich... wir sind, ja, wie soll ich das sagen: Dem erzähl ich einfach alles. Wirklich alles!« Obwohl da nix ginge. »Also zwischen uns. Kannst du

mir glauben!« Sie verschwindet wieder hinter einer weißen Wolke. Als sich die Schwaden lichten, fährt sie fort.
Ach, ja, und dann wäre da noch Barny. »Barny ist auch
noch jemand, von dem du erfahren musst. Ich glaube,
ihr würdet euch gut verstehen. Auch so eine ganz alte Geschichte. Also Barny! Auch so 'ne Type, aber total lieb.
Also Barny ist bisexuell. Stört dich das? Nö, oder? Also,
wir mögen uns halt unheimlich, aber auch nicht mehr.
Also nicht das, was du jetzt denkst!« Sie lacht hell auf. Ich
denke eigentlich gar nichts. »Er kommt vielleicht zweimal
im Jahr auf Besuch und schläft auch bei mir. Also, auch in
meinem Bett. Aber da läuft gar nichts. Null. Zero. Niente.
Da kannst du sicher sein! Echt.« Sie lacht wieder. »Weißt
du, er ist das absolute sexuelle Neutrum! Also für mich.
Aber total lieb halt. Also, die beiden gehören einfach zu
meinem Leben. Und ich wollte, dass du das weißt. Und
dich gleich fragen, ob du damit ein Problem hast. Also
wenn ja, dann sag es lieber gleich, weil: dann hab ich
damit ein Problem – nämlich ein Problem mit dir!« »Ach,
Doris«, sag ich nur, »ich habe kein Problem, wenn Barny
bei dir im Bett schläft. Und den anderen kannst du treffen,
so oft du willst. Ist doch sonnenklar.«

So ein Date ist etwas Absurdes. Man trifft eine völlig fremde Frau, und die sagt einem nach fünf Minuten, dass sie Brust- oder Rückenhaare bei Männern hasst.
E-kel-haft! Oder stehpinkelnde Männer. (»Das geht gar
nischt!«) Obwohl ich frisch geduscht dasitze, muss ich
dann hören, auch »ungepflegt« ginge bei ihr gar nicht.
Sagt Doris handgestoppte elf Minuten, nachdem wir uns
das erste Mal im Leben begegnet sind. Ich sitze einer wildfremden Person gegenüber und muss mir anhören, dass
sie es nach sechs Jahren »nun wirklich« satthätte, immer

den ersten Schritt zu machen. Jahrelang hätte sie ihren Partner »verführen müssen«, jetzt würde sie den Spieß mal umdrehen. Ob ich damit umgehen könne? Wenn nicht, solle ich es gleich sagen. Das wäre ihr lieber so. Sie sei für klare Ansagen. Man trifft auf Menschen, die einem ihre Wünsche nach Zärtlichkeit und Zusammensein offenlegen – und schon nach kurzer Zeit eine Antwort darauf wollen, ob man sich auch vorstellen könne zusammenzuziehen. Doris sagt zu mir: »Wenn dich Hundehaare im Auto oder bei mir auf der Couch stören, musst du das gleich sagen. Dann geh ich nämlich gleich wieder!« Natürlich stören mich Hundehaare, aber ich sage: »Och nö, du, das stört mich ü-ber-haupt nicht!« Und lächle so dümmlich, dass ich mich eigentlich dafür schämen müsste. Nur um dieses Date am Laufen zu halten. Oder man muss aus dem Stand Fragen beantworten: »Sag mal«, fragt Doris, »kannst du auch gut mit dir allein sein? Mit Ablehnung klarkommen? Oder bist du eher so der Klammertyp?« Man gibt gerade in der Anfangsphase auch noch auf die unverschämteste Frage eine gefällige Antwort, denn man will ja das Projekt nicht gefährden.

Doris fährt mich an diesem grimmig kalten Abend noch nach Hause. Das ist sehr nett von ihr, und ich bedanke mich an der Kreuzung vor meinem Wohnhaus artig fürs Mitnehmen. Bevor ich aussteige, will ich ihr zwei französische Abschiedsküsschen geben. Doch da nimmt sie schon meinen Kopf in ihre Hände, schließt die Augen und zieht mich an sich. Ich bin völlig verdattert, fühle eine schlabbrige Zunge an meinem Mund, die drängend Einlass begehrt, verweigere den Zutritt, indem ich meine Lippen aufeinanderpresse, und drehe mich abrupt aus der Umklammerung. Oh Gott! Was ist hier los? Doris lacht. »Also, dann tschüss noch!« Sie atmet tief durch. Ich verlasse irritiert den Innenraum ihres Mini Cabrios, taumle leicht traumatisiert hinaus in die kalte Novembernacht und wische mir erst mal den Mund ab. Anderntags bekomme ich eine Mail: »Hi, du! Sag mal, geht das bei dir immer so schnell? Machst du das immer so bei deinen Frauen?« Ich habe Doris geschrieben, ich hätte gut geschlafen, ich würde hoffen, sie auch. Ich habe die Sache geradegerückt, geschrieben, wie es wirklich war, sie gebeten, doch bitte bei der Wahrheit zu bleiben, und mich dann schriftlich von ihr verabschiedet, nicht ohne ihr für die weitere Partnersuche alles Gute zu wünschen.

————————————  ————————————

Sie merken es schon, liebe Leserinnen und Leser, das große Problem, das mir wie den meisten meiner Mitstreiter bei *ElitePartner* immer wieder kräftig zu schaffen macht, ist die chronologische Umkehrung von Nähe und Distanz beim Kennenlernen einer möglichen Partnerin. Es ist doch so: Im normalen Leben fällt einem irgendwann einmal eine Frau auf, und man sagt: »Hey, die gefällt mir aber!« Vielleicht kennt man sie aus dem Bekanntenkreis, vom Sportverein, von der Arbeit oder man ist mit ihr über Dritte locker befreundet. Mit der Zeit nähert man sich an, redet mal etwas länger miteinander, verabredet sich und geht irgendwann einmal zusammen aus. Die betreffende Person nimmt einen immer größer werdenden Raum im eigenen Leben ein. Es kann aber über Wochen, Monate, manchmal über Jahre gehen, bevor der Sack zugemacht wird, wie es Thomas im Kiosk formuliert hat. Fast immer ist es sogar so, dass in der Anfangsphase einer Annäherung den beiden Beteiligten gar nicht unbedingt klar ist, dass es da auf eine Liebesbeziehung hinausläuft. Es ergibt sich, oder es ergibt sich nicht.

Beim Online-Dating ist das anders. Die Reihenfolge wird umgekehrt. Hier soll sich ja von vornherein eine Liebesbeziehung ergeben, deswegen hat man ja an Frau Katharina Allendorff von der EliteMedianet GmbH den Dreimonatsbeitrag entrichtet. Also startet man gleich richtig durch. Zwar reden alle von langsamer Annäherung, vom locker sein und locker bleiben, von einer »sportlichen« Einstellung, die Wahrheit aber ist, es gibt bei *ElitePartner* kein spielerisches Kennenlernen. Alles ist zielfixiert. Man überspringt einfach entscheidende Entwicklungsstufen und fängt gleich in einem Stadium der Intimität an, in dem andere Paare, die sich auf konventionelle Weise kennengelernt haben, erst nach 17 Ehejahren angekommen sind. Manche Frauen stellen sogar schon eine große Nähe her, bevor sie mich überhaupt persönlich kennengelernt haben. Im E-Mail-Verkehr beispielsweise, wenn man auf Fragen von erheblicher Tragweite antworten soll: »Hi du, ich wünsche mir Kinder. Sind mit dir Kinder möglich?« Unfassbar. Erreichten mich solche Anfragen, habe ich darauf anfangs ab und zu geantwortet, auf diese große Frage hätte ich vielleicht in drei Jahren eine brauchbare Antwort. Vorher nicht. Ob es nicht besser wäre, erst einmal zu sehen, ob wir überhaupt zueinander passen würden, und falls ja, ob es dann nicht besser wäre, sich erst einmal kennenzulernen und Zeit miteinander zu verbringen. Im Online-Portal ist es die Nähe, die am Anfang steht. Man stellt eine Nähe zu einer wildfremden Person her und versucht dann Schritt für Schritt, all das Fremde oder gar Befremdliche mit einzugemeinden, was sich mit der Zeit auftut. Sollte dieses Fremde, was man da zu integrieren bereit ist, irgendwann jedoch stärker befremden, ist es oft schon zu spät, weil man sich ja schon sehr nahe ist. Man hat dann oftmals schon die eigenen Kinder den Kindern der neuen Partnerin vorgestellt, bereits den gemeinsamen Holland-Urlaub gebucht und benutzt längst denselben Zahnputzbecher.

Ich erinnere mich gerade wieder an den Anfang aller Anbahnungsbemühungen, an die Profilseiten meiner Anwärterinnen und an den Satzanfang »Das Besondere an mir ist, dass…«. Ich erinnere mich daran, wie viele den Satz mit »…du das selber herausfinden darfst!« beendet haben. Ja, oft ist es eine überaus spannende und glückvolle Angelegenheit herauszufinden, was das Besondere an der Fondsmanagerin, 44, sehr attraktiv, ist. Es gibt jedoch bei Elitepartnerinnen auch Funderlebnisse der herberen Art, solche, auf die man gerne verzichten würde. Etwa wenn ich nach aufwändiger Schatzsuche und intensivem Nähe-Erleben eines Tages zu dem Schluss komme, das Besondere meiner Partnerin liege darin, dass sie eine ausgeprägte Persönlichkeitsstörung hat.

Online-Portale zur Partnervermittlung, zumal für Menschen in fortgeschrittenem Alter, sind ein Sammelbecken von Menschen, die keinen Partner haben, aber einen wollen. Das können aber völlig unterschiedliche Menschen sein. Es ist dabei nicht zu erkennen, ob es sich dabei um beziehungsfähige Menschen handelt, die aus mehr oder weniger dramatischen Umständen einen Partner verloren haben, oder um solche Naturen, bei denen es mit der Partnerbindung seit dreißig Jahren noch nie länger als drei Wochen am Stück geklappt hat – und die hier den achtundvierzigsten Versuch starten, ihren Traumprinzen zu finden. Weil sie es irgendwie nicht hinkriegen, oder noch schlimmer: weil es eine Persönlichkeitsstörung ist, die regelmäßig verhindert, dass sie sich in einer erfüllenden Beziehung wiederfinden. Es gibt hier Menschen, die seit einer schweren Krise psychisch angeschlagen sind, und es gibt solche, die es immer schon waren – womöglich seit ihrer frühen Kindheit. Nicht, dass Sie mich falsch verstehen, liebe Leserinnen und Leser, Menschen mit Persönlichkeitsstörungen sind ja bemitleidenswerte Geschöpfe. Leider sind es aber auch all diejenigen, die mit ihnen zu tun haben müssen. Das Problem: Man erkennt den berühmten Haken an der Sache ja nicht sofort. Manche merken ein halbes Eheleben nicht, dass ihr Partner ein Parallelleben in einem Sadomaso-Club führt. Die dunklen Seiten werden in solchen Fällen oft erst im Spätherbst einer Normalehe in ihrer ganzen Unausweichbarkeit sichtbar. Oft erst dann, wenn es partnerschaftstherapeutisch längst zu spät ist. Schwere Fälle werden natürlich schneller sichtbar, aber auch in Online-Portalen ist es so, dass auch Menschen mit ausgeprägtem Borderline-Syndrom erst einmal eine gewisse Zeitspanne unerkannt überwintern, bevor es denen wie Schuppen von den Augen fällt, die sich auf sie eingelassen haben.

Bei *ElitePartner* entsteht relativ schnell eine Nähe, eben auch zu problematischen Mitmenschen. Man erhält Einblick in intime Seiten einer Persönlichkeit, aber eben nur in die Teile, in die die Person, die man sich da erwählt hat, Einblick gestattet. Man kriegt nicht den ganzen Menschen mit, sondern nur wohlsortierte Ausschnitte. Die ganz und gar gallige Seite bekommt man später erst mit, und dass eine giftiger als ein Knollenblätterpilz und im Herzen kälter als ein finnischer Kohlrübenkeller sein kann, das zeigt sich erst mit der Zeit. Dann, wenn man schon im ganzen Schlamassel steckt, den man sich mit dem ewigen Bekenntnis zu echter Nähe und Verbindlichkeit selber eingebrockt hat.

WhatsApp-Kuschelterror

Das Problem der Übernähe ist vor allem dort zu Hause, wo es unter Elitepartnern besonders knuddelig zugeht. Etwa bei WhatsaApp, also dort, wo über kurz oder lang die meisten Elitepartner landen. Es ist ja so: Wenn ein E-Mail-Verkehr unter Elitepartnern auch nur halbwegs zufriedenstellend verläuft, wird telefoniert. Meistens auf dem Mobiltelefon. Gerne wird aber auch über Whats-App gechattet. Auch hier wird im Handumdrehen eine Nähe hergestellt, die sonst nur Menschen erleben, die nach einem Bergwerksunglück zwei Wochen unter Tage auf engstem Raum überleben müssen. Ein WhatsApp-Dialog ist so etwas wie virtuelles Kuscheln. Man rutscht, ob man es will oder nicht, hinein in die flauschige Welt einer Pseudointimität, die die eigenartige schriftliche Mündlichkeit zur Folge hat, auf die sich hier alle verlegen. Dabei ist WhatsApp ein ganz und gar beschränktes Kommunikationssystem, umso idiotischer, je ausgiebiger sich die Dialogpartner jener infantil-dümmlichen Emojis bedienen. Sie sind das Schauderhafteste in dieser Dialogform, und ich meide sie, wenn immer ich kann. Unmittelbar allergieauslösend ist für mich die Frauenhand, die gerade von der anderen die Nägel lackiert bekommt, die Flamencotänzerin, das mondartige Enttäuschungsgesicht mit den großen Augen und den roten Backen, das »Ich bin ja so arm!« und allgemeinen Opferstatus anzeigen soll. Und das schlagende rote Herz. Aber das von mir weitaus am meisten gemiedene ist der gelbe Kopf, der einseitig blinzelnd ein Herzchen in die Luft küsst. Wie oft habe ich den bekommen? Ich habe ihn nie verschickt. Er hat mich immer geekelt. Er wurde mir hundertfach geschickt, ich habe es nie übers Herz gebracht, ihn zu erwidern. Meine maximale im Bild ausgedrückte Gefühlsregung bei WhatsApp war der nach oben gereckte zustimmende Daumen. Das war meine Antwort auf den Emoji mit dem dümmlichen küssenden Mondgesicht. Manche meiner Damen haben mir das übel genommen und mir Herzlosigkeit unterstellt. Kann man nichts machen. Es ist nicht meine Sprache. Heute verwende ich den Kuss-Emoji nur noch, wenn ich damit signalisieren will: Du kannst mich mal gernhaben!

Beladen, belastet, bedürftig. Dazu unbedingter Wille, höchste Erwartungen, höchster Einsatz, maximale Offenheit und viel zu schnelle Nähe. Das Risiko, dass da am Ende einer der Beteiligten überdreht und komplett über das Ziel hinausschießt, es ist beim Unternehmen »Partnersuche online« nicht von der Hand zu weisen. Wo die freie Sicht auf den Lebenspartner der Zukunft so sehr eingeschränkt wird durch so viele dichte Wolkenschwaden, wird es nahezu unmöglich, sich selbst eine halbwegs zufriedenstellende Antwort auf die Frage zu geben: Ist sie nun die Richtige oder nicht? Das ist das Strukturproblem für gerade uns ältere Aspiranten bei *ElitePartner* und all den anderen Online-Portalen. Wir werden sehr stark von Bedürfnissen geleitet, stärker als uns lieb und vor allem stärker als uns oft bewusst ist, und unsere Partnersuche erfolgt aus nicht sonderlich freien Stücken. Ist sie die Richtige für mich? Ich wusste es nach dem zweiten Date nicht und nicht nach dem dritten und nicht nach dem zehnten Wiedersehen. Bei *ElitePartner* eine Frau zu finden ist nicht besonders schwer, aber hier das wahre Gefühl herauszufinden, das zwei wirklich verbindet, mir scheint manchmal, es ist wie Stochern im Nebel.

Emotional ratlos

Anfangs hatte ich mir so ein Elitepartnertreffen ganz einfach vorgestellt. Entweder es funkt, oder es funkt nicht. In den meisten Fällen ist es aber nicht so, dass es »funkt«. Es ist aber auch nicht so, dass man sofort nach dem ersten »Hallo!« schreiend davonlaufen möchte. Nein, es ist meistens irgendwie nett halt. Es ist so, dass man denkt, die Frau ist ja ganz aufgeschlossen, sogar etwas unterhaltsam, halbwegs interessiert am Weltgeschehen und auch noch ein wenig attraktiv. Aber muss sie die meine werden? Die Antwort auf diese Frage nicht so recht zu wissen, ja, sie tendenziell eher zu verneinen, ist wohl die häufigste Begleiterscheinung, zumindest bei den Dates, die ich bisher hinter mich gebracht habe. Ich konnte bisher nie im Nachhinein sagen: Ja, die muss es sein. So gut wie die eine hätte es die andere sein können und genauso gut keine von beiden. Oder positiv gewendet: zur Not ja. Aber das total ekstatische »Ja!« ist nie in mir aufgestiegen, offenbar ganz im Unterschied zu den Millionen Deutschen, die den Online-Firmen zufolge die Liebe fürs Leben im Internet gefunden haben.

In allen Annäherungsformen, die man bei *ElitePart-*

ner durchmachen kann, herrscht ein großes Paradox: Obwohl all die verschiedenen Notstandsmotivationen gepaart mit einem extrem ausgeprägten Glückswillen in eine viel zu schnell hergestellte, schonungslos offene, maximale Nähe münden, obwohl wir schnell und dann fast alles voneinander erfahren, sehen und erfühlen dürfen, regiert uns am Ende eine frappierende emotionale Ratlosigkeit. Es regiert uns ein Nichtwissen, eine vollkommene Unsicherheit und Unklarheit, wer diese Person, mit der ich da nun wie im Zeitraffer alles absolviert habe, was an Nähe geht, für mich sein soll, was sie mir bedeutet.

Die, die einem nicht liegen, die verabschiedet man gleich. Aber mit wem man sich auf ein Date und auf noch eins oder zwei trifft, mit wem man den Parforceritt der ersten Wochen absolviert hat, so jemanden findet man bald »irgendwie nett halt«. Man findet am Ende sehr viele »nett«. Und ahnt doch, dass »nett« nicht ausreicht. »Gegenseitig für nett befunden!« Das ist der Zustand, in dem die meisten Elitepartner hier über kurz oder lang landen. Aber auch ein Zustand, der nicht ohne ist. Optimistisch betrachtet, gibt er Anlass zur Hoffnung, eine liebenswürdige Person kennengelernt zu haben, mit der man bald so eng und spannungsvoll zusammenwächst, dass man dem Traum vom Traumpartner doch noch näher kommt, pessimistisch gesehen ist »nett« der Abgesang jedes Traums oder, wie Rebecca Niazi-Shahabi in ihrem schönen Buch geschrieben hat, eben nur die kleine Schwester von Scheiße. Und da zwischendrin hockt man nun und gibt sich seiner Ratlosigkeit hin.

Was tun mit all den netten Frauen? Was, wenn man nicht recht weiß, ob es die Richtige ist? Man probiert es aus! Man geht in die Testphase. Aber wann endet die Testphase? Nach zwei, drei oder vier Wochen? Oder probiert man noch ein wenig weiter? Wie viel Zeit gibt man sich? Wie lang darf es gehen, bis es »funken« muss? Auch unter Spätzündern? Und ab wann weiß man denn, dass alles Probieren nichts bringt? Oder testet man besser gar nicht, sondern wird pragmatisch und sagt sich, es spricht doch eigentlich nichts dagegen, im Moment mit Thusnelda zusammen zu sein. Man könnte einwenden, es spricht auch nichts dafür. Wir nähern uns einer Grundsatzfrage. Darf man sich hier erst dann auf eine Frau einlassen, wenn man genau weiß, die und keine andere ist es, sie ist die Richtige? Oder ist es auch legitim, wenn man es nicht oder noch nicht weiß, erst mal eine Zeit lang auszuprobieren, ob sie es vielleicht sein könnte? Also immer wieder einmal etwas zusammen unternehmen und darauf setzen, irgendwann werde sich schon die emotionale Klarheit einstellen, die man benötigt, um die Entscheidung zu fällen, ja, die Betreffende ist meine neue Partnerin oder eben nicht? Das ist gar keine moralische Frage. Klar darf man das. Die grundsätzliche Frage, die dahintersteckt, ist vielmehr: Kann man Partnerschaft auf Zeit überhaupt »testen«? Oder begibt man sich nicht auch schon in der Testphase in eine Form von Partnerschaft hinein, ob man will oder nicht?

»Was ist das jetzt bei uns?«, fragte mich zum Beispiel Anke mehrfach auch noch nach dem fünften oder sechsten Treffen. »Eine Affäre? Eine Art Freundschaft?« Wir einigten uns damals darauf, wir müssten ja nicht für alles eine klare Bezeichnung finden. Man könne das ja auch einfach mal nur so laufen lassen und dann weitersehen, sagten wir uns und fanden diesen Schluss plausibel.

*Fordere wenig von Dir selbst und viel von
den anderen, dann bleibt Dir eine Menge
Mühsal erspart.*

Friedrich Krupp

6. Kapitel

Kapitalistische Romantik

Emotionale Marktwirtschaft

Ja, es ist schlimm, wie wir Männer manchmal über die Frauen sprechen. Ich meine über die Frauen, die für uns infrage kämen, über attraktive Frauen. Ja, selbst oder gerade über die, die wir begehren! Wie oft wurde das nicht schon beklagt! »Il parle d'amour comme il parle des voitures«, sang einst die Chansonnière Patricia Kaas uns Männer anklagend, und wir wissen es ja auch. Ja, es ist schlimm und dann auch wieder nicht. Denn oft meinen wir es ja gar nicht so böse, wenn wir von Frauen in der Autosprache sprechen. Wir drücken sogar unsere Bewunderung dadurch aus, auch wenn uns das viele Frauen nicht glauben. Wir sprechen von einer guten Straßenlage, wenn wir finden, dass eine Frau eine gute Figur hat, ziehen allerdings auch den LKW-Vergleich, wenn sie einen zu dicken Po hat: »Vorsicht, Anhänger schwenkt aus!« Wir sprechen vom einwandfreien »Chassis« oder falls nicht, dann eben vom Lack, der schon ab ist, verwenden gerne Eigenschaftswörter wie »gut erhalten« oder »scheckbuchgepflegt«. Man kann darüber streiten, ob das witzig ist oder nicht. Politisch korrekt ist es nicht, aber ich muss zugeben, ich bin einer, der hin und wieder auch mal über solche Witze lachen kann. Dass Männer überhaupt so über Frauen sprechen und sie dadurch zu Objekten machen, finden manche höchst bedauerlich. Und ein Mann, der wirklich und ganz unironisch in solch mechanischen Kategorien denkt, hat sicher ein paar Schrauben locker. Liebe Leserinnen, Männer sprechen schon immer so von Frauen und nicht erst, seit es *ElitePartner* gibt. Das ist eine uralte Unsitte. Aber erst seit es Portale wie *Elite-Partner* gibt, scheint es auch möglich zu sein, sich einen Lebenspartner wie ein individuelles Modell zusammenzustellen: Möchte ich eines mit Schiebedach oder eines mit einem etwas stärkerem Motor, tiefergelegt, klassisch-elegant oder einen praktischen Viertürer, mit CD-Wechsler oder nur die Standardausführung? Und da in unserer Generation eigentlich keine weiblichen Neuwagen mehr infrage kommen, wägen wir ab, ob es sich wenigstens um einen Garagenwagen handeln soll, der regelmäßig die Inspektion absolviert hat. Wenn wir dann zum Schluss kommen, okay, das Fahrzeug hat schon 80 000 Kilometer drauf, steht dafür aber noch einwandfrei da, klicken wir den Anfrage-Button. Wir wollen eine Frau, die noch gut im Strumpf steht. Keinen faulen Kompromiss.

Wenn man zu *ElitePartner* geht, geht man auf den Markt. Man wählt sich einen potenziellen Partner nach Regeln und Kriterien aus, die der ökonomischen Sphäre entlehnt sind. Man sucht sich »was« aus und »legt« sich jemanden »zu«. Viele reden auch schon bald in der Sprache des Warenmarktes. Wir »stöbern« oder sind schon bei *ElitePartner* »fündig« geworden. Die Anbieter befleißigen sich der Sprache der Ökonomie ganz genauso, auch wenn sie versuchen, es tunlichst zu vermeiden, um in ihren Kunden die Illusion der romantischen Liebe aufrechtzuerhalten. Aber sie verraten sich doch ein ums andere Mal. Gleich am Anfang beispielsweise. Wer sich hier neu angemeldet hatte, dessen Foto erschien am Anfang meiner Zeit bei *ElitePartner* in der Online-Liste der Kandidaten noch mit einem schräg angesetzten animierten Aufkleber »Neu dabei!« Das erinnerte unweigerlich an Ware, die mittels der Aufschrift »Frisch eingetroffen!« angepriesen wird. Besonders verräterisch ist zudem, dass man seitens der Anbieter die Qualität des eigenen Unternehmens von der Stiftung Warentest prüfen lässt, die ja sonst eher dafür bekannt ist, Zahnpasta, Bohrmaschinen oder Autoreifen zu bewerten, und dass man sich mit dem Siegel des guten Testergebnisses auch noch auf dem Werbeplakat schmückt.

Was ist überhaupt ein Markt? Ein Markt ist eine Möglichkeit, legal und durch Tausch an Dinge zu kommen, in deren Besitz ich sonst nur durch Raub oder Fund gelangen würde. Seit es einen Heiratsmarkt gibt, gehören zu diesen Dingen auch potenzielle Lebenspartner, in meinem Fall Lebenspartnerinnen. Wenn es auf dem Markt nur saure Gurken gibt, muss ich mich mit sauren Gurken begnügen. Das leuchtet ein. Wenn aber auf dem Markt ein Überangebot herrscht, dann komme ich in die komfortable Lage, sogar auswählen zu können, welche Lebenspartnerin es sein soll und welche nicht. Auf Online-Portalen zur Partnerschaftsvermittlung herrscht tatsächlich ein massives Überangebot. In meinem Fall gibt es tatsächlich 3878 Frauen, die nach der Auswertung meiner Auswahlkriterien für mich infrage kommen und mir vom System, algorithmisch aussortiert, angeboten werden. Diese im Grunde unfassbar hohe Zahl wird dann oberhalb der Kandidatinnenliste eingeblendet. Was mache ich? Ich versuche, die Beste herauszufinden. Denn nur die Beste ist gut genug.

Portale zur Online-Partnervermittlung sind Marktplätze, für die Unglaubliches gilt. Als zahlender Elitepartner kann ich für ein vergleichsweise geringes Startgeld das Wertvollste erwerben, was es im Leben eines Mannes gibt: nicht nur irgendeine Tussi, die keinen anderen abgekriegt hat, sondern eine superattraktive Hammer-Frau und mit etwas Glück auch noch deren Herz. Jeder kann das. Auch Dirk aus Köln-Poll, 38, Baggerfahrer, Professor Hoppenstedt, 69, verstaubter Amtsrat, oder Horst Schlämmer, 55, stellvertretender Chefredakteur des Grevenbroicher Generalanzeigers. Seit es Online-Plattformen gibt, sind wir alle von der Idee beseelt oder vollends besessen, via Internet an ganz und gar fantastische Partner zu gelangen. Im Land der unbegrenzten Möglichkeiten werden märchenhafte Träume geboren und nicht nur geträumt, sondern bald alles darangesetzt, sie wahr zu machen. Die Folge: Wir entwerfen schwülstige Partnerschaftsfantasien und verfolgen diese auch dann noch, wenn wir mit der nüchternen Realität konfrontiert werden.

Ich weiß, wovon ich rede. Auch ich will ja nur die Beste. Auch mich hat ein Perfektionismus im Griff, den ich nicht mehr loswerde. Wenn ich in mich gehe und zurückdenke, wie es war, als ich mich zum ersten Mal einloggte, dann war es so, dass ich nicht einfach die Profile von verschiedenen Frauen studierte und mich überraschen ließ, wer da so kommen könnte. Ich hatte da schon konkretere Vorstellungen. Und die habe ich immer noch. Mir schwebt eine gut erhaltene Mitvierzigerin vor, gepflegt und charmant. Auf keinen Fall nur hübsch. Aber auch nicht nur gescheit. Eine mit Köpfchen, Stil und Pep und keinem Haarschnitt wie der von Annette Schavan. Gescheit, aber eben auch vorzeigbar. Mindestens mit Hauptschulabschluss. Wichtig ist mir nicht nur der gute Erhaltungszustand, sondern auch, dass sie über Liebreiz und Anmut verfügt, aber eben auch Witz hat, schlagfertig ist. Sie darf ruhig ein bisschen herb sein, alles, nur kein Mäuschen, selbstbewusst, emanzipiert, eine starke Persönlichkeit, intellektuell – und dennoch zärtlich und liebevoll, ein bisschen geheimnisvoll. Aber gerne auch eine, die am Sonntagmorgen einen luftigen Hefezopf hinkriegt und nicht bereits bei der Benutzung einer Waschgarage technisch überfordert ist. Sie sollte sich ein bisschen bei Heidegger auskennen, aber auch bei Dessous. Und zur Not selber einen Autoreifen wechseln können.

Das ist natürlich sehr abstrakt. Aber wir alle neigen ja bekanntlich dazu, unsere Wünsche in unserer Fantasie zu konkretisieren, ihnen Gesicht und Körper zu geben, wir inszenieren in unserer Fantasie einen Film. Weil es aber schon viele solcher Filme gibt, die viel besser und professioneller inszeniert und ausgeleuchtet sind, als wir das könnten, abonnieren wir solche Filme für unser Kopfkino, die uns am besten gefallen, und erklären sie bald zur eigenen Wunschfantasie. Mein Film ist einer mit Sheryl Crow in der Hauptrolle. Und zwar in einem Music-Video, in dem sie *The First Cut Is The Deepest* auf ihrer Westerngitarre spielt. Das Video ist aufgenommen an einer *outdoor location*, ich tippe mal auf das bergige Hinterland von Los Angeles. An so eine dachte ich ganz grob, als ich mich einloggte. Nicht an eine »unkomplizierte Begleitung in allen Lebensbereichen«. Nein, an eine wie Sheryl Crow. Ohne dass ich nun genauer wüsste, ob die sich mit Heidegger auskennt. Wahrscheinlich wär es mir bei ihr auch egal. Sheryl Crow. So was in die Richtung. Etwa in der Preisklasse.

Ich finde, es ist nicht schlimm, dass man überhaupt auf die verwegene Idee kommt, sich eine bestimmte Frau auszudenken und ein bisschen von ihr zu schwärmen. Träumen darf man ja. Der eigentliche Wahn aber ist, dass durch das Überangebot auf dem Markt die Grenzen zwischen Traum und Realität schnell verwischen und man bald, freilich völlig unbewusst, versucht, eine Fantasie, von der man einmal genau wusste, dass es nur eine Fantasie ist, als eine reelle Chance zu erachten. Das hat eindeutig damit zu tun, dass es bei *ElitePartner* Tausende von Frauen gibt, die da auf mich warten. Ich weiß zwar, dass sich Sheryl Crow leider nicht unter ihnen befindet, aber ich nehme doch stark an, dass es hier zumindest so eine gibt, die all das in sich vereint, wovon ich träume. Ich suche mir also die Zutaten für meine Traumfrau aus, all die weiblichen Eigenschaften, die mir gefallen und die ich mir wünsche, und kann mir meine Bestellpartnerin nach dem Filtervorgang der EP-Suchmaschine an der Ladenkasse abholen. Leider ist es aber nicht so einfach. Denn spätestens beim ersten Date im realen Leben treffe ich dann auf eine reale Frau, die mit Sheryl Crow kaum mithalten kann. Die Marktlage mit großem Überangebot hat zur Folge, dass wir hybride Fantasien entwerfen, aber genauso, dass uns die Realität zusehends enttäuscht, sie muss uns zwangsweise enttäuschen, wenn wir in diesem Fantasiemodus gefangen sind.

Das ist im Kern ein Problem, das aus der Kapitalisierung der romantischen Liebe entsteht. Die kapitalistische Marktwirtschaft ist dadurch gekennzeichnet, dass sie auf

Nachfrage mit Angebot reagiert. Dass sie aber auch Wünsche in uns weckt, die wir sonst nicht hätten, wie jene nach Coca-Cola oder einem iPhone. Seit es die romantische Liebe auf Online-Portalen zu kaufen gibt, werden in uns Wünsche nach Lebenspartnern geweckt, von denen wir früher gar nicht zu träumen gewagt hätten. Es wird uns auch noch versprochen, dass diese Wünsche wahr werden können, obwohl keiner dieses Versprechen halten kann. Jetzt könnte man einwenden und behaupten, diese Idealisierung eines Wunschpartners, all die Hirngespinste, die gab es wohl zu allen Zeiten in den Köpfen liebeshungriger Menschen. Das mag sein. Aber es spricht viel dafür, dass sie erst auf dem entfesselten Liebesmarkt im digitalen Zeitalter richtig Nahrung bekommen. Außerdem, die immense Vorratsmasse an Kandidatinnen, die es auf dem Markt gibt, führt nicht nur dazu, dass wir uns täuschen lassen und nun meinen, das Ideal eines Wunschpartners sei keineswegs nur ein Ideal, sondern tatsächlich vorfindlich, vorausgesetzt, man sucht lange genug. Nein, sie hat eine weitere Folge: Sie verleitet uns zu einem unaufhörlichen Vergleich. Wir überprüfen permanent, ob es nicht noch eine komplettere Superfrau gibt – und werden mit denselben Augen begutachtet. Jede, und sei sie noch so attraktiv, könnte nur die Zweitbeste sein. Was tun wir? Anstatt uns mit der Realität anzufreunden und in ihr all das Schöne ausfindig zu machen, was sie bereithält, kehren wir lieber in unser »Fantasialand« zurück und sprechen schon bei der leisesten Irritation, die uns die Realität beschert, diesen einen ominösen Satz aus, der das ganze System befeuert und der da heißt: »Da kommt ganz sicher noch was Besseres.«

Es ist nicht nur eine Folge der Kapitalisierung der romantischen Liebe, dass wir nur noch nach der Traumfrau Ausschau halten, weil wir eine Fantasie als real existent erachten. Eine ihrer anderen, nicht minder gravierenden Folgen ist auch, dass sich ganz normale Frauen, die auf den Partnerschaftsmarkt gehen, diesen Blick zu eigen machen. Sie empfinden sich selbst schon bald als irgendwie mangelhaft und meinen, all das erwähnen zu müssen, was bei ihnen zu einer wahren Göttin fehlt.

Damit wir uns recht verstehen: Wenn sie dick ist und nicht schlank, wenn sie einen Hexenbuckel oder einen Klumpfuß hat oder eine Gesichtswarze, die so groß ist wie eine pflückfrische Amarenakirsche, dann ist das, wie ich finde, unter Elitepartnern absolut meldepflichtig. Als Mann hat man das Recht, solche Besonderheiten zu erfahren, so bedauerlich sie auch für die Betreffende sein mögen. Das gilt im umgekehrten Fall genauso. Wenn ein männlicher Elitepartner einen imposanten Medizinball unter dem V-Ausschnitt seines Lieblingspullunders trägt, aber im Profil »athletisch trainiert« angibt, dann geht das nicht, da werden mir meine Leserinnen sicherlich beipflichten.

Was ich jedoch verblüffend finde und woran ich mich bis heute nicht gewöhnen kann, ist die Tatsache, dass viele Frauen auf dem Online-Partnerschaftsmarkt von sich aus ganz und gar freiwillig »Mängel« einräumen, die gar nicht beanstandenswert sind. Scheinbar sind nicht nur die fremden Erwartungen gestiegen, sondern auch die, die man an sich selber stellt. In einem Ausmaß, das man gar nicht für möglich gehalten hätte. Der Perfektionismus regiert das System in beide Richtungen. Es gibt nicht nur Männer, die auf Frauen den prüfenden Autoinspektionsblick werfen, sondern genügend Frauen, die das völlig in Ordnung finden und diese Sichtweise auf den eigenen Körper längst bereitwillig übernommen haben. So habe ich mit Erschrecken feststellen müssen, dass es viele aufrichtige Frauen gibt, die sich im Erstgespräch »der Fairness halber«, aber tatsächlich vollkommen überflüssigerweise zu Eigenwert mindernden Eingeständnissen veranlasst sehen und von sich aus ohne Zwang eigene Mängel, Beschädigungen oder Beeinträchtigungen ansprechen, ich vermute, um sich später von mir nicht den Vorwurf anhören zu müssen, sie seien so etwas wie eine Mogelpackung. Ich hatte es tatsächlich mehrfach mit Elitepartnerinnen zu tun, die mir schon im absoluten Frühstadium des Erstkontakts frank und frei Aufenthalte in psychiatrischen Landeskrankenhäusern einräumten, Burn-out-Erkrankungen, überstandene Infektionskrankheiten. Eine erzählte mir beim Kaffee von einer überstandenen schweren Krebserkrankung – was sie selbst als einen »Haken« bezeichnete, den es da eben an der Sache mit ihr geben würde und den sie gleich ohne »Wenn und Aber« ansprechen wolle, damit es nachher nicht heißen würde, sie hätte mir diese Auskunft vorenthalten. Mir hat das die Tränen in die Augen getrieben. Wo sind wir eigentlich? Unglaublich. Menschen geben freiweg zu, selbst Mängelexcmplaie zu sein, sie weisen auf ein limitiertes Haltbarkeitsdatum hin, das bei Krebspatienten »Prognose« heißt, und erklären sich zu ihrem »Marktwert« in einer völlig offenen Geste, die aber, so vermute ich stark, am Ende der Ideenwelt des fairen Gebarens in der Geschäftswelt entlehnt ist, im Grunde einer kaufmännischen Ethik, die ehrlich und gewissenhaft sein will und dem Kunden Mängel oder Defekte an der Ware einräumt, damit der nicht die berühmte Katze im Sack kauft.

Das Hauptproblem bei *ElitePartner* ist, dass sich permanent zwei Botschaften in die Quere kommen. Eine, die Werbebotschaft, die uns zur Suche nach dem Ideal ermutigt, eine andere aus dieser Welt, die uns ermahnt, der Realität eine Chance zu geben. Die eine lautet: Die sexy Yogalehrerin von der Plakatwand oder wahlweise Sheryl Crow, die perfekte Frau, sie ist möglich für dich, und du solltest alles in Bewegung setzen, um sie zu finden. Die andere holt uns auf den harten Boden der Realität zurück und fordert uns auf, diese Ideen mit Helga oder Simone, mit Beate oder Margit in Einklang zu bringen. Entweder indem man diese im Geist zu Sheryl Crow umbaut und in dieser Illusion ein Zusammenleben anstrebt, oder wahlweise, indem man auf Sheryl Crow verzichten lernt und sich mit Helga oder Simone, Beate oder Margit zufriedengibt. Aber egal, wie man sich entscheidet, das Ideal der Traumfrau, wie es von der Partnerschaftsindustrie unermüdlich verbreitet wird und in unseren Köpfen herumgeistert, es ist heute so resistent geworden wie manche Krankenhauskeime. Es überlebt im Klima einer scheinbar unendlichen Verfügbarkeit von Wunschpartnern und wird von ihr ständig am Leben gehalten. Die angestaubte Volksweisheit »Drum prüfe, wer sich ewig bindet, ob sich nicht etwas Besseres findet«, sie hat sich vom gern gehörten harmlosen Stammtischwitzchen zu einer der härtesten Maximen innerhalb der Kapitalisierung der romantischen Liebe entwickelt. Und so verhalten wir uns. Ob sich nicht etwas Besseres findet, lautet das Motto. Und das macht viele, die hier unterwegs sind, zu rastlosen Suchern. Wandern von einer zur andern.

Heiratsmarkt früher und heute

Früher war das nicht so. Auf dem Heiratsmarkt gab es zwar genauso die organisierte Möglichkeit für getrennte, geschiedene oder verwitwete Menschen, wieder an einen Partner zu kommen. Aber was die Ansprüche und Erwartungen angeht, war man da noch deutlich geerdeter: Mein Vater hat mir erzählt, dass sich auch schon meine Großeltern durch eine Partnervermittlung kennengelernt haben. Das war 1939. Die erste Frau meines Großvaters war samt dem Kind, das sie erwartete, bei der Geburt gestorben, und so gab mein Opa im Alter von 35 Jahren eine »Bekanntschaftsanzeige« im *Katholischen Sonntagsblatt* auf. (Wie der genaue Text lautete, weiß ich nicht. Vermutlich stand da etwas wie: »Junger Witwer sucht tüchtige Hausfrau zwecks neuerlicher Ehegründung.«) Kurz darauf soll es zum Erst-Date gekommen sein. Man traf sich im Stuttgarter Hauptbahnhof, Gleis 4. Man erkannte sich an einem in die Höhe gereckten *Katholischen Sonntagsblatt*. Man nahm einen Kaffee in Bahnhofsnähe. Zwei Wochen später noch einen. Und dann wurde die neue Ehe beschlossen. Ohne viel Federlesens. Sie hieß Hedwig, er hieß Ludwig. Das passte doch. Ob es »gefunkt« hat zwischen den beiden, ist nicht überliefert, aber ähnlich unwahrscheinlich wie der Umstand, dass einer den anderen beim ersten Aufeinandertreffen »geflasht« habe, wie man heute sagt. Ich denke auch nicht, dass je einer von beiden dem anderen glückerfüllt zugeflüstert hat, sie oder er sei jetzt, wo auch immer, »angekommen«. Ich glaube, das war nicht so relevant. Auch nicht überliefert ist, ob er ihr jemals einen Milchkaffee ans Bett gebracht hat. Vielleicht eher einen frisch abgefüllten Putzeimer samt eingeweichtem Feudel. Tatsache ist, die beiden führten danach eine weitgehend unterirdische Ehe oder das, was sie darunter verstanden, und lebten in tiefster Zwietracht bis an ihr Ende.

Bevor mein Opa, der von Beruf Fahrrad- und Nähmaschinenmechaniker war, meine Oma ehelichen durfte, musste er sich selbstverständlich meinem Uropa, dem Vater meiner Oma, vorstellen. Das Paar reiste deswegen von Stuttgart nach Rottweil in das Haus, aus dem meine Oma stammte. Mein Opa soll der Familienlegende nach von seinem künftigen Schwiegervater schon im Treppenhaus mit den Worten grußlos empfangen worden sein: »Mir brauchet koine Nähmaschinen!« Über weitere atmosphärische Highlights dieses Antrittsbesuchs ist nichts bekannt. Sie merken schon, liebe Leserinnen und Leser, oder wissen es aus der eigene Familiengeschichte, früher hat man Partnerschaft sachlicher gesehen. Das Stichwort »Vernunftehe« hatte noch den holzig-handwerklichen Beigeschmack, den wir überzüchteten Turboromantiker noch nicht einmal mehr im hintersten Geschmacksgedächtnis führen. Es war nicht anders üblich.

Auch ich bin noch in einer Zeit groß geworden, in der die Entscheidung, ob eine die Richtige sei oder nicht, keineswegs allein vom tiefen Verbundenheitsgefühl derer entschieden wurde, die sich da in Liebe zugetan waren. Praktische, mehr oder wenige vernunftgeleitete Erwägungen spielten noch immer eine nicht unwichtige Rolle. Zumindest seitens der Eltern. Wenn also der spannende

Moment kam, die Freundin den Eltern zu Hause vorzustellen, dann wurde auch diese von Mutter und Vater genauestens inspiziert und später, als sie gegangen war, dem hochnervösen Sohn mitgeteilt, was man von dieser Person hielt. Ich kann mich in meiner Familie nicht an solche Tribunale erinnern, aber ein Freund aus meiner Jugendzeit erzählte mir einmal, was ihm seine Eltern nach dem erstmaligen Besuch der Freundin beim Abendbrot auf seine bange Frage hin, wie sie denn nun das Mädchen an seiner Seite fänden, geantwortet hätten. Der Vater habe geschwiegen, ihn mit ausdruckslosem Gesicht angeblickt und sich wieder stumm der Zeitung zugewandt. Die Mutter habe aufgeschaut und nach kurzer Überlegung gemeint: »Sie sieht das G'schäft.«

Damit war die Freundin akzeptiert. Das Kriterium für das Einverständnis war offenbar, dass das Mädchen nicht nur als fleißig eingestuft wurde, sondern mehr noch, man in ihr sogar das ungemein erfreuliche Talent zu erkennen glaubte, auch noch zu sehen, *wo* im Haushalt angepackt werden müsse, sie also die Arbeit (schwäbisch: das »G'schäft«) erkennen würde, da, wo sie zu tun sei. Für die Mutter war damit die entscheidende Voraussetzung für ein gedeihliches Auskommen miteinander gegeben, die Tauglichkeitsprüfung war bestanden, und so wurde das »Placet!« erteilt.

Halten wir fest. Den Unterschied zwischen einst und heute. Früher waren auf dem »zweiten Heiratsmarkt« weitaus weniger Frauen in Reichweite, und es reichte ein äußerst schmaler Kanon an Gemeinsamkeiten aus, um eine neue, zweite Ehe zu gründen: Arbeitstauglichkeit, Gesundheit, Vorstrafenfreiheit, ein charakterlicher Mindeststandard, intakter Leumund und ein halbwegs gutes

Haus, aus dem man kam. Heute ist das anders. Heute wollen Menschen in Partnerschaft funkensprühende Ekstasen erleben, Wochenenden lang zusammen kuscheln, »endlich angekommen sein«, zu zweit einen *perfect day* genießen, dazu wenigstens hin und wieder zusammen nackt im Sommerregen tanzen oder den Doppelsprung im Tandem beim Paragliding wagen. Die Ansprüche sind gestiegen. Aber damit eben auch die Fallhöhe für die anschließende Bruchlandung.

Tocquevilles Problem

Die große Frage ist: Sind wir überfordert durch das Überangebot an potenziellen Partnern auf dem Heiratssupermarkt im Turbokapitalismus? Weil wir nicht aufhören zu denken, es kommt noch eine Bessere, und wir dieses Phantom nicht verpassen wollen? Entsteht dadurch ein Auswahlstress, dem wir nicht gewachsen sind – oder ist es nicht eher so, dass den wirklichen Stress jene bedauernswerten Menschen hatten, die in vormodernen Zeiten lebten und nur mit einem denkbar schmalen Angebot nicht sonderlich attraktiver Partnerschaftsanwärter vorliebnehmen mussten, aus dem sie obendrein noch nicht einmal selbst ihren Heiratspartner auswählen durften, sondern dies der Vater, Patriarch oder Vormund übernahm, und zwar nicht etwa nach irgendwelchen Attraktivitätskriterien, sondern nach rein ökonomischem Kalkül?

Es leuchtet ein, unsere moderne Multioptionsgesellschaft mit dem kapitalistischen Marktdenken, dem nun auch die romantische Liebe unterliegt, sie weckt immense Erwartungen. Wie aber lassen sie sich erfüllen? Die demokratische Ideologie sagt, über Erfolg oder Misserfolg entscheiden persönlicher Ehrgeiz und der geleistete Einsatz. Man bildet sich also ein, man müsse nur unermüdlich und lang genug initiativ sein, dann stünde die Super-Elitepartnerin vor der Tür. Der französische Denker Alexis de Tocqueville hat sich in seinem Buch *Über die Demokratie in Amerika* schon vor über 150 Jahren mit dieser damals so neuen Gesellschaftsform und ihrer Ideologie kritisch auseinandergesetzt. Er fand aber keineswegs nur Freiheit, Gleichheit und Brüderlichkeit in der amerikanischen Massendemokratie vor, sondern erhebliche Mängel. In seinen Betrachtungen kam er zu dem Schluss, die Gleichheit aller, die hier herrsche, führe am Ende zu einer neuen Art der allgemeinen Verbitterung, zu Neid und zu einer »merkwürdigen Melancholie«. Jeder in der neuen Gleichheit meine, er sei zu Großem berufen. »Aber das ist eine irrige Ansicht, die durch die Erfahrungen täglich berichtigt wird.« Die immensen Möglichkeiten, die da einer hat, würden bald zu einem inneren Zwang, sie auch zu realisieren – aber am Ende steht das Frustrationserlebnis, dass sie sich nicht realisieren lassen.

Es stimmt wohl, die freie demokratische Gesellschaft unter Gleichen, sie macht nicht automatisch frei. Überträgt man Tocquevilles Denken auf den Heiratsmarkt des 21. Jahrhunderts, könnte man gleichermaßen feststellen, dass der Glaube an die unbegrenzten Möglichkeiten zwar zunächst eine große Zufriedenheit auslösen kann, doch die meisten dürften im Laufe der Zeit an dieser Freiheit verzweifeln. Sie gewinnen trotz aller Anstrengung nicht die Superpartnerin, die ihnen versprochen wurde, sondern wie Tocqueville schlussfolgert: »Die Bitterkeit erstickt ihre Seelen.« Es ist jedoch eine andere Frage, ob die Bitterkeit des modernen Menschen im Vergleich kleiner, gleich, größer oder nur anders geartet ist als jene desjenigen Menschen, der noch in den alten Zeiten der Ungleichheit leben musste. Was ist bitterer? Ein Leben, in dem man zwar gerne wollte und womöglich auch könnte, sein Ziel aber nicht erreicht, weil es zu hoch hängt, und man ewig weiterträumt, ohne den Traum zu realisieren? Oder hat der Untertan der alten Welt nicht mindestens genauso Grund zur Bitterkeit, weil er die Option erst gar nicht hat, an der er scheitern könnte? Eben weil man ihm alle Fantasien nach höherer partnerschaftlicher Erfüllung verbietet und er sich stattdessen nach alter Väter Sitte mit der Trulla vom Nachbarhof begnügen muss, mit der er von den Seinen zwangsverheiratet wird? Diese Fragen beantwortet Tocqueville leider nicht. Also beantworte ich sie: Es ist immer besser, Optionen zu haben, an denen man scheitern kann, als gar keine.

Es ist wahr, unbegrenzte Wahlmöglichkeiten zu haben verhindert schnell, dass wir uns mit der Realität versöhnen, und man denkt tatsächlich, man müsse eben immer noch weiter und intensiver suchen, bis man die eine gefunden hat. Je mehr topattraktive Frauen uns vor die Nase gehalten werden, umso höher die Verblendung, die Verwirrung und am Ende die Frustration, würde Tocqueville sagen. Aber obwohl ich Tocquevilles Problemanalyse teile, teile ich nicht seine Befürchtung. Warum sollten wir uns nicht selbst begrenzen können? Warum sollten wir nicht die Kompetenz haben, mit der Freiheit dieser Gesellschaft umzugehen? Auch auf den Online-Heiratsmärkten im Turbokapitalismus? Wenn wir die Risiken beherrschen, dann ist diese Form weitaus menschlicher als jene, die sie abgelöst hat.

Wenn man sich auf den Gedanken einlässt, der Online-Heiratsmarkt funktioniere nach kapitalistischen Gesetzmäßigkeiten, etwa weil der Mensch zur Ware würde, zum bloßen Objekt, dann kann man das mit gutem Grund tun. Manches spricht dafür, dass sich hier Menschen andere zu Objekten machen, die sie nur »besitzen« wollen, und die Romantik dabei flöten geht. Aber wenn man so denkt, vergisst man schnell ein ganz entscheidendes Element, das den potenziellen Liebespartner als »Ware« von einem Smartphone oder einem Flachbildschirm unterscheidet. Ich will hier ja kein x-beliebiges kaltes Liebesobjekt, sondern eines, das zugleich mich »will«. Ich möchte ja nicht nur eine Partnerin an Land ziehen, die mir zu Willen ist, sondern eine, die mir ja auch noch wärmste Gefühle entgegenbringen, ja, mich lieben soll! Ich suche also jemanden, der den Wunsch nach mir in sich trägt – oder ihn wenigstens kurz nach dem Kennenlernen in sich entdeckt. Das ist hier der große Unterschied zur »kalten« Ware. Von einem Smartphone oder einem Flachbildschirm erwarte ich keine Gefühle, sondern dass sie einwandfrei funktionieren. Tun sie es nicht, gebe ich sie zurück. Wenn ich dagegen eine Frau auf dem Heiratsmarkt finde, mit der das mit der Liebe nicht so recht funktioniert, dann gebe ich sie nicht unbedingt zurück, sondern Menschen tun dann etwas, was bei kalten Konsumobjekten nicht ohne Weiteres möglich ist. Sie projizieren die Idee einer funktionierenden Liebe in einen anderen Menschen, auch dann noch, wenn der für sie selbst etwa so viel Liebesgefühl aufbringt wie ein Smartphone oder ein Flachbildschirm.

Projektion oder Einbildung. Lassen Sie mich erklären, liebe Leserinnen und Leser, warum dieser Komplex gerade bei Online-Portalen wie *ElitePartner* ein noch viel größeres Problem sein kann, als er es im normalen Liebesleben eh schon ist. Bei *ElitePartner* steht der Vorsatz ganz am Anfang. Und der Wille. Und das Versprechen, dass er sich erfüllt. Wenn ich sie dann zusammengebastelt habe, sie vor mir steht und ich ganz sicher bin, nun meine absolute Traumfrau gefunden zu haben, dann *muss* sie es auch sein. Dass sie mich nicht will, diese Möglichkeit gibt es nicht, schließlich ist sie hier »verfügbar«. Was aber, wenn sie mich doch nicht liebt oder ich mir darüber zumindest nicht sicher bin? Dann kann ich mir immer noch einbilden, sie liebt mich auch. Und dann »erfülle« ich ihren Wunsch nach dieser Liebe. Obwohl es meiner ist. Man nennt es Projektion. Nach erfolgreich durchgeführter Projektion suche ich nach Bestätigungen, dass meine Projektion gar keine ist, sondern sie mich wirklich liebt. Ich suche nach Zeichen, die sie mir sendet, die mir dann bestätigen sollen, dass es eben keine Projektion ist. Es kommen von ihr zwar kaum solche Zeichen, aber ganz egal, ich nehme mit dem Wenigen vorlieb, das sie mir gibt, und werte selbst diese dürftigen Signale als echte Liebesbeweise.

Sigmund Freud sagt, Projektion ist »das Verfolgen eigener Wünsche im anderen«. Projektives Verhalten bezeichnet demnach das Hineininterpretieren eigener Wünsche und Bedürfnisse in ein anderes Wesen. Der Umbau des anderen zu dem, wie ich ihn will. Das kann man etwa bei Hundehaltern gut studieren. Wenn Herrchen friert, bekommt der Hund ein Pullöverchen übergezogen. Wenn Frauchen Zärtlichkeit möchte, wird mit dem Hund gekuschelt, weil der angeblich so verschmust ist. Der Psychomechanismus ist immer derselbe: Der Halter ist bedürftig, projiziert die Bedürftigkeit aber auf den Hund, und indem er die angebliche Bedürftigkeit des Tiers stillt, stillt er das eigene Bedürfnis. Projektion ist eine psychische Technik, wie man sein Ideal auch gegen die Realität verteidigt. Aber so effektiv sie ist, so unheilvoll ist sie am Ende. Denn tatsächlich wird man vollkommen blind dafür, wer diese Person, dieses Wesen, diese Frau in Wahrheit ist, die ich da mit meinen Projektionsfantasien überziehe wie mit einem blickdichten Umhang.

 Das Bovary-Dilemma

Die Projektion von Gefühlen und was diese anrichten kann, beides spielt eine zentrale Rolle in einem meiner absoluten Lieblingsromane: Gustave Flauberts *Madame Bovary* aus dem Jahr 1856. Die Geschichte der Emma Bovary, die ihren Mann Charles und das fade Leben, das sie mit ihm teilt, verlässt, um die wahre, romantische Liebe zu suchen, sie aber trotz zweier groß angelegter Affären nicht findet und am Ende an ihren eigenen Fantasien zerbricht. Als ich dieses Buch mit Mitte zwanzig zum ersten Mal gelesen habe, war ich sofort ein großer Fan von Emma Bovary. Sie galt mir als Heldin, die aus dem Gefängnis einer frauenfeindlichen Welt des 19. Jahrhunderts ausbrach, mit der ich mich – als einfühlsamer Mann, der ich ja durch und durch bin – identifizieren konnte und mit der ich mitfieberte. Ich habe anfangs tatsächlich nicht gesehen, dass sie auch eine ganz und gar fragwürdige Type ist. Erst viele Jahre später beim Wiederlesen dieses Romans habe ich erst die Ambivalenz erkannt, die Flaubert, so kunstvoll und so ganz ohne dabei Partei für irgendeinen seiner Protagonisten zu ergreifen, in dieser Figur angelegt hat. Emma Bovary ist nicht nur eine Revolutionärin gegen die Prüderie der französischen Gesellschaft des 19. Jahrhunderts, eine, die den Mut hat, ihrem Gefühl zu folgen, sich nicht länger der bürgerlichen Konvention zu beugen, und dabei maximale Risiken eingeht. Sie ist eben auch eine ziemlich verantwortungslose egoistische Spinnerin, eine, die die große Liebe sucht, aber am Ende nur ihren schwärmerischen Fantasien auf den Leim geht. Sie vereinigt in sich Anteile, die man missbilligen, und andere, die man befürworten und nachvollziehen kann. Trotzdem bin ich ein Fan von Emma geblieben. Einfach weil sie mehr will, als vor sich hinzuvegetieren. Sie will leben. Richtig leben. Sie will vor allem ein erfülltes Leben. So wie ich auch. Zumindest Emmas Hauptmotive sind gut und richtig. Sie hat sich gegen die Vernunft des häuslichen Unglücks und für die Freiheit entschieden, auch wenn dort immer wieder gefährliche Gewitterstürme brausen. Das war mir sympathisch und ist es mir noch immer. Nach der erneuten Lektüre dieses Buchs habe ich mich angesichts ihres Scheiterns gefragt, was wäre eigentlich für die gute Emma Bovary das Beste gewesen? Wäre es für sie besser gewesen, an der Seite des guten, aufrichtigen, aber drögen Tölpels Charles, ihrem Ehemann, alt zu werden? Sich abgefunden, sich arrangiert habend mit der Tristesse einer trüben Existenz? Oder war es doch allemal besser, an zwei windigen Schönlingen zu scheitern, die im Grunde nur Gestalten ihrer eigenen Fantasie waren? Keines von beiden. Richtig war die Idee, ihrem Herzen zu folgen, falsch war, sich so zu verrennen, anstatt einfach einmal fünf Minuten das Gehirn einzuschalten und sich einer Gabe zu bedienen, über die jeder halbwegs gesunde Mensch wenigstens ansatzweise verfügt: Selbstreflexion.

In Emma Bovarys Beziehung zu ihrem Ehemann Charles wie überhaupt in jeder Liebesbeziehung gibt es wohl immer eine entscheidende Frage: Was überwiegt? Das, was man an Glück hat, oder das, was dazu fehlt? Diese Frage hat sich wohl auch Emma gestellt. Wenn das, was man hat, größer ist als das, was fehlt, sollte man bei diesem Mann bleiben. Wenn aber das, was einem fehlt, viel mehr ist als das, was man hat, dann sollte man ihn besser verlassen. Entweder bin ich vernünftig, mache Abstriche, bleibe, salopp gesagt, auf dem Teppich, ja, bin sogar froh an dem, was ich habe, oder ich sehe die Gegenwart als etwas ganz und gar Unergiebiges und mich nicht Zufriedenstellendes und breche aus.

Nun kann es sein, dass ich zum Schluss komme, dass mir das, was ich habe, zu wenig ist. Was kann ich tun? Ich kann an Emmas Stelle warten, bis ich wirklich auf einen Mann treffe, mit dem sich meine Träume verwirklichen lassen. Egal, ob ich zuvor meinen Mann verlasse, einen »sauberen Strich« ziehe – oder praktischerweise so lange bei ihm bleibe, bis sich die Gelegenheit bietet. Oder aber ich begegne einem weitaus durchschnittlicheren Mann, vielleicht einem, der ganz gut aussieht, ein bisschen Geld hat und eigentlich auch nicht mein Traumprinz ist, steigere mich aber so lange in das Gefühl hinein, er könne es doch sein, bis ich glaube, er sei es wirklich, ja, er müsse es sein, auf den ich gewartet habe, obwohl er es gar nicht ist. Das ist Emma Bovarys Dilemma. Ein Dilemma, in dem viele stecken. Wen lieben wir, wenn wir lieben? Das fragt Tschechow in seiner Novelle *Die Dame mit dem Hündchen*.

Den Menschen selbst? Oder lieben wir »in ihm nicht ihn selbst«, sondern nur den Menschen, den unsere Fantasie geschaffen hat und den wir in unserem Leben gierig gesucht haben?

Die Unterscheidung zu treffen ist nicht einfach. Ich kenne das aus eigener Erfahrung: Selbst wenn man denkt, man sei vom Amors Liebespfeil getroffen, kann der Eindruck täuschen. Bin ich verliebt? In diese Frau? Oder nur verliebt in das Gefühl, endlich wieder verliebt zu sein, von einer Verliebtheit berauscht, die ich mir nur einbilde? Wir alle sind da sehr bestechlich. So wenig wie Menschen die Witze, die auf einer Karnevalssitzung von der Bütt herunter ins Publikum geleiert werden, wirklich toll finden, sondern sehr oft vielmehr das Gefühl, einmal wieder richtig lustig sein zu können, ganz egal, was der Fastnachtsredner da oben an Schlechtgereimtem von sich gibt, so ist es oft mit dem Verliebtsein im Leben. Es gibt unter denen, die von sich behaupten, verliebt zu sein, sehr viele, die genau genommen nicht in einen Menschen verliebt sind, sondern in das Gefühl, verliebt zu sein, das aber miteinander verwechseln und daher denken, Karl-Otto sei ihr Traumprinz oder Hannelore ihre Traumprinzessin. Man will eben Erfolg. Unbedingt. Also steigert man sich in ein Wunschgefühl hinein, das gar nicht von einem anderen Menschen ausgelöst wird, sondern wie eine Pflanze ist, die man in sich selbst gezüchtet hat und bald richtig ins Kraut schießt.

Emma Bovarys Wahnwelt einer großen leidenschaftlichen Liebe ist selbst geschaffen, und doch entsteht sie durch Bilder, die sie einst konsumiert hat, genauer: durch die Trivialromane und kitschige Liebesschnulzen, die sie schon als Internatsschülerin verschlungen hat. Heute entsteht die Wahnidee von der Elitepartnerschaft ebenfalls durch Bilder. Das Plakat mit der attraktiven Yogalehrerin, die mich vom hölzernen Bootssteg aus verführerisch anlächelt, ist keine reale Möglichkeit, sondern eine Sehnsuchtsfantasie aller emotionalen Zweitverwerter, die das Leben dazu verurteilt hat, nochmals ins Rennen um die Liebe zu gehen. Die Projektionen, die wir in uns züchten, sie werden immer durch Bilder getriggert. Aber diese Bilder gibt es nicht erst, seit wir in der modernen Konsumwelt unter dem Diktat von Gleichheit und Kapitalismus leben. Sie gab es schon in Emma Bovarys Welt, und sie wird es immer geben. Und so wird es auch das Problem, das daraus resultiert, immer geben, das Problem, nicht zu wissen, ob das, was man fühlt, das Resultat einer eigenen Konstruktion ist, die man dem anderen überstülpt, oder tatsächlich von der anderen Person, der man da begegnet, ausgelöst wird. Projektionen in der Liebe – sie sind immer ein Problem. Bei *ElitePartner* allerdings ein noch viel größeres als im normalen Leben. Manche Menschen brauchen fünfzig Jahre, um zu wissen, ob sie lieben oder geliebt werden. Warum soll es bei *ElitePartner* in fünf Minuten gehen?

Die fast unmögliche Vermessung der Gefühle bei *ElitePartner*

Wählen wir aus freien Stücken unsere Lebenspartner? Sie werden sicher sagen: Na klar! Ich würde sagen, liebe Leserinnen und Leser, nicht unbedingt. Wenn Sie Ihren Partner auf konventionelle Art gefunden haben, also nicht auf dem Online-Heiratsmarkt, und ihn längere Zeit, bevor sie handelseinig wurden, umrundet und beschnuppert haben, dann, und nur dann, haben Sie wahrscheinlich eine relativ freie Willensentscheidung getroffen. Was aber, wenn Sie ihn aus einem gigantischen Pool potenzieller Partner ausgewählt haben? Wie dies etwa Rockstars tun, bei denen Hunderte von Groupies vor der Garderobentür lauern, oder eben wir, die wir zu *ElitePartner* gehen und vom Partnerangebot erschlagen sind? Dann wird es schwierig. Ich will Ihnen noch einen weiteren Grund nennen, warum das so ist. Je größer die Auswahl ist, die ich habe, umso mehr lasse ich mich nicht nur von Auswahlkriterien leiten, die meine sind, sondern die unserer Gesellschaft.

Ist Ihnen schon einmal aufgefallen, dass Menschen, wenn sie berühmt werden, oft den Ehepartner auswechseln, damit er oder sie zum neuen Leben passt? Dies lässt sich trefflich studieren, wenn es etwa um das merkwürdige Brautwahlverhalten paarungsbereiter Fußballprofis geht. Am Anfang seiner Karriere genügt es für einen durchschnittlichen Bundesligaprofi allemal, eine attraktive Jungfriseurin oder eine hübsche Verkäuferin aus einer Boutique für Bademoden mit sich zu führen. Sobald er aber auf der Erfolgsleiter nach oben steigt, sich sein Jahresgehalt vervielfacht, er mehr und mehr in das Interesse der Medien rückt, ist regelmäßig zu beobachten, dass er sich dann von Chiara, Laura oder Lilli trennt. Der Zeitpunkt scheint dann unabwendbar gekommen zu sein, sich nun zu Eskortierungszwecken ein Topmodel, eine Film- oder Fernsehschauspielerin oder ein Playmate zuzulegen, Frauen, die bisher vielleicht als Sängerin oder Tänzerin in In-Diskotheken gearbeitet haben oder in nicht näher zu spezifizierenden Jobs in Szene-Bars oder auf Edeljachten – und die in frappierender Weise alle irgendwie gleich aussehen. Was sagt uns das? Ich finde, es zeigt, dass Menschen nicht unbedingt freier werden in der Wahl ihrer Liebespartner, je größer die Auswahl ist. Sie wählen nicht, sondern sie bedienen sich eines bestimmten Typs, dessen Vorauswahl die Gesellschaft für sie vorgenommen hat. Es gibt da offensichtlich einen speziellen Frauentyp, der sich für den Spitzenprofi anbietet, und der wird reflexhaft eingetütet. Und für den männlichen Elitepartner in meinem Alter ist es eben die Yogalehrerin auf dem Bootssteg. Mich bringt das wiederum zu der Ausgangsfrage: Wie autonom sind wir in unseren emotionalen Entscheidungen? Vor allem auf solchen Marktplätzen wie *Elite-Partner*, *Parship* und anderen?

Unsere Autonomie in emotionalen Entscheidungen, sie ist strukturell bedingt nahezu immer eingeschränkt, auch noch seit wir in einer freiheitlichen bürgerlichen Gesellschaft leben. Das sollen diese Zeilen zeigen. Manchmal ist sie aber noch viel eingeschränkter, wenn gerade uns Elitepartnern im fortgeschrittenen Alter innere Hindernisse wie jene hohe Bedürftigkeit bei gleichzeitig vorherrschender Überidealisierung eines möglichen Partners das Leben so schwer machen.

Was wir den anderen wirklich bedeuten, wissen wir nicht. Manchmal wissen wir aber nicht einmal, was sie uns wirklich bedeuten. Bei Elitepartner wird das zur Stolperfalle: Hier ist es noch viel unwahrscheinlicher als im normalen Leben, Gewissheit darüber zu erlangen, ob man wirklich jemanden liebt und wirklich geliebt wird. Gerade weil bei Elitepartner alles maximal »nah« und »intensiv« beginnt, ist hier die Verwechslungsgefahr der realen und der fiktionalen Gefühle besonders groß. In den intensiven Phasen der frühen Nähe, die durch die vorsätzliche Partnersuche ausgelöst wird, können wir gar nicht recht wissen, was es an Gefühl ist, was da waltet. Wir haben gar nicht die Zeit, es herauszufinden – und können nur vermuten. Deshalb ist es immer ein gewisses Vabanquespiel, auch wenn sich in diesen Beziehungen das, was uns da zu verbinden scheint, so schnell so »nah« und »stark« anfühlt. Weil alles so schnell eng und vertraut ist, denken viele, sie würden auch »lieben«. Und glauben es mit scheinbar gutem Grund, denn diese engen und intensiven Formen von Vertrautheit kannte man bisher nur aus den Liebesbeziehungen, die man in seinem früheren Leben gehabt hat. Also muss es doch jetzt auch wahre Liebe sein! In Wahrheit aber vernebelt die große Nähe, die hier zwei so schnell eingehen, das, was sie wirklich verbindet. Sie verhindert klare Sicht auf die wirklich waltenden Gefühle, nämlich wie viel oder wie wenig man selbst dem jeweils anderen bedeutet. Die vorsätzlich eingegangene Nähe, die so typisch ist für die Online-Partnervermittlung, sie ist wie in Tuch, das alles zudeckt. Sie fühlt sich an wie Liebe, ist es aber nicht unbedingt.

Fiktionale Liebe?

Die Frage ist nicht, ob der Kapitalismus die romantische Liebe erreicht hat. Das hat er. Die Frage ist, ob daraus ein unlösbares Problem entsteht. Es stimmt schon, dass die immense Auswahl, das absurde Überangebot an potenziellen Partnerinnen einen wählerischer macht, und wahrscheinlich stimmt es ja auch, dass früher die Knappheit an verfügbaren Frauen ihre männlichen Anwärter schneller zugreifen ließ. Es ist genauso richtig, dass der freie Markt mit gigantischem Angebot in uns Bedürfnisse und Wünsche weckt, die wir sonst vielleicht nicht oder nicht in der Form zuließen, dazu die Erwartung, dass die Wünsche erfüllbar sind, ja, mehr noch, dass uns der Kapitalismus über seine Ideologie und über die Werbewirtschaft etwas verspricht, das er aber gar nicht halten kann, wir es aber für bare Münze nehmen: nämlich, dass Glück zu erwerben ist. Aber ist das wirklich ein Problem?

Die eigentliche Frage ist doch, ob der Einzug des kapitalistischen Denkens in die Welt der romantischen Gefühle diese selbst verändert hat, ob wahre Gefühle vom Kapitalismus zu manipulierten »unechten« Gefühlen umgebaut werden, ohne dass wir es merken und auch nicht mehr sehen, dass wir am Ende in Wahrheit mit dem Topmodel von *ElitePartner* oder *Parship* unglücklicher sind als mit Helga und Simone, Beate oder Margit, die die bessere Option gewesen wären, wir sie aber haben ziehen lassen. Sicher ist, dass wir lange Zeit Gefühle simulieren, um auszuprobieren, ob sich die Erwartungserfüllung einstellt. Aber nur weil der Kapitalismus unser Liebesleben erreicht hat, sind wir ja nicht plötzlich zwangsweise blind geworden gegenüber unseren Projektionen. Man sagt, das Leben wird vorwärts gelebt und rückwärts verstanden. Und doch kann man immer auch schon im Blick nach vorn verstehen, was man gerade tut, etwa dann, wenn man sehenden Auges in sein eigenes Unheil rennt. Die Umnachtung, so sie uns denn zusetzt, sie kommt ja nicht von außen, sondern sie ist selbst gemacht. Auch wenn ich von Sheryl Crow bis ans Ende meiner Tage so geblendet wäre, würde ich dennoch Wege finden, das schöne Wesen von Helga oder Simone zu erkennen, wenn sie mir denn gegenüberträten, oder nicht? Und würde mir Sheryl Crow eines Tages tatsächlich einmal leibhaftig begegnen, dann wüsste ich ja doch irgendwie ganz genau, dass sie im wirklichen Leben ein vollkommen anderer Mensch ist, als ich mir das immer vorgestellt habe – und es ist sogar gut möglich, dass sie mich so wenig bezirzen würde wie Beate oder Margit. Projektionen sind Fallen, die uns unsere Fantasie stellt. Im Zeitalter von Online-Dating öfter denn je. Ob man aber in sie hineingerät oder ihnen elegant ausweicht, darauf hat man doch größeren Einfluss, als man denkt. Man kann sie erkennen, auch wenn es schwieriger geworden ist, sie in dem ganzen Techtelmechtel-Tohuwabohu auszumachen.

Im Werk von Eva Illouz *Warum Liebe weh tut*, das jeder intellektuelle Elitepartner gelesen hat, ist der Frageansatz, den die Autorin verfolgt, weitaus interessanter als die Erträge, die sie zutage fördert. Dass der Kapitalismus unser Gefühlsleben verändere, etwas mit unseren Gefühlen anstelle, dass sie standardisiert seien, dass unsere Konsumgesellschaft sie forme – das ist eine steile These. Aber hält sie einer Überprüfung stand? Ich denke nicht. Nur weil das Internet ganz unstrittig zu Formen der Partnerauswahl geführt hat, die mit der ökonomischen Sphäre verwandt sind, heißt das nicht, dass auch unser Emotionsleben »ökonomisiert« würde. Die Verfälschungen und Trugbilder, denen wir aufsitzen, sie gibt es. Aber sie haben nichts mit Kapitalismus zu tun, sondern mit unseren inneren psychologischen Reaktionsweisen, die unser Beziehungsverhalten steuern. Anders ausgedrückt, Formen unechter Liebe, den »Selbstbetrug«, emotionale Kurzschlüsse, sie gab es immer schon, resultierend aus dem Problem, nicht zu wissen, ob tatsächlich *ich* liebe oder ob vielmehr in mir ein *es* liebt, das von außen eingepflanzt ist. Der Kapitalismus und die Konsumorientierung, die er stimuliert, bestimmen mit Sicherheit die inneren Bilder, Inszenierungsräume und Kulissen, vor denen sich die romantische Liebe heute abspielt. Die Herzen kann er aber nicht erreichen. Das ist zu viel der Ideologie, hier bleibt Eva Illouz auch jeden Beweis schuldig, wie das gehen soll. Die Kapitalisierung der Romantik bringt uns kräftig durcheinander, sie ist sicherlich eine Hypothek, aber am Ende keine Gefahr, der nicht zu entkommen wäre. Bei allen Blendungen und Täuschungen, nicht jeder Elitepartner ist Emma Bovary. Sie ist eine Romanfigur. Wir sind unseren Traumbildern lange nicht so hilflos ausgeliefert, wie dies der Roman nahelegt – und manche Ausführungen von Eva Illouz. Der normale Elitepartner auch in der turbokapitalistischen Konsumgesellschaft des 21. Jahrhunderts weiß nicht nur, sondern er spürt es irgendwann, wenn die Chemie nicht stimmt. Selbst wenn sein Bauchgefühl beizeiten bestechlich ist, am Ende fühlt er doch, ob er wirklich liebt oder nicht und ob seine Liebe erwidert wird oder ob nicht. Es dauert nur wesentlich länger, bis er diese Gewissheit erlangt. Das ist das Manko bei *ElitePartner*. Was man hier, viel mehr noch als im normalen Leben, braucht, um nicht in die Falle zu tappen, ist eine Wachheit sich selbst gegenüber, dazu eine praktische Kompetenz in emotionaler Intelligenz und letztendlich eine gewisse Könnerschaft in der Disziplin, die man Selbsterkenntnis nennt. Dann müsste es immer möglich sein, sich selbst rechtzeitig zu alarmieren, wenn wir einmal wieder auf dem rutschigen Holzweg unserer eigenen Fantasien sind und ihn irrtümlich für einen Bootssteg halten, an dessen Ende eine attraktive Yogalehrerin sitzt.

Tja, das mit der Partnersuche. Und der klaren Sicht. Das ist alles nicht so einfach. Gegen Ratlosigkeit hilft bei mir Joggen. Ich federe leicht die Straße entlang. Locker sieht das bei mir aus. Mein Laufen sei elegant, hat mir einmal jemand gesagt. Ich bin topfit, habe muskulöse Beine und neue Laufschuhe. Kein Wunder, dass ich mir heute ganz gut vorkomme, wenn ich aus der Haustür schieße und sogleich in einen gleichmäßigen Trab verfalle. Der Nieselregen macht mir nichts aus. Ich passiere türkische Gemüseläden, deren Inhaber Plastikfolien über ihre Ware im Freien ziehen, Männer ohne Arbeit und Lebenssinn auf ihrem täglichen Weg zum Kiosk kommen mir entgegen, bleiche rauchende Mütter ziehen an mir vorüber, mit bleichen Kindern in Secondhandkinderwagen, deren Gesichter in diesem glanzlosen Stadtviertel von einer eigenartig gelangweilten Hoffnungslosigkeit gefärbt sind und mich entsetzen.

Ich verschärfe das Tempo, als gelte es, einen Kontrapunkt zu setzen, als gelte es, die Menschen zu erreichen, die sich ihrem Schicksal gebeugt haben, anstatt sich dagegenzustemmen – und wenn nicht deswegen, so doch, um wenigstens selber unbeeindruckt zu bleiben. Ja, ich habe noch Ziele. In meinem Lauf beweise ich mir immer neu, dass ich noch nicht aufgeben habe. An der roten Fußgängerampel hüpfe ich so lange auf der Stelle, bis sie auf Grün springt, um die Pulsfrequenz zu halten, und erreiche die Uferpromenade.

Gerade in dieser Jahreszeit kann ich Boden gutmachen, denn gerade jetzt kommt es darauf an, in Form zu bleiben. Jetzt kann ich mich absetzen, jetzt kann ich einen Vorsprung herauslaufen, nicht nur gegenüber all den

Schönwetterläufern, die die eigene Fitness zu einer Sache erklären, die es erst ab dem Frühjahr wieder zu verbessern lohnt. Ich bin da anders. Ich arbeitete an einer Art Comeback – und will ich das schaffen, kann ich es mir nicht leisten, nur am warmen Ofen zu hocken. Mein Atmen ist schneller geworden. Ich ziehe die kalte, nasse Luft in meine Lungenkammern ein und stoße die verbrauchte mit Macht in die Atmosphäre hinaus. Ich nähere mich der großen Rheinbrücke und falle jetzt in meinen optimalen Rhythmus, in dem ich den Takt von Herzschlag und Atemfrequenz in ein gleichmäßiges Auf und Ab meiner beiden Gummisohlen übersetze. Ich blicke hinüber auf die graue Wasserfläche des Stroms, der ruhig und stark dahinfließt, und nehme ein großes Tankschiff wahr, das unter der Brücke unter mir hindurchgleitet. Ich hole eine attraktive Läuferin ein, die ich schon kenne, weil ich ihr hier öfter begegne. Ihr Pferdeschwanz hüpft mir vor der Nase herum. Ich kenne kaum ein erotischeres Signal als einen wippenden Zopf bei joggenden Frauen. Je höher er am Kopf sitzt, desto verführerischer baumelt er. »Sieht doch ganz locker aus!«, rufe ich ihr zu. »Bei dir auch!«, ruft sie und lächelt. Vielleicht sollte ich eher unter Joggerinnen auf Brautschau gehen und bei *ElitePartner* kündigen?

Ende vierzig – das ist ein hohes Alter, um auf Brautschau zu gehen, oder nicht? Beim Joggen ordne ich mein Leben. Da denke ich an meine Mitmenschen. Denke darüber nach, ob ich alles richtig gemacht habe. Joggen, sage ich immer zu meinem Sohn, ist kein Spaß. Joggen ist Arbeit. Nicht allein für den Körper, sondern für den Geist, der auf Touren kommt. Joggen ist kämpfen, Joggen ist sich herankämpfen ans Leben. Joggen ist klare Sicht bekommen. Auch auf meine wahren Gefühle.

Die schönsten Abenteuer sind nicht die,
nach denen wir suchen.

Robert Louis Stevenson

7. Kapitel

Echte Elitepartnerschaft

Claudia und ich

Claudia war meine erste Elitepartnerin, die mehr war als nur ein flüchtiges Hallo. Claudia war die erste, die mich daran glauben ließ: »Mensch, hier gibt es ja doch ganz und gar tolle Frauen!« Wir trafen uns an einem stürmischen Frühlingstag zum ersten Date vor dem Kölner Dom. Und saßen schon am ersten Abend zusammen im Jazzkonzert. Als wir uns begegneten, lachten wir uns erst einmal schlapp. Vielleicht weil uns beide die Absurdität dieses Meetings klar wurde, die algorithmische Zufälligkeit, aus der nun Konkretion wurde. Aber auch, glaube ich, weil wir uns einfach nur freuten. Da stand eine Frau, die lustig war, gut aussehend, intelligent, gebildet und ein bisschen zerstreut. Schnell stellte sich heraus: Ich konnte mich mit ihr über meine Lebensthemen unterhalten, über die Liebe und die Trauer, über Gefühle, über Psychologie, über meine literarischen und künstlerischen Themen, über meine Schriftstellerei. Sie hatte Gemütstiefe, Intellekt, und sie inspirierte mich. Was will man mehr?

Claudia war für mich der Beweis, dass am Ende einer Partnerschaftssuche, die per Mausklick online angefangen hatte, tatsächlich auch einmal ein ganz wunderbarer Mensch vor einem stehen konnte, der für mich eine große Bereicherung war. Und so trafen wir uns wieder. Und freuten uns immer noch. Ich hatte einen anderen Menschen gefunden, mit dem ich endlich einmal wieder ausgehen konnte, und zwar so, wie es mir gefällt, ins Theater, in die Oper oder ins Restaurant. Sie teilte meine Vorliebe für gehobenes Speisen in stilvollem Ambiente, war aber auch eine, die auch für bodenständigere Freizeitbeschäftigungen zu haben war wie Pilze sammeln oder spazieren gehen. Ich hatte einen neuen Menschen in meinem Leben gefunden, mit dem ich mich austauschen konnte, der mich verstand. Jeder von uns hatte den anderen auf eine sehr charmante Weise von seiner Einsamkeit erlöst.

Wir erzählten uns bald unsere Lebensgeschichten in aller Ausführlichkeit, die Elternhäuser wurden durchgehechelt, die Beziehungen, die hinter uns lagen. Wie man das eben bei *ElitePartner* so macht. Ich erzählte ihr von meinem Trauma, sie mir von ihrem Unglück. Wir tauschten uns aus über Musik, die uns gefiel, über Kunst, über Politik. Wir umrundeten in langen Gesprächen unsere Helden in der Weltliteratur, sie erzählte mir von ihren, ich ihr von meinen. Wir sprachen über Kleists *Prinz Friedrich von Homburg*, über Stefan Zweigs *Marie Antoinette*. Ich las ihr Gottfried Kellers *Kleider machen Leute* vor, sie mir Rilke-Gedichte und *Das Fräulein von Rodenschild* von Annette von Droste-Hülshoff. Wir hatten Spaß, und wir waren füreinander da. Ich hatte sie in mein Herz geschlossen, aber eigentlich wartete ich immer darauf, dass ich mich in sie verlieben würde. Aber ich verliebte mich nicht. Zumindest nicht so richtig oder nicht so, dass mir mein Gefühl ohne jeden Zweifel sagte, ja, sie ist es. Mich irritierte das anfangs nicht weiter, ich freute mich auch so. Über den Rest machte ich mir keine Gedanken. Aber mit der Zeit wurde mein Mangel an wirklich leidenschaftlichen Gefühlen für sie dann doch zum Problem. Denn sie spürte natürlich, dass noch ein ordentliches Stück zur vollkommenen Ekstase fehlte – und war enttäuscht. Ich spürte bald, dass es so nicht weitergehen konnte. Was sollte ich tun? Ich fühlte mich verpflichtet, für klare Verhältnisse zu sorgen, beendete unsere »Partnerschaft light« und erklärte ihr irgendwann in aller Offenheit, dass ich ihr nicht mehr anbieten könne als eine Freundschaft, was ich gerne wollte, weil ich sie wirklich sehr gerne mochte. Eine Freundschaft? Ich glaube, sie litt sehr unter dieser Offerte. Aber sie willigte irgendwann ein. Wenn auch irgendwie widerwillig.

Uns verband nun eine Freundschaft, aber eine äußerst krisenanfällige. Denn in diese Freundschaft mischte sich immer wieder Bitterkeit von ihr, ich war mir sicher, sie hatte diese Zurückweisung sehr verletzt. Und ich fühlte mich schuldig, hatte ein schlechtes Gewissen. Dafür versuchte ich ihr viel zu geben, was sie entschädigte und was ihr zeigen sollte, dass es sich auch für sie wenigstens ein bisschen gelohnt hätte, einen Schwerenöter wie mich kennengelernt zu haben. Ich machte ihr immer wieder größere und kleinere Geschenke. Ich kochte für sie, lud sie zum Essen ein. Ich bohrte Löcher in ihre Wände, wenn sie ein Regal aufhängen wollte, ich schloss ihre Deckenlampen an und half ihr beim Umzug. Ich wurde ihr Seelsorger und Berater in schwierigen Lebenslagen. Ich beriet sie in Fragen der schwierigen Beziehung zum Vater ihrer sechsjährigen Tochter, von dem sie seit der Geburt des Kindes getrennt war. Und ich wurde zu ihrem Coach. Claudia war Opernsängerin. Außer Dienst. Und es ist nicht einfach, als Opernsängerin nach einer mehrjährigen Babypause mit 44 Jahren noch einmal ein Engagement zu bekommen, auch wenn sie lange Jahre an großen Häusern gespielt hatte. Schnell ist man aussortiert. Also beriet ich sie in Fragen ihres Jobs. Aber es nutzte nichts. Irgendwie kam unser Boot ins Schlingern. Ich merkte, dass ich von dieser Freundschaft bald nicht mehr allzu viel profitierte, denn ihre Bereitschaft, auf meine Nöte einzugehen, so ich sie denn einmal offen aussprach, schwand von der Stunde an merklich, als sie nur noch meine gute Freundin war und ich nur noch ihr guter Freund.

Wir trafen uns auch zu viert. Und aßen zusammen. Oft im Restaurant. Claudia, ihre Tochter, mein Sohn und ich. So auch an diesem Abend. Zuvor hatte ich Claudia noch mindestens zwei Stunden lang in Fragen eines Neuengagements an einem renommierten Haus in Wien gecoacht, wir hatten Strategiepläne entworfen und verworfen, überlegt, wie sie bewerbungsmäßig vorgehen sollte, um dieses Ziel zu verwirklichen, wir hatten wieder einmal zusammen intensiv ihre Probleme gewälzt. Ich hatte mich lang und breit nach ihrem Befinden erkundigt, ohne dass sie sich weiter nach meinem erkundigt hätte. Irgendwie war das alles nicht mehr gegenseitig, zumindest nicht nach meinem Eindruck. Es war das gefühlte dreiundfünfzigste Mal, dass ich die Rechnung übernehmen sollte.

Aber als die Rechnung diesmal auf dem Tisch landete, gab es Krach. Meistens pflegte sie so lange vor sich hin zu lächeln oder in ihrer Handtasche zu kramen, bis ich es angesichts der wartenden Bedienung am Tisch nicht mehr aushielt und die Rechnung für uns übernahm. Diesmal sagte ich, auch noch in Anwesenheit eines genervten Kellners:

»Sag mal, könntest du nicht auch mal selber zahlen?«
Und fügte lachend hinzu: »Oder sogar zur Abwechslung
einmal mich einladen?« Das fand sie gar nicht witzig. Sie
war empört.

»Wieso?«

»Na ja, weil ich hier wohl zum hundertsten Mal die
Rechnung übernehme ...!«

»Was? Du spinnst wohl!«

Erstens hätte ich sie bislang maximal dreimal eingeladen, zweitens seien es ja »Einladungen« gewesen. Und sie
dürfe ja wohl davon ausgehen, dass diese nicht verrechnet
würden, sondern von Herzen kämen. Und drittens fände
sie es total kleinkariert, über Geld zu reden. Außerdem
hätte ich zehnmal mehr Knete als sie.

»Ja, und wenn schon!«, sagte ich, aber trotzdem könnte
sie doch auch mal übernehmen. Nur so zwischendurch
mal, oder nicht?

»Frechheit!«, zischte sie.

Ich wollte keine Partnerschaft. Ich denke, sie schon.
Aus ihrer Sicht wogen meine Geschenke und die Rech-
nungsbeträge nicht ansatzweise auf, was sie gegeben
hätte, was ich aber nicht erwiderte: ihre Liebesgefühle mir
gegenüber. Alles, was ich ihr gab, es war für sie immer
zu wenig. So kam das bei mir an. Immer blieb in dieser
Konstellation etwas Unaufgelöstes, leiser Groll, verletzter
Stolz. Bei aller Freundschaft, am Ende war ich eine überwiegend schmerzhafte Episode in ihrem Leben. Und aus
der Enttäuschung wurde Ohnmacht, und aus der Ohnmacht wurde Wut. Und jetzt beklagte sich dieser Typ auch
noch, wenn er hier ab und zu mal die Zeche übernahm.
Das ist ja wohl das Mindeste, schien sie zu denken.

Der Umbau unserer Beziehung zu einer Freundschaft –

wir versuchten es immer wieder und mussten immer wieder einsehen, dass es eigentlich fast unmöglich war. Eine Liebe nicht oder nicht »vollumfänglich« zu erwidern ist immer eine Kränkung. Es bei einer Freundschaft zu belassen genauso. Zumal für eine Frau, die einmal mehr sein wollte als »nur« meine platonische Freundin. Man kann es auch so sagen: eine Freundschaft zu einem Menschen zu pflegen, der einmal Verliebtheitsgefühle für einen empfunden hat, ist eigentlich fast immer unmöglich. Oder es geht nur gut, solange beide solo sind. Sobald zumindest derjenige, der bislang das Objekt der Begierde war, wieder einen neuen Partner hat, ploppt beim anderen die alte Enttäuschung hoch, die Verletzung und Verbitterung über diese gefühlte neuerliche Abweisung. Dazu kommt noch die Eifersucht auf den neuen Partner, und alles zusammen macht eine Freundschaft unheimlich schwierig, vielleicht sogar unmöglich. Auch das musste ich lernen. Ich weiß bis heute nicht, ob es uns wirklich gelungen ist, Freunde zu bleiben. Sie ist Single, und ich bin es noch immer. Wir besuchen uns ab und zu und freuen uns, wenn wir uns sehen. Was aber sein wird, wenn ich eines Tages mit einer rassigen Sambatänzerin aus Belo Horizonte den Bund fürs Leben schließe und sie an meiner Seite in vollem Ornat zum Antrittsbesuch bei Claudia erscheint, das steht auf einem anderen Blatt. Ich vermute, Claudia würde zur Feier des Tages sicher keinen Champagner aufmachen. Noch nicht mal einen Piccolo. Und andersrum? Was wäre eigentlich, wenn sie mir eines Tages einen gut situierten vollbärtigen Edel-Hipster mit Schlauchschal, BMW und Bildungshintergrund präsentieren würde? Vielleicht wäre ja dann ich der, der da unerwartet überreagiert. Oder geht es nicht doch? Gibt es nicht doch einen Weg für Frau und Mann, Elitepartnerin und Elitepartner, sich trotz aller erlittenen Enttäuschungen noch gut zu begegnen?

 Das Tamara-Trauma

Nach der Episode mit Claudia sah ich mein *ElitePartner*-Engagement weitaus skeptischer als zuvor. Es hat über ein halbes Jahr gedauert, bis ich mich wieder auf die Socken ins *ElitePartner*-Land machte. Meine Mission war ja nicht wirklich erfüllt, also wagte ich einen zweiten Anlauf. Diesmal wollte ich alles lockerer angehen. Ganz locker. So, wie es hier eben alle oberlocker angehen wollen, die erneut an den Start gehen. Keine übersteigerten Erwartungen, kein »Hals-über-Kopf«, aber auch keine Freundschaft. Ich wollte die Frau meiner Träume langsam und aus der Distanz umrunden, bis ich mir sicher war: Die ist es und sonst keine. Tja, und es dauerte nicht lange. Und ich stieß auf Tamara. Sie war geschieden, lebte in Hamburg, stammte aber ursprünglich aus einem Land jenseits des ehemaligen Eisernen Vorhangs, weshalb sie eine leichte osteuropäische Färbung in der Sprache hatte. Und eine merkwürdige Romanze begann.

True love can never fade. Sie lächelte mich an wie Lilo Pulver. Und immer ein bisschen so, als ob ich der Weihnachtsmann wäre. So verliebt habe ich lange keine Frau mehr gesehen. Sie schien glücklich zu sein. Am Ende einer langen *ElitePartner*-Suche. Sie hatte mich gefunden und ich sie. Zehn Tage hatten wir uns nicht mehr gesehen, jetzt saßen wir hier beim Italiener in Wiesbadens Dichterviertel.

Sie, Oberärztin, 40, attraktiv, und ich, mittlerweile 48, mindestens so attraktiv. »Ich freu mich!«, sage ich. »Ich mich auch«, sagt sie und blickt mich mit ihrem Engelsgesicht unter den rotbraunen Locken an. Und fügt augenzwinkernd das Wort »sehr« an. Sie bestellt Rührei. Warum, weiß ich nicht. Ich ein Carpaccio. Dazu trinken wir Champagner. Sechs Wochen ist unsere Bekanntschaft nun alt. Sie lächelt schon wieder. Ohne Worte. Senkt verschämt den Blick. Ihre Hände suchen meine linke Hand. Sie nimmt sie zärtlich in die ihre. »Schön, mit dir hier zu sein!« »Weißt du«, sage ich später, »ich denke, wir kriegen das alles hin, mit der Entfernung, auch mit unseren kleineren gelegentlichen WhatsApp-Disharmonien...« Ich muss grinsen. Sie zuckt nur mit den Schultern, lächelt, sagt aber nichts. Tatsächlich hat es am Telefon schon ein paar kleinere Missverständnisse gegeben, die in Verstimmungen mündeten, was ich dann immer an ihrem leicht gereizten Unterton bemerkt hatte. Aber ein wirkliches Problem war das nicht, denn immer, wenn wir uns dann wiedergesehen hatten, war es ganz wunderbar mit uns.

Auf dem Rückweg vom Restaurant zum Auto fängt es zu nieseln an, sie hakt sich bei mir ein. Es ist kalt, der Winter liegt schon in der Luft. Eigentlich will sie hier in Wiesbaden im Hotel übernachten, weil sie anderntags schon früh auf einem Fortbildungsseminar sein muss. Aber als ich mich verabschieden will, fragt sie mit einem Leuchten in den Augen plötzlich, ob sie nicht doch mitkommen könne. »Dann steh ich morgen eben etwas früher auf und nehme ein Taxi hierher!« Im Auto blickt sie immer wieder wie Lilo Pulver zu mir herüber. Ich erwidere ihren Blick und wäre fast über eine rote Ampel gerauscht. Wir kommen in strömenden Regen gegen elf Uhr bei mir zu Hause an. Sie friert. Ich auch. Aber ich mach den Beschützer und spendiere ihr meine Jacke, damit sie nicht nass wird. So sind wir Männer eben. Selber trotze ich Wind und Wetter auf den letzten zwanzig Metern bis zum Hauseingang. Anderntags muss ich schon früh weg. Ich fahre mit meinem Sohn in den Skiurlaub. Das war so abgemacht. Ich sage Tamara, sie soll einfach die Tür hinter sich zuziehen, wenn sie zu ihrer Fortbildung aufbricht. Sie will in ein paar Tagen in unser Hotel in den französischen Alpen nachkommen. Sie freut sich schon, hat sie noch gesagt. Ich mich auch.

Tamara hat ihr Versprechen dann doch nicht gehalten. Drei Tage später erreicht mich eine E-Mail: Sie werde nicht nachkommen. Ja, und nicht nur das. Nein, sie wolle auch die Beziehung zu mir beenden. Also quasi den Kontakt abbrechen. Insgesamt. Ganz. Punkt. Aus. Ratzfatz. Ende. Das ist vielleicht eine Überraschung! Meine Augen stürzen über den Text, den ich da auf meinem Smartphone lese. Tamara benutzt darin eine Formulierung, die ich nicht mehr so schnell vergessen werde. Nach reiflicher Überlegung sei sie zum Entschluss gekommen, dass es für sie jetzt die letzte Gelegenheit sei, »die Reißleine zu ziehen«. Die was? Die Reißleine. Mir war gar nie bewusst, dass sie sich die ganze Zeit über offenbar in freiem Fall befunden hat! Ich kapiere nicht, was sie zum Rückzug bewogen hat. Sie stellt mir den Stuhl vor die Tür.

Einmal noch bekomme ich sie vom Hotel aus ans Telefon. Sie blafft mich an. Es folgt ein unwürdiges Telefonat, in dem ich immer wieder frage: Ja, warum denn bitte dieser völlig unerwartete Abgang, wieso? Ich vermute, dass sie vielleicht eine meiner wohlfeilen WhatsApp-Nachrichten in den berühmten falschen Hals bekommen hat, kann das sein? Dass ich hin und wieder grob missverständliche Botschaften versende, dafür habe ich tatsächlich ein Talent. Das weiß ich nur zu gut. Und dass sie irgendetwas geärgert hat, was ich ihr da geschrieben habe, und sei es auch nur meine Ungeduld gewesen, weil ich mich so auf sie gefreut hatte, gut möglich. Aber selbst wenn schon, das sind doch nur Lappalien. Deswegen macht man doch nicht gleich Schluss! Ich werde langsam sauer. Das hätte sich durchaus schon länger angekündigt, meint sie. »Ja, aber warum habe ich dann nichts davon mitbekommen?«, frage ich zurück. Dann kommt der unwürdige Teil des Telefonats, indem ich sie gnädig stimmen will, sie mit leiser Stimme unterwürfig anwinsle, sich das doch nochmals zu überlegen. Sie brüllt mich an, ich solle sie nicht anbrüllen, obwohl ich sie gar nicht anbrüllte. Nein, sie wolle die Beziehung beenden. Es täte ihr leid. Sorry. Mir fehlt jegliches Verständnis. Wie aus heiterem Himmel erfolgt diese Absage. Ich kann in ihrem abrupten Abgang auch keinerlei Spur von Traurigkeit erkennen, sondern einzig das Bemühen, mich möglichst schnell und aufwandsarm loszuwerden. Sie drückt mich weg. Tschüs. Verrückte *ElitePartner*-Welt.

Was war da eigentlich los die letzten sechs Wochen? Ich verbringe ein paar Tage damit zu rekonstruieren, versuche, das Puzzle zusammenzufügen. Ihr Charakter blieb mir tatsächlich kaum ergründlich, sie hatte ein undurchdringbares Wesen, mal war sie sehr verschlossen, und dann wieder öffnete sie mir ihr Herz, sprach und heulte sich aus bei mir. Da war die sehr zurückhaltende, aber manchmal unverhofft harsche und impulsive Person, und da war das Kind: Tamara mit ihren rotbraunen dicken Locken. Sie war so etwas wie eine Mischung aus Landgerichtspräsidentin und Pumuckl. Sie konnte freundlich sein wie eine italienische Eisverkäuferin und dann wieder giftig wie eine Puffotter, schreckhaft und leicht reizbar, wenn sie einen ihrer Unleidigkeitsanfälle hatte, herzlich und jovial, wenn wir zusammen ausgingen. Je nach Tagesform. Aber sie war unkonventionell, ja, sie gefiel mir in ihrer ganzen unausgeglichenen Art, und ich gab dieser Beziehung eine Chance. Ja, ich mochte sie wirklich. Ob sie denn auch etwas für mich empfand? In den Tagen, in denen wir zusammen waren, da hätte ich Stein auf Bein geschworen, dass sie mich toll fand. Jetzt weiß ich das gar nicht mehr so recht. Sie war relativ schnell zutraulich geworden, das ja. Aber im Grunde sandte sie auch viele widersprüchliche Botschaften aus. Wenn ich ehrlich bin, dann lag von Anfang an eine gewisse Unverbindlichkeit in der Luft. Aber dass auch sie etwas für mich empfand, schloss ich daraus, dass sie mir immer wieder sehnsuchtsvolle E-Mails schickte, mich immer wieder verliebt anlächelte, wenn wir uns sahen, mich ansüßelte, ansäuselte, dass sie, wenn wir spazieren gingen, immerzu meine Hand ergriff, immerzu eingehakt mit mir durch die Stadt laufen wollte. Wie passt das zusammen?

Wir beide waren uns sehr schnell nähergekommen. Wir saßen beim ersten Date in einem Hamburger Café und verstanden uns sehr gut. Schon am zweiten Tag erzählte sie mir alles. Unter Tränen. Von ihrer herzlosen Kindheit und ihrem kalten Elternhaus. Jetzt hatte sie mich abgeschossen, verweigerte mir jegliche Auskunft darüber, was sie zu diesem abenteuerlichen Rückzug bewogen hat. Ich bin sehr niedergeschlagen. Das geht mir an die Nieren. Ich erlebe den etwas größeren Schmerz bei *ElitePartner*. Ich glotze minutenlang auf dieses blöde Mobiltelefon, das daliegt wie ein Symbol vollendeter

Stille, und warte darauf, dass sie anruft und mit ihrem unverwechselbaren osteuropäischen Akzent von einem fatalen Irrtum spricht, einer Verwechslung, einer geistigen Absenz, einem Blackout. Der Anruf bleibt aus. Ich wandere durch den Wald hinter dem Hotel, setze mich auf eine Bank an einem kleinen Alpensee, starre ins Wasser. Alles ist wie unbewegt. Auch das Wasser steht still wie ein fester Brei, ich stiere in ein Loch, in ein Nichts. Ach Gott, ach Gott! Ich heule drauflos. Ich bin mitgenommen, außer mir, verletzt. Wie man halt ist, wenn man sich »eingelassen« hat. Emotionaler Ausnahmezustand. Ich bin da, wo ich nie sein wollte. Ich fühle auf einmal alles, was man bei *ElitePartner* fühlen kann, das ganze Paket. Aber heute zur Abwechslung einmal das weniger Amüsante, das dieser Laden sonst so üppig bereithält, sondern die heftigeren Gefühle, die hier gleichfalls im Angebot sind: Liebeskummer, den schweren Ernst, der in jeder Trauer verborgen liegt wie auch die Absurdität dieser ganzen Veranstaltung, die mit einer Mail bei *ElitePartner* begonnen hatte. Was für ein erheblicher Bullshit! Ojemine! Ich rufe sie an, sie geht aber nicht dran. Ich schicke ihr Botschaften, mein völliges Unverständnis, meine Wut, meinen zerbrochenen Stolz. Ja, ich will sie immer noch zur Vernunft bringen, sie schütteln, sie wachrütteln! Das sind Tage, an denen ich alles für sie getan hätte. Ich hätte ihr selbst einen Milchkaffee ans Bett gebracht. Ach was, meinetwegen auch drei. Mit und ohne Zucker.

Eine Woche später ist der Urlaub rum. Mein Sohn und ich hatten doch noch ein paar nette Tage in den Bergen. Schönes Skifahrwetter, auch ein paar unbeschwerte Stunden. Wir sind wieder zu Hause angekommen, tragen unsere Koffer nach oben. Ich öffne die Wohnungstür. Ach du liebes bisschen! Was ist denn hier los? Meine Wohnung ist von einem Poltergeist heimgesucht worden. Überall auf dem Boden kullern rote Luftballons herum, runde, kleine, längliche und ganz viele in Herzform. In meinem Schlafzimmer schwebt sogar ein gasgefülltes Ding unter der Zimmerdecke, der Kussgesicht-Emoji als Luftballon. Die ganze Wohnung ist dekoriert mit Zettelchen, auf denen Grußbotschaften der intimeren Art stehen, auf die kleine Herzen gemalt sind, ein großes prangt auf meiner Schiefertafel im Flur, auf die ich immer meine Einkaufsliste schreibe. Ach du dickes Ei! Eine, die mich bald danach in den Orbit schießt, verunstaltet vorher noch meine Wohnung mit Grußbotschaften, die von Herzen kommen! Klar, dass ich wissen will, was da schieflief. Ich schreibe eine SMS, spreche ihr erneut auf den Anrufbeantworter. Umsonst. Noch einmal durchlebe ich ein kleineres Gefühlsgewitter, richte Botschaften an sie, ich will einfach nur noch eine Antwort haben, welchen Reim ich mir auf dieses abenteuerliche Verhalten machen solle. Ich bekomme keine Antwort. »Bitte schreibe mir keine Nachrichten mehr!«, schreibt sie mir irgendwann. Rumms. Und bald: »Gib endlich Ruhe!« So lasse ich nicht mit mir umspringen. Ich komme mir ziemlich verarscht vor. Ich schreibe noch zwei böse E-Mails. Wer will es mir verdenken! Drei Wochen nach ihrem Rückzieher finde ich einen Brief in meinem Kasten. Den Brief eines Hamburger Rechtsanwalts mit der Aufforderung, ich solle die Kontaktversuche zu seiner Mandantin einstellen. Mir wird leicht übel. Aber immerhin, jetzt habe ich endgültig begriffen, mit wem ich es zu tun habe. Was für eine Achterbahnfahrt! Mit doppeltem Überschlag. Ghosting nennt man es im Fachjargon, wenn sich Menschen ohne eine Vorwarnung aus dem Staub machen. Tamara, sie war ein ziemliches Gespenst in meinem Leben. Und es sollte länger dauern, bis ich ihr diesen Spuk verziehen hatte.

Es gibt eine geringe Hemmschwelle bei diesen Plattformen. Das habe ich gelernt. Man kann Beziehungen schnell anfangen und sie ebenso schnell wieder beenden. *ElitePartner* kann Menschen zusammenführen und ganz wunderbare Partnerschaften gründen. Aber sehr oft schaffen solche Portale auch eine ganz neue Art von Beziehung. Bei *ElitePartner* holt man sich, was man braucht. Man bedient sich. Mehr nicht. Der Rest muss einen nicht interessieren. Man hat Bedürfnisse, um die geht es. Und die scheinen befriedigt gewesen zu sein, weshalb ich entsorgt wurde. Aber es gibt auch eine andere Seite. Eine, die mit mir zu tun hat. Wie konnte ich übersehen, dass hier von Anfang an der Wurm drin war? Wie konnte mir das passieren? Ausgerechnet mir, der ich mir doch sonst so viel auf meine ausgefeilte Menschenkenntnis einbilde und mir eine hohe Beobachtungsgabe zugutehalte und nicht zuletzt die Kompetenz, mich selbst zu erkennen? Oder konnte man das gar nicht erkennen? Wie viel wir den anderen bedeuten, wissen wir nicht. Können wir nicht wissen. Oder doch? Die Frage hat mich lange beschäftigt.

 Atemübungen

Von *ElitePartner* hatte ich danach erst mal die Schnauze voll. Man kann auch sagen, ich war bis auf Weiteres kuriert. Dafür begrüßte mich irgendwann wieder meine alte Bekannte: die Einsamkeit. Sie krabbelte unter meinem Bett hervor, kroch aus den Ritzen der Wände hervor, sickerte durch die Zimmerdecke. Ich war ihr wieder ausgeliefert. Ich wusste nichts mit mir anzufangen, trank abends zu viel Bier. Einsamkeit, eine Quelle der Inspiration und Kreativität? Von wegen! Nichts ging. Tagelang habe ich keinen Satz geschrieben, schaute abendelang alte Musikvideos auf YouTube, immer wieder *November Rain* von Guns N' Roses. Und dann ging es mir so langsam wieder besser, ich kam wieder in den Tritt. So wie alle anderen hier auch. Ich hörte auf, mich gegen das Nichts zu betäuben, arbeitete wieder an meinem Leben, an meiner Existenz als Elitesingle, war bald wieder einverstanden mit meiner Einsamkeit, richtete mich alsbald wieder ganz passabel ein in meiner Isolation. Und ich begann, meine Freuden wieder zu entdecken, Freuden, die ich nicht zu teilen brauchte, Freuden jenseits des *Elite-Partner*-Glücks. Ich freute mich darüber, morgens keine Frauenhaare mehr in meiner Dusche zu finden, nicht gleich nach dem Aufwachen zärtlich sein zu müssen, ohne Milchkaffeeforderung den Tag beginnen zu dürfen. Ich ordnete mich und meine Gedanken, schrieb wieder, spielte ungestört Gitarre, und zwar die Songs, die mir und nicht ihr gefielen. Ich ging Laufen am Rhein entlang, fuhr nach Frankfurt, nicht für eines dieser öden Dates, sondern nur um dieses eine wundervolle Gemälde von Antoine Chintreuil im Städel Museum anzusehen, eine Sommerlandschaft nach einem Gewitterregen von 1862. Davor setzte ich mich und betrachtete es gut und gerne eine halbe Stunde lang. Dann ging es mir besser.

Auf der Rückfahrt nach Mainz komme ich wieder ins Nachdenken. Kann man alles auch von einem anderen Standpunkt aus betrachten? Kann man die Geschichte mit Tamara aus einem anderen Blickwinkel sehen, eine

Perspektive, die mir aus ihrer Sicht erklären würde, warum sie sich so verhielt? Es fällt mir schwer. Im Bordbistro der Bahn komme ich mit Kim ins Gespräch. Kim bringt mir den Perspektivwechsel bei. Kim ist Vietnamesin, hat grade ihr BWL-Studium beendet und ist jetzt Geschäftsführerin in einem vietnamesischen Restaurant in der Nähe von Frankfurt. Kim ist sehr nett. Ich erzähle ihr, dass ich einmal eine große Reise durch Vietnam gemacht hätte. Sie sagt, sie stamme aus Hanoi. Ich war auch schon einmal in Hanoi. Und wir unterhalten uns über diese schöne Stadt. Sie erzählt mir, ihre Eltern seien damals Anhänger der kommunistischen Widerstandsbewegung gegen die Amerikaner gewesen, vor und während des Vietnamkriegs. Nach dem Sieg der Kommunisten habe ihr Vater in der ehemaligen DDR einen Job als Ingenieur bekommen, und sie seien ausgewandert. In Ostberlin sei sie aufgewachsen. Einmal habe sie als Elfjährige zu Hause im Wohnzimmer einen amerikanischen Spielfilm über den Vietnamkrieg gesehen. An einer Stelle des Films habe ein US-Soldat gebrüllt: »Tötet sie, diese verdammten Vietcong-Schweine!« Sie habe das nicht recht begriffen und ins Nebenzimmer, wo ihr Vater gerade aufräumte, hinübergerufen: »Papa, wer sind die Vietcong-Schweine?« »Kim«, habe er nur zurückgerufen, »das sind wir!« Ja, der Vietcong, das sind die Schweine, die Amis die Guten. So hat man uns das beigebracht. Man betrachtet die meisten Dinge voreingenommen und immer nur aus seiner subjektiven Perspektive. Überall, wo es um reine Fakten geht, kann man sicherlich den Faktencheck machen. Und am Ende hat dann der eine recht, der andere nicht. So einfach ist es aber meistens nicht. Schon gar nicht, wenn es um Gefühle geht. Wie ist das in der Liebe? Hier gibt es wohl immer nur subjektive

Wahrheiten. Und die sind oft so unterschiedlich wie Tag und Nacht. Wie viel wir Menschen, die wir lieben, wirklich bedeuten, wissen wir nicht. Zumindest nicht immer. Manchmal zeigen sie es uns, und dann wissen wir es. Wenn sie es uns nicht zeigen, können wir es nur vermuten.

Im Extremfall kann es sogar sein, dass sich ein Mensch nach einem anderen verzehrt, während er für jenen, den er anhimmelt, nur eine völlig untergeordnete Rolle spielt, aber dennoch immer wieder denkt, auch er bedeute dem anderen viel. Besonders krass hat Stefan Zweig solch ein emotionales Missverhältnis in seiner tragischen Novelle *Brief einer Unbekannten* beschrieben. Für eine junge Frau aus ärmlichen Verhältnissen ist ein bekannter Wiener Künstler alles im Leben. Sie ist für ihn nichts. Ja, er erinnert sich später nicht einmal mehr an die paar Male, als sich ihre Lebenswege in größeren Zeitabständen kreuzten und sie immer wieder eine Romanze für nur eine Nacht hatten. Es gibt, zumal in der Liebe, wohl immer zwei Seiten, zwei Wahrheiten. Wie die von Tamara aussieht, kann ich nur erahnen. Max Frisch sagt: »Jeder Mensch erfindet sich früher oder später eine Geschichte, die er für sein Leben hält.« Wahrscheinlich war Tamara nicht im Entferntesten so entflammt wie ich – nur habe ich das nicht bemerkt. Oder nicht wahrhaben wollen. Oder sie war es, hatte aber Angst vor einer Beziehung, die sich da anbahnte. Ich weiß es nicht. Gut möglich auch, dass es von vornherein gar nicht um mich gegangen ist. Gut möglich, dass sie einfach jemanden gesucht hat, der sie ein wenig unterhält, ein wenig tröstet, einen, mit dem sie Zärtlichkeiten austauschen kann und der ihr über die letzte partnerschaftliche Bruchlandung hinweghalf – nicht mehr und nicht weniger. Vielleicht habe ich ja ganz Ähnliches in ihr gesucht. Aber ganz egal wie, wir haben uns dabei offenbar verpasst.

Wieder komme ich zu dem Punkt: Wenn ich Tamara im normalen Leben kennengelernt hätte, hätte ich sie wahrscheinlich nett gefunden, mir wäre es womöglich aber nicht in den Sinn gekommen, sie als potenzielle Lebenspartnerin in Betracht zu ziehen. Bei *ElitePartner* ist das anders. Da begegnet man einer Frau, die man daraufhin prüft, ob sie diese eine Partnerin sein könnte. Man bemüht sich, von vornherein in einem wildfremden Menschen die Möglichkeit zu sehen, der Traumpartner sein zu können. Deswegen beginnen die Dates nicht mit oberflächlichem Talk, sondern mit einem Diskurs, der abprüft, ob die Realisierung dieser Funktionen im anderen möglich sein könnte. Erst aber mit der Zeit merkt man, dass man nicht zueinander passt. Oder einer merkt es, der andere aber nicht. Wahrscheinlich haben wir nie zueinander gepasst. Wahrscheinlich war es so, dass sie für mich und meine Bedürfnisse in dem Moment, als wir uns getroffen haben, die Richtige war, und ich war im selben Moment scheinbar der Richtige für sie. Aus dem Zufall einer kurzzeitigen Bedürfnisparallelität und der Freude daruber entstand die Illusion, so etwas wie eine Partnerschaft bahne sich hier an.

Egal, abhaken. Oder wie bei *ElitePartner* viele schreiben: Aufstehen, Krönchen richten, weitergehen! Ich nahm mir vor, mich nicht von dem Rückschlag beeindrucken zu lassen. Ich wollte es wissen, jetzt erst recht. Als ich zum dritten Mal auf die Jagd ging, waren gerade drei Monate nach dem kleinen Horrorfilm vergangen, in dem Tamara die Hauptrolle spielte. Schon bald wurde ich übermütig und loggte mich wieder ein. Tja, der Wunsch, eines Tages doch noch zusammen mit der aparten Yogalehrerin von der Plakatwand Atemübungen zu machen, er hatte mich wieder erfasst. Und aller guten Dinge sind bekanntlich drei.

 Crashkurs mit Maria

Ich stieß auf Maria. Werbetexterin, 46, sehr attraktiv. Eine sehr direkte Natur, man kann auch sagen: eine Person mit unübersehbarer Präsenz. Blond, kräftig und mit erfrischend großer Klappe. Man könnte auch sagen: resolut. Ich habe sie irgendwann gefragt, ob ich sie einmal in Heidelberg besuchen kommen solle. Nein, sagte sie kurz und knapp, sie würde mich besuchen kommen. Keine Widerrede! Und das machte sie dann auch. Sie stieg damals aus dem Zug, sagte kurz »Hallo!« und hakte sich auf dem Weg zum Café sofort bei mir ein. Wir verstanden uns gut, und es war lustig mit ihr vom ersten Tag an. Was mich allerdings von vornherein ziemlich irritierte: Maria machte gleich mächtig Druck. Sie war eine, die nicht lange fackelte, eine, die nichts anbrennen ließ, oder wie Thomas sagen würde, die den Sack zumachte, wenn es so weit wäre. Und für sie war dieser Zeitpunkt schon recht bald gekommen. Schon bei unserem dritten Zusammenkommen wollte sie mich ihrer besten Freundin Ann-Kathrin samt Ehemann Björn vorstellen und war völlig außer sich, als ich ihr erklärte, dass ich keine Lust hätte, die beiden zu treffen. Das änderte sich auch nicht, als sie mir erklärte, Björn sei Volkswirt bei der Commerzbank und Ann-Kathrin leite ein renommiertes Dentallabor in Darmstadt. Maria war einfach unheimlich zackig, zupackend, nichts dem Zufall überlassend. Auch was die Eheanbahnung betraf. Ich glaube sogar, ihr ging mein eher zögerliches Naturell ziemlich schnell auf die Nerven. Ich mochte sie sehr, aber sie schlug ein Tempo an, das doch etwas zu rasant für mich war.

Irgendwann kam ich sie dann doch in Heidelberg besuchen. In ihrem Eigenheim. Wieder fühlte ich es, *Elite-Partner* ist ein Katalysator im Nähe-Erleben. Man taucht in Rekordgeschwindigkeit in Welten ein, die einem völlig fremd sind, und beobachtet sich selbst dabei, ob man sich nun zu so viel Spontaneität beglückwünschen soll oder ob das Befremdliche, das sie in einem auslöst, überwiegt. Bei Maria gab es immer richtig Frühstück. Vor allem gab es immer Nutella und Rügenwalder Teewurst zum Frühstück, das auf gelb-grün-rot gemusterten IKEA-Kunststoffsets eingenommen wurde. Ich bemerkte an mir, bei aller Sympathie, die ich für sie empfand, dass mit der großen Nähe, die wir bald eingingen, immer ein Gefühl maximaler Fremdheit einherging. Dieses Fremdsein fühlte ich in Geschmacksdingen, beim Essen, im Kulturkonsum. Die Nähe der Körper wurde durch die Fremdheit der Teewurst gegengezeichnet. Nun sind Nutella und Teewurst ja eigentlich keine Trennungsgründe. Und immer ist es so, dass andere Menschen, zumal Frauen, die Aufgaben des Lebens anders erledigen und sich mit anderen Dingen umgeben, als man dies selber tut. Eigentlich macht das ja auch gar nichts. Anders ausgedrückt: Jemand anderes muss nicht genau dieselben Biobrötchen, denselben Aufstrich und dieselbe Kaffeevorlieben haben wie ich. Bei *ElitePartner* macht man aber eine ganz seltsame Erfahrung: Man erlebt familiäre Intimität inmitten einer komplett fremden Lebenswelt – und dadurch, dass die erlebte Nähe so groß ist, wird die Lebenswelt, in die man da eintaucht, umso befremdlicher. Ein eigenartiger Spagat.

Maria besaß auch noch etwas anderes, für mich höchst Befremdliches. Einen »Stepper«. Nach dem Frühstück brachte sie in der Regel täglich eine Stunde damit zu, ihren Körper in Form zu bringen, indem sie auf diesem Ding Tretbewegungen machte und dazu zwei langhalsige Hebel hin und her bewegte. Sie trug dabei eine graue Frotteehose, dazu ein zitronengelbes Stirnband und hörte Musik auf ihrem MP3-Player. Ich selber wohnte dem Fitnessritual mehrfach bei. Ich las meistens Zeitung, wenn sie stepperte. Ich blicke dann immer wieder über den Rand der Zeitung und beobachte eine mir in diesem Moment weitgehend unbekannt erscheinende Frau mittleren Alters, die in einem Trainingsanzug todernst auf einem maschinenartigen Metallgestell herumturnte, und fragte mich dabei: »Was macht die da eigentlich?« Und daran gleich anschließend: »Was mache ich hier eigentlich?« Solch ein Gerät war in meinem bisherigen Leben nur in TV-Dauerwerbesendungen vorgekommen. Oder in amerikanischen Hotels. Aber ich war interessiert. Und studierte die Anmut ihrer Bewegungen am Fitnessgerät. Sieht doch eigentlich ganz locker aus, dachte ich. Das machen attraktive Frauen heutzutage eben. Wo ist das Problem? Jetzt stell dich halt nicht so an! Als sie abstieg, applaudierte ich. Warum, weiß ich nicht recht. Sie auch nicht.

Happy Family

Trotz oder vielleicht sogar wegen des Steppers finde ich Maria sehr liebenswürdig und will es mit ihr probieren. Und fahre wieder hin zu ihr. Diesmal nehme ich sogar meinen Sohn mit. Das würde ich nicht tun, wenn ich uns nicht wirklich eine Chance geben würde. Mein Sohn weiß nicht so recht, was er von der neuen Frau an meiner Seite halten soll. Andererseits ist er auch neugierig und interessiert und hat nichts gegen ein bisschen Abwechslung. Auf jeden Fall wünscht er mir alles Gute auf der Suche nach einer neuen Partnerin! Es ist heiß wie in einem Glutofen an diesem Tag. Die Sonne knallt unbarmherzig herab. Wir erreichen den Heidelberger Vorort. Das fremde Eigenheim.

Maria steht am Wasserhahn hinter ihrem Haus und schließt den Schlauch an. Marias Sohn Leon planscht schon im Schwimmbecken. Leon ist acht, und Leon hasst mich. Ab und zu läuft er mit zutiefst beleidigtem Gesicht, Schmolllippe und vor der Brust verschränkten Kinderärmchen hinüber zum großen Trampolin. Und hüpft etwas auf und ab. Dann geht er wieder hinüber zum Planschbecken. Das ist sein Zuhause. Der blöde Mann soll gehen. Ich steh unschlüssig herum. Maria versucht auszugleichen. Sie spritzt Leon nass. Ich beobachte seine Mutter, wie sie in einem schlammfarbenen Bikini, der mit vielen gelben Smiley-Köpfen gepunktet ist, den Schlauch an der Gartendusche aufdreht. Das Wasser rieselt in feinsten Tröpfchen aus der Düse und bildet in der Luft einen Sprühfilm, in dem das Sonnenlicht reflektiert, sodass Maria bald unter einem kleinen Regenbogen steht. Sie lacht herzlich – und ist trotzdem irgendwie angespannt. Wahrscheinlich wegen Leon. Sie spürt genau, dass er mich hasst. Und er spürt genau, dass es hier nicht um ein bisschen Wasserspaß im Hochsommer geht, sondern darum, wer der Nachfolger seines Papas an der Seite seiner Mama wird. Leon will seinen richtigen Papa haben – und nicht mich. So würde ich auch denken an seiner Stelle, armer Kerl.

Später grillen wir. In diesem fremden Garten, in einem Eigenheim, in einer namenlosen Kleinstadt. Es ist früher Abend. Immer noch drückend heiß. Wir haben ein ganzes Haus zur Verfügung. Ein Haus, in dem einmal eine Familie wohnte, und in dem vor einem Jahr ein Traum geplatzt ist. Maria darf noch so lange hier wohnen, bis sie in der Innenstadt eine eigene Wohnung gefunden hat. Wenn sie raus ist, rückt hier gleich ihre Nachfolgerin an der Seite ihres Exmannes ein. Quasi im fliegenden Wechsel. Das Finanzielle ist geregelt, aber sie ist bitter. Bitter gegenüber ihrem Exmann. Es ist ein komisches Gefühl, als Elitepartner in einem Haus zu sein, in dem vor Kurzem noch eine glückliche Familie zusammenlebte.

Maria legt jedem einen frisch gegrillten Hähnchenspieß auf dem Tisch. Mein Sohn sitzt da, neben Leon. Auf Kinderstühlen, die eigentlich für beide zu klein sind. Maria streckt die Hände aus. »Was machen wir vor dem Essen?« Alle lachen mehr oder weniger verlegen. Wir reichen uns die Hände. Maria sagt: »Piep, piep, piep, wir haben uns alles lieb.« Mein Sohn kennt das noch aus dem Kindergarten. »Jeder isst, so viel er kann, nur nicht seinen Nebenmann. Und wir nehmen's ganz genau, auch nicht seine Nebenfrau! Hurra!« Wir fangen an zu essen. Es ist erst das dritte Mal, dass wir zu viert zusammen sind, sie mit ihrem, ich mit meinem Sohn. Nach dem ersten Stück Hähnchen, das Maria geschluckt hat, nutzt sie das Schweigen am Tisch und fängt an: »Also ihr beiden, ihr habt ja vielleicht mittlerweile mitgekriegt, dass Martin und ich uns sehr, sehr lieb haben. Und deswegen ist Martin ja auch immer öfter bei uns...« Maria nimmt ihren Sohn fest in den Blick. Ich weiß nicht, was diese nicht mit mir abgesprochene Grundsatzerklärung soll. Mir wird abwechselnd heiß und kalt. Sie redet noch davon, dass sie sich sehr freuen würde, wenn wir uns alle gut verstehen würden. Und legt noch ein Würstchen auf den Grill.

Am nächsten Morgen machen wir zwei vor unserer Abreise noch einen kleinen Spaziergang. Als wir über die Neckarbrücke gehen, zieht Maria urplötzlich ein Vorhängeschloss aus der Jackentasche und befestigt es feierlich an einer Stelle des Brückengeländers. Ich bin bass erstaunt. Mein Stirnrunzeln kichert sie weg. »Das hab ich für uns besorgt!« Sie wirft den Schlüssel in den Strom. Das Schloss funkelt rötlich in der Sonne, es hängt an einem Gitter unter dem Geländer. Maria und ich, Leon und mein Sohn – wir wurden doch keine Familie. Mir ging das alles viel zu schnell, ihr viel zu langsam. Nach ein paar Wochen war Schluss. In beiderseitigem Einvernehmen. Und das Vorhängeschloss? Ich vermute, es hängt heute noch dort.

———— Freundschaft plus mit Anke ————

Mit Anke, Psychotherapeutin, 45, sehr attraktiv, verstand ich mich auf Anhieb bestens. Bei unserem zweiten oder dritten Date in München war es so erbärmlich heiß, dass der Asphalt schmolz und ich mit meinen Flipflops kleben blieb. Die Hitze lag wie Blei über der Stadt. Wir latschten durch die Innenstadt auf der Suche nach einem schattigen Plätzchen. Sie meinte, sie bräuchte jetzt etwas »Frisches«. Ich pflichtete ihr bei, dachte an einen kühlen Obstsalat oder an Früchte. Wie erfreut war ich aber, als sie vor einem Traditionsbrauhaus ihre Schritte verlangsamte und auf eine Schiefertafel mit der Aufschrift »Frisches Helles vom Fass« deutete und meinte: »So was in die Richtung!« Das traf sich dann tatsächlich auch mit meinem Verständnis von etwas Frischem an diesem heißen Augusttag.

Anke war meine erste und bislang letzte Freundin, die tatsächlich einen Selfie-Stick besaß und unaufhörlich von ihm Gebrauch machte. Und sie hatte immer eine Handtasche dabei, die aus der Ferne wie ein Behälter für Legosteine aussah. Alle zehn Sekunden zog sie ihre Lippen mit einem Fettstift nach und entgegnete gerne auf meine Auslassungen zu den Problemen dieser Welt Sätze wie: »So schaut's aus!« Aus ihrer Liebe zu ihrer Heimatstadt machte sie genauso wenig einen Hehl wie aus ihrem Hang zu leicht abgedroschenen, in Englisch gehaltenen Motti für ihren WhatsApp-Status wie »Love is all around« oder »Hashtag Yolo«. Anke sprach mit mir genau in demselben Sound, in dem sie auch ihre etwa zweihundert Whats-App-Botschaften pro Stunde formulierte. Sie war eine, die ihren Sohn morgens »an den Start brachte«, wenn sie ihn in die Schule fuhr, die bei mir um 15 Uhr »aufschlagen« wollte, wenn sie mir ihre Ankunftszeit mitteilte, die »Alles gut!« sagte, wenn ich sie fragte, wie es ihr ginge, immerzu »Nee« statt »Nein« und mir gefühlte fünfhundert Smileys am Tag schickte. Und wenn ihr spätabends die Finger vom whatsappen wund wurden, textete sie regelmäßig: »Ich bin raus!«

Wenn sie es sich bei ihren Besuchen auf meiner Wohnzimmercouch bequem machte und ihre Beine ausstreckte, dann erinnerte sie mich immer ein wenig an Garfield. Sie war eine eher kleine und kräftige Person, dunkelblond, überaus redselig und sehr, sehr fürsorglich. Sie war ein sehr lustiges Mädchen. Sie trug quietschbunte Sandaletten aus Gummi, aus deren Zentrum zwischen ihren bunt lackierten Zehennägeln eine bläuliche korallenartige Riesenblüte herauszuwachsen schien. Sie war nach meinem Empfinden nicht gerade das, was man geschmackssicher nannte, aber wie es sich eben in den Dingen des Geschmacks verhält, dachte sie wahrscheinlich genau dasselbe von mir. In ihren Augen war ich wahrscheinlich ein hoffnungslos altmodischer, verschroben-vergeistigter Typ, einer, der eine wie sie dringend nötig hatte, um wenigstens wieder halbwegs in die Spur zu kommen.

Wir trafen uns. Gingen spazieren. Und verstanden uns ganz gut, auch wenn es, zumindest bei mir, nie so recht prickelte, wenn wir uns begegneten. Mit ihr war es, wieder einmal, nett. Man könnte auch sagen, sogar ein bisschen mehr als nur nett. Wir zärtelten ein bisschen miteinander, aber ich habe ihr bald in aller Offenheit gesagt, ich könne nicht behaupten, dass ich mich in sie verliebt hätte. Nicht beim ersten Mal, als wir uns gesehen hätten, und auch nicht beim zweiten oder dritten Mal. Das hat sie getroffen. Denn ich bin mir sicher, sie empfand mehr für mich. Sie wollte dennoch eine Beziehung zu mir aufrechterhalten, und ich hatte nichts dagegen. Zwei, drei Monate lang ging das so, wir trafen uns meistens am Wochenende. Entweder bei mir in Mainz oder bei ihr in München-Haidhausen. Und dann kam der Tag, an dem ich ihr vorschlug, mit mir einen Wochenendausflug an die Fränkische Saale zu machen. Ich wollte trotz eines holprigen Starts ausprobieren, ob wir beide als Paar nicht doch noch in Schwung kämen und vielleicht doch füreinander geschaffen wären, ohne es zu merken. Um das herauszubekommen, erschien mir eine Kanutour als die geeignete Veranstaltungsform. Also packten wir unsere Sachen.

Anke verdreht die Augen. »Ach Gott, ach Gott!« Ob ich nicht etwas schneller fahren könne, meint sie. »Etwas sportlicher vielleicht!«, legt sie nach. Ich entgegne ruhig, dass ich mich bei 120 Stundenkilometern auf der Autobahn wohler fühle als bei 160. Unser erster gemeinsamer Ausflug. Wir machen den Wochenendtrip. Jetzt wagen wir es. Ich will ihr das Beste bieten, was ich im Repertoire habe. Meine Kanutouren sind *top quality*. Absolut. Handverlesene Wasserwege, Premium-Aussichtspunkte, Idylle pur, dazu kulinarische Highlights und Hotellerie am *high end,* sofern es das in Unterfranken gibt. Sie hat sofort Ja gesagt. Ich fahre also konstant 120 Stundenkilometer und versuche, sie aufzumuntern. Ich lege eine CD ein, von der ich annehme, dass sie ihr gefällt. Ich wähle einen Song von Chicago aus, »Make me smile«, einen Song aus dem Album *Chicago II* von 1970, der von Terry Kath gesungen wird. Ich finde, Terry Kath singt wie ein Schwarzer. Und ich weiß, dass Anke »Black Music« mag. Und zwar alles. Von Nat King Cole bis Roberto Blanco. Ich bewege rhythmisch den Kopf zur Musik. Genieße den Sound. »Na, wie findest du den Song?« »Fürchterlich!« sagt sie, wobei sie jede Silbe einzeln betont. »Mach das bitte aus! Ich krieg Plaque davon!« Sie öffnet das Fenster. Mich verletzt ihre Antwort etwas. Zumal dieses Lied eines ist, mit dem ich eine persönliche Geschichte verbinde. Zu diesem Song habe ich früher immer mit meinem Sohn auf dem Arm im Wohnzimmer getanzt, als er noch ganz klein war, und er hat sich dabei weggeschmissen. Was wiederum mich »smiling« gemacht hat – und dann auch Gabi, die uns dabei zuguckte. »Okay, Baby!«, denke ich, das war jetzt erst mal das letzte Friedensangebot. Wir können auch anders. Ich schalte die Musik ab. Anke schließt das Fenster. Wir schweigen beide. Die dicht bewaldeten Spessartberge fliegen draußen vorbei, wir gleiten in einem Zustand einer eigenartig einwattierten Mischatmosphäre über die neu asphaltierte A 3 Richtung Würzburg. So richtig euphorisch ist es nicht im Wageninnern. Aber dann auch wieder nicht unnett. Anke entschält eine Banane und checkt erstmals ihre WhatsApps.

Am nächsten Morgen will ich Anke meine Lieblingsstrecke zeigen. Mit dem Kanu von Hammelburg zur Roßmühle. Mehr kann ich ihr nicht bieten: Das ist meine schönste Tour. Ein Fahrer bringt uns samt der Boote mit einem Transporter nach Hammelburg und schubst unsere beiden Kanus ins Wasser. Es ist ein prachtvoller Tag, das Land duftet, und von einer Saumseligkeit ist die Welt, dass ich ganz euphorisch werde. Unsere Boote gleiten bald über die Wasserfläche. Wasservögel steigen krächzend auf, ein Eisvogel flitzt an uns vorbei, Kühe glotzen uns verdattert vom Ufer aus an. Es plätschert und murmelt, und dann ist es wieder völlig still. Nur das Eintauchgeräusch unserer Paddel ist zu hören, wir gleiten wie zwei Mohikaner sanft über das ruhige Gewässer. Ich bin ganz weg. Ich empfinde höchste Lust, in dieser Idylle zu sein, was man von meiner Begleiterin schon bald nicht mehr sagen kann. Anke atmet schwer. »Stop!«, ruft sie nach ein paar Kilometern. Wir waten ans Ufer hinüber. Sie plumpst auf ein Bänkchen nieder. Ich versuche, sie für die Schönheit dieses Flecken Erde zu sensibilisieren, stelle spektakuläre Teilabschnitte in Aussicht, Trollblumen, herrliche Flora und Fauna, am Ende ein idyllisches Restaurant direkt am Ufer gelegen. »Na, da bin ich ja mal gespannt!«, entfährt es ihr. Anke erhebt sich. Sie ächzt und keucht bald wie eine Dampflokomotive. »Nee! Kanufahren, das ist wirklich nicht meins!«, japst sie. Wir erreichen das Restaurant, setzen uns auf die Terrasse. Anke lässt sich auf einer Holzbank nieder und fächelt sich kühle Luft zu. Wir bestellen Bratwürste mit Brot. Irgendwie kommt keine rechte Unterhaltung in Gang. Ganz anders nebenan, wo sich gut gelaunte einheimische Sommerfrischler in Dreiviertelhosen in ihrer unterfränkischen Mundart über das Wetter austauschen. Ich bin in Würzburg geboren, und ich frage Anke, ob sie es nicht lustig fände, wie die Leute hier sprechen würden: »Lustig? Fürchterlich!«, sagt sie und betont jede Silbe einzeln. Die Wurst führt sie zum Mund, um sie umgehend zurückzulegen und den Teller mit einer Geste vollendeten Abscheus wegzuschieben. »Iiiiiiiiiih! Sag mal, gibt's hier keine Weißwürst, kruzifix?!«

Wir paddeln weiter. Anke fällt bald zurück. Sie hat Mühe und längst keinen Bock mehr, aber bis zu unserem Ziel, der Roßmühle, sind es gut und gerne noch acht Kilometer! »Jetzt reicht's mir!«, höre ich sie hinter mir maulen, als wir von einem Schwarm Bremsen attackiert werden. Ich versuche, sie nochmals aufzumuntern. »Ist es nicht traumhaft hier?«, rufe ich ihr zu. »Traumhaft? Ach Gott, ach Gott!«, antwortet sie. »Nee, ist nicht meins!« Dann kommt sie auf eine bessere Idee: »Du, sag mal, können wir nicht in Würzburg shoppen gehen? Wie weit ist das denn von hier?« Was? Shoppen? Ich denke, ich höre nicht recht! Ich führe sie hier an den schönsten Ort der Welt – und sie will »shoppen« gehen. Ist die komplett übergeschnappt? Wir gehen nicht shoppen. Ich setze mich durch. Aber im Hotel beim Abendessen platzt die Bombe. Wieder passt irgendetwas nicht. Der Abend wird fürchterlich. Die Nacht nicht besser. Schweigen am Frühstücksbuffet. Anderntags Rückfahrt. Wieder fliegen die Spessartwälder vorbei, Anke sitzt mit Strichmund neben mir, ich sitze mit Strichmund neben Anke. Kein wirklich ideales Elitepartnerwochenende. Ich habe es inzwischen begriffen. Anke wollte keine Kanutour. Aber was dann? Vielleicht wollte sie nur, dass ich sie einfach mal in den Arm nehme. Gut möglich. Aber ich mag nicht mehr. Ich glaube auch nicht, dass es mit uns beiden noch etwas werden könnte.

Anke trennt sich von mir, noch in der Nacht. Nach der Rückkehr zoffen wir uns noch ein bisschen in meiner Küche. Morgens um drei Uhr wirft sie mir einen nassen Teebeutel an den Kopf. Pfefferminz-Brennessel-Mischung. Flüche und Beschimpfungen ausstoßend stürmt sie mit fliegenden Haaren zu ihrem Auto – und gibt ihm die Sporen. Wochenlang hatte sie versucht, mein Herz zu erobern, am Ende aber erfolglos. Oder sagen wir so: Sie hatte mein Herz erobert, aber auf eine andere Art, als sie das wollte. Ich bin ratlos, ein bisschen traurig, aber erst einmal erleichtert. Durch ihren Abgang hat sie mir erspart, die Beziehung zu beenden.

Ich falle todmüde ins Bett, schlafe wie ein Stein, erwache spät am nächsten Tag. Ich muss hier raus. Ich brauche ein Naturerlebnis. Aber ein harmonischeres als das letzte. Ich beschließe, in den Schwarzwald zu fahren, ich will meine Ruhe finden – und das kann ich am besten am Herzogenhorn, meinem Lieblingsberg. Zwei Tage nach dem Kanudesaster von Hammelburg erreiche ich gegen zehn Uhr morgens Bernau im Schwarzwald. Wieder ein Wetter wie für Götter gemacht. Ich steige über saftige Matten hinauf, an steil aufragenden Felsen vorbei, durch luftige Buchenwälder, über tannennadelweiche Waldwege, an blauen Lupinen vorbei, am Ginster, durch kühle Waldauen, die nach frischem Baumharz duften. Ich überquere eine sumpfige Wiese und höre nur das schmatzende Geräusch meiner Schritte. Bächlein plätschern, Lerchen ziehen ihre Bahn an einem stahlblauen Sommerhimmel. Eine Schwarzwaldwanderung! Für mich ist das fast wie ein Gottesdienst. Da! Was war das? Ich höre einen klagenden Vogelruf und erkenne bald einen Schwarzspecht – mit seiner rot gefiederten Kappe.

Da kommt noch was Besseres

Nach ein paar Monaten stand Anke wieder in der Tür. Sie hatte sich per E-Mail gemeldet, nachdem ich schon dachte, ich würde sie nie wiedersehen. Ob ich noch mit ihr reden würde. »Na klar!«, mailte ich zurück. Wir telefonierten. Sie wolle sich mit mir treffen. Eigentlich war mir nicht so danach, ich hatte sie ja schon erfolgreich vertrieben. Aber ich hatte nichts vor an diesem Wochenende und willigte ein. Außerdem betonte sie mehrfach, dass sie nicht nur mich besuchen wollte, sondern beruflich bedingt sowieso in der Frankfurter Gegend sei. »Warum nicht?«, meinte ich. Eigentlich mochte ich sie ja. Wir trafen uns also ein halbes Jahr nach ihrem dramatischen Abgang erneut, und zwar mit unseren Kindern im Frankfurter Zoo zum Familienausflug. Ich glaube, es war ihre Idee, vielleicht, um gar nicht erst den Verdacht aufkommen zu lassen, es könne sich hier um den Versuch einer Neuauflage unserer Liaison handeln. Ob wir nicht Freunde bleiben könnten? Können wir. Damit konnte ich leben. Diesmal dachte ich, bei uns beiden könnte diese

Konstruktion vielleicht wirklich halten. Ich weiß nicht, wie ich darauf kam. Jedenfalls telefonierten wir nun wieder regelmäßig und kamen richtig gut miteinander aus.

Ich erklärte ihr jedoch gleich am Anfang unserer Wiederannäherung, ich sei wieder bei *ElitePartner* unterwegs. Sie sagte mir, sie sei es auch. Damit war maximale Offenheit hergestellt, und, wie ich meinte, die beste Vorsorge gegen eine neuerliche Beziehungskrise getroffen. Wir unterhielten uns jetzt auch oft ganz offen und ausgiebig über unsere Aktivitäten bei *ElitePartner*. Das ging so weit, dass wir uns gegenseitig Ratschläge erteilten, wie wir unsere Profile optimieren könnten. Sie legte mir ihre Profilfotos vor und holte von mir Auskünfte darüber ein, welche davon auf Männer attraktiv wirken würden. Wir lasen uns gegenseitig herrlich verunglückte Anfragen vor, die wir erhalten hatten. Ich berichtete ihr von meinen mannstollen Maklerinnen im Minirock, von anschmiegsamen Betriebswirtinnen und von meiner golfenden Senior Customer Service Managerin, sie von tiefsinnigen Phlebologen mit grauen Schläfen, von stämmigen Installateurmeistern mit Bauchansatz aus dem Bergischen Land, die auf Tom Selleck machten, oder von Eventmanagern in Sonnenbrille vor ihrem Porsche Targa. Wir kamen in unseren *ElitePartner*-Fachgesprächen darin überein, Profile zu studieren sei deswegen so witzig, weil das Bemühen vieler Kandidaten, ihre vorherrschenden Traumvorstellungen vom Glück zu zweit in wahrlich opulenten Sprachbildern darzustellen, oft so meterweit hinter der Kunst zurückstünde, auf dem schmalen Grat der romantischen Poesie zu wandeln und den Sehnsüchten auch den nötigen eleganten Sprachausdruck zu verleihen. Kurz, wir hatten eine Riesengaudi. Wir spotteten und lästerten und kringelten uns vor Lachen über dieses Portal und all die liebeswütigen Individuen, die hier um die Wette posierten. Wir wuchsen wieder zusammen und whatsappten bald wieder in einer Frequenz, dass ich schon dachte, wir hätten den Verstand verloren.

Beim dritten, rein freundschaftlichen Treffen etwa sechs Wochen später kam es dann doch zu einem für eine reine Freundschaft doch eher unüblichen Austausch von Zärtlichkeiten.

»Wie nennen wir das jetzt?«, fragte sie mich später lachend.

»Ich weiß es nicht«, antwortete ich.

»Ist das eine ›Freundschaft plus‹?«

»Von mir aus! Nenn es, wie du willst!«

Sie besuchte mich jetzt wieder öfter. Ich freute mich auf sie, und ich fuhr zu ihr nach München. Wir streunten durch die Münchener Innenstadt und landeten nach einer großen Stadtwanderung im *Weißen Bräuhaus* im Tal. Obwohl wir immer wieder einen großen Bogen um die Problematik unserer unklaren Beziehungsform gemacht hatten, kamen wir nun doch genau darauf zu sprechen. Was ist das jetzt mit uns? Ich war immer darauf bedacht, ihr klar zu sagen, dass ich mir nicht mehr als eine »Freundschaft plus« vorstellen könne, und wollte daran keinen Zweifel aufkommen lassen. Auch sie schien sich mit diesem Status anfreunden zu können. Wenigstens machte sie diesen Eindruck auf mich. Und dann rutschte mir ein scherzhaft gemeinter Satz heraus, den ich später zutiefst bereut habe. Ich sagte zu ihr beim zweiten Bier: »Weißt du was? Wir können ja so lange zusammenbleiben, bis einer von uns was Besseres gefunden hat!« Anke war eine humorvolle Frau, eine, die direkt war, eine, die solche Witze selber raushauen, sie aber auch vertragen konnte. Dachte ich. Dachte sie. »Sehr gut!«, rief sie. So machen wir das. Tatsächlich schüttelten wir uns beide vor Lachen.

Wir sahen uns wieder, vielleicht alle vierzehn Tage. Aber mit der Zeit fühlte sich unsere Freundschaft-Plus-Konstruktion doch wieder irgendwie partnerschaftsähnlich an, ohne dass wir je darüber gesprochen hätten, diese Beziehung neu zu begründen. Aber nur so konnte ich mir erklären, dass sie eines Tages völlig sauer reagierte, als sie erfuhr, dass ich noch immer bei *ElitePartner* war. Sie dachte, ich sei »wieder« bei *ElitePartner*, hätte mich erneut angemeldet, ohne ihr das mitzuteilen, während ich korrigierte, nein, ich sei »noch immer« dabei. Eine Unterscheidung, die eigentlich völlig belanglos war, weil ich ihr ja nie etwas versprochen hatte. Sie warf mir vor, sie belogen zu haben, weil ich ihr verheimlicht hätte, dass ich mich wieder angemeldet habe. Ich entgegnete ihr, ich müsse ihr gar nichts sagen, denn wir seien ja kein Paar. Es ging nicht mehr weiter. Sie wollte nicht mehr, weil sie merkte, dass das Zusammensein mit mir doch immer wieder in eine große Enttäuschung mündete. Und ich kam mir wie schon beim ersten Anlauf wieder mächtig unter Druck gesetzt vor. Sie zog sich zurück. Sie kam einem zweiten Korb aus meiner Hand zuvor, indem sie mir einen Abschiedsbrief schrieb. Wir haben uns nicht mehr gesehen. Ich war danach nicht besonders traurig, eher erleichtert. Am Ende war mir alles zu viel, und so hat sie mir auch nicht sonderlich gefehlt, als sie wieder ging.

An meinem Geburtstag, ein knappes halbes Jahr nach dem zweiten Ende, schickte sie mir ein Geschenk, aus dem noch ein bisschen Wehmut sprach, und dazu eine liebe Karte. Ich verstand die Geste sofort. Ich habe die Karte gelesen, habe »Ach je!« gesagt und sie weggelegt. Weihnachten kam, Grüße und Glückwünsche zum neuen Jahr wurden ausgetauscht, wir telefonierten sogar wieder. Dabei gab es eine dicke Überraschung. Sie eröffnete mir, dass es da einen neuen Mann in ihrem Leben gebe. Sie sei kurz vor Weihnachten bei *ElitePartner* »fündig« geworden. Tatsächlich, ein gut aussehender Eventmanager aus Mönchengladbach sei der Glückliche, sie sei über beide Ohren verliebt und glücklich. Nein, sie sagte: »Ich bin sehr, sehr, sehr glücklich!«

In den Folgetagen vollzog sich in mir eine eigenartige Verwandlung. Vom Meister in Ausgeglichenheit, innerer Ruhe und Achtsamkeit mutierte ich zum Rumpelstilzchen. Obwohl ich ihr am Telefon noch von Herzen und voller ungespielter Aufrichtigkeit gratuliert hatte, begann mich der Eventmanager an ihrer Seite bald massiv zu stören. Außerdem wurde ich neidisch auf ihre sehr, sehr, sehr große Glücklichkeit, von der ich in meiner kargen Existenz leider nicht allzu viel vorzuweisen hatte. Jeden Tag wurde es schlimmer. Ich begann auf einmal von ihr zu träumen. Nachdem ich ein halbes Jahr maximal dreieinhalb Minuten an sie gedacht hatte, musste ich nun ständig an sie denken. Ich bekam regelrechte Sehnsucht nach Anke, und ich rief sie an. Ich war wie verwandelt, in einer Stimmung, in der ich alles für sie getan hätte.

Ja, ganz genau, auch den Milchkaffee ans Bett gebracht, nein, mehr noch, ich hätte sogar mit ihr im Sommerregen getanzt. Nicht nackt, aber wenigstens im Einteiler.

Ich erzählte ihr von meinen Gefühlen. Sie schwieg. Ich erklärte ihr, dass ihre Auskunft, der Eventmanager habe nun die Stelle an ihrer Seite besetzt, mir vor allem gezeigt hätte, wie sehr sie mir fehlen würde, ja, dass ich nun, da sie dem Eventmanager ihr Herz geschenkt hatte, erst schlagartig erkennen würde, dass ich viel für sie empfände, viel mehr, als ich immer gedacht hätte. »Ach Gott!«, sprach sie nur durch das Telefon, ohne sich sonderlich zu bemühen, eine gewisse Verächtlichkeit in ihrer Stimme zu unterdrücken. Sie hörte sich meine Gemütspredigt geduldig, aber auch leicht genervt eine Stunde lang an. Ich habe noch im Ohr, wie sie am Ende mit frostiger Stimme meinte, das habe doch nun alles keine Relevanz mehr. Sie hatte recht. Ich bat sie, sich dennoch zu überlegen, ob wir uns nicht wenigstens noch einmal treffen könnten. Ich wollte wissen, wie es sich »anfühlte«, wenn wir uns nochmals sehen würden. Sie war nicht sonderlich scharf drauf. Am nächsten Morgen flatterte in aller Frühe eine E-Mail von ihr herein, eine knapp gehaltene Nachricht. Sie sagte mir ab. Barsch, kurz und knapp. Sie wies mich ab, indem sie genau den Satz zitierte, den ich damals geschrieben hatte, als sie mich nach dem ersten Aus nochmals treffen wollte, ich aber keine Lust mehr hatte. »Ein Treffen macht zum momentanen Zeitpunkt keinen Sinn!« Tja, Rache ist süß. Ein letzter Versuch, ihr mittels einer WhatsApp-Nachricht klarzumachen, dass sie mich schmählich behandeln würde, wenn sie so gar nicht mehr auf mich einging, verpuffte komplett. Ich war zutiefst gekränkt und rief ihr noch in Erinnerung, dass ich ja immer ansprechbar gewesen war in den Zeiten, in denen sie mich »stalkte«, wie sie es selbst damals in vollendeter Selbstironie ausgedrückt hatte. Jetzt könne sie mir doch wenigstens Gleiches gewähren. Sie reagierte nicht mehr. Es war zu spät, der Eventmanager hatte ihr Herz erobert, was interessierte sie da noch ihr Geschwätz von gestern?

Das war's. Ich hatte sie verloren, meine quietschig-bunte, lustige Anke. Endgültig. Und für immer. Obwohl ich genau wusste, dass ich mich an ihrer Stelle ganz genauso verhalte hätte nach dem ganzen Frust, den sie durch mich durchmachen musste. Ich war traurig darüber, dass ich alles vermasselt hatte. Nicht, dass ich nicht die ganze Zeit über genau gewusst hätte, wie absurd mein Verhalten war. Wie befremdlich es wirken musste, wenn da einer alle Annäherungsversuche monatelang abblockt und dann nach einer halben Ewigkeit aus dem Nichts angedackelt kommt und von irgendwelchen wirren Gefühlen redet. Über ein Jahr lang stand für mich das Fenster zu ihrem Herzen sperrangelweit offen, und ich hätte hundertmal Gelegenheit gehabt, mit ihr in eine echte Beziehungskiste zu steigen. Ich wollte nicht. Warum auch immer. Jetzt war es vorbei – und ich bereute, bedauerte, was auch immer, wollte es nicht wahrhaben. Unverbesserlich, wie ich nun mal bin.

Ich wurde bald richtig sentimental und erinnerte mich, wie sie immer meine Ölschinken an der Wand beäugte, aus der liegenden Garfield-Sofa-Position heraus. Ich glaube, sie hatte keinen Bezug zu dem ganzen Landschaftskram. Ob ihr eins gefalle, habe ich sie einmal gefragt. Ihre Augen wanderten damals Halt suchend an der Wand hin und her, auf und ab, sie suchte sich ausgerechnet eines meiner Stillleben aus, eines mit Äpfeln,

Birnen und einem Bauernsträußchen aus Nelken, gemalt von dem Münchner Maler Theodor Hummel. Ja, das gefalle ihr sehr, die anderen seien nicht so ihr Ding. Ich stellte mir plötzlich vor, wie ich ihr das Hummel-Bild als Überraschungsgeschenk unangekündigt nach München bringen würde. Eine persönliche Anlieferung. Dann stellte ich mir vor, was passiert wäre, wäre ich mit dem Bild vor ihrer Haustür gestanden. Ich hätte wahrscheinlich erst mal zu mir selbst gesagt: »Du spinnst doch tatsächlich!« Sie hätte ja jeden Moment um die Ecke radeln können. Auf ihrem quietschbunten Hollandrad. Eine ältere Dame, stellte ich mir vor, hätte mich schon eine Weile beobachtet. »Da wird sich aber gleich jemand sehr freuen!«, hätte sie gesagt und mit ihrem Gehstock auf mein Riesenpaket gedeutet. Dann stellte ich mir vor, was los gewesen wäre, wenn nur der Eventmanager zu Hause gewesen wäre, weil er an diesem Tag freigehabt und das Bild in Empfang genommen hätte. Da wurde mir schlagartig klar, dass es in Wirklichkeit anders gekommen wäre. Anke wäre alles anders als begeistert gewesen, mich zu sehen, sie wäre stehen geblieben, sobald sie mich erkannt hätte, und fast vom Rad gefallen, um dann nach ein paar Schrecksekunden vor sich hin zu murmeln: »Ach du heilige Scheiße!« Der Eventmanager hätte in der Zwischenzeit oben am geöffneten Fenster gestanden, seine Winchester durchgeladen und den Lauf auf mich gerichtet. Mir wäre nur die Flucht geblieben. Ich danke Gott für die Eingebung dieser notwendigen Eigenkorrektur und dafür, dass ich das Blumenbild von Theodor Hummel niemals in meinen Kombi gepackt habe und damit nach München gefahren bin.

Was sagt mir das, liebe Leserinnen und Leser? Dass ich nicht mehr alle Tassen im Schrank habe? Gut möglich. Aber nicht nur. Ich denke im Nachhinein, Anke hat mich viel mehr berührt, als ich das wahrhaben wollte. Wir alle hinterlassen Spuren in anderen. Und wir sollten nicht meinen, andere könnten uns kaltlassen. Wer sich auf einen anderen Menschen »einlässt«, macht sich für Gefühle offen, die der andere in einem auslöst. Und diese Gefühle sind in ihrer Intensität oft gar nicht klar zu erkennen. Außerdem hat mir das auch über mich selbst einiges gesagt. Ich habe erkannt, wie sonderbar ich auf eine Ablehnung reagiert habe, auf eine Ablehnung obendrein, die ja im Grunde mein eigenes Werk war. Auch von jemandem abserviert zu werden, den man selber wiederholt abserviert hat, kann offenbar schmerzlich sein. Heute frage ich mich oft, wie kann es sein, dass ich mir in meiner glasklaren Erinnerung eigentlich nie eine Beziehung mit Anke vorstellen konnte, ja manchmal sogar regelrecht erleichtert war, wenn sie mein Haus wieder verlassen und ich keine Erwartungen mehr zu erfüllen hatte. Und gleichzeitig soll dies dieselbe Person sein, der ich nun nachtrauere, wie wenn sie eine große Liebe gewesen wäre? Hat das am Ende vielleicht mit einem Muster zu tun, das ich aktiviere, wenn ich verlassen werde, einem Muster, das weit in die Kindheit zurückreicht? War diese Episode am Ende eine Selbsterfahrung mit Erkenntnisgewinn, die ich ohne *ElitePartner* nie gemacht hätte? Gut möglich. Danke dafür, Frau Katharina Allendorff! Und wenn nicht, dann ist eines sicher: Anke hat in meiner Erinnerung offenbar eine

Wandlung durchmacht – und zwar allein dadurch, dass sie für mich nicht mehr exklusiv verfügbar war.

Es ist verblüffend: Die Romantisierung einer in Wirklichkeit wesentlich nüchterneren Beziehung zu Anke zeigt mir, dass man tatsächlich in der Lage ist, in einer maximalen Bovary'schen Rauschhaftigkeit das Unechte als echt zu erleben. Tatsächlich, das gibt es, man romantisiert im Nachhinein Dinge in eine sonst viel weniger gefühlsstarke Beziehung hinein, entwickelt also unechte, konstruierte Gefühle, die man nachträglich auf eine Person projiziert und die es so höchstwahrscheinlich gar nie gab. Aber das wäre wohl nur die halbe Wahrheit. Es ist genauso gut möglich, dass sich darin verborgen auch wahre Gefühle regen können, die erst jetzt an die Oberfläche gespült werden. Dann würde es sich um ein spätes emotionales Erwachen handeln, gewissermaßen um ein emotionales Wissen posthum, und man meint erst im definitiven Verlustmoment, die wahre Dimension des echten Liebesgefühls zu erfassen, das man für diese Person einmal empfand. Mich hat diese Episode ziemlich ratlos gemacht. Ganz egal, ob ich in einer Form nachträglicher Verklärung fiktionale Gefühle entwickelt habe oder in der endgültigen Unerreichbarkeit von Anke vielleicht erst jetzt gefühlt habe, wie viel sie mir wirklich bedeutet hat. Mir wurde klar, dass ich einen Menschen verloren hatte, der mir irgendwie doch ans Herz gewachsen war, vielleicht enger, als ich das gedacht hatte. Ich betrauerte den Verlust einer Person, eine Mischung aus romantisierter Fantasie und real existierender Freundin, die sich jetzt von mir auf Nimmerwiedersehen verabschiedet hatte. Und eine andere Lektion habe ich gelernt: Zu meinen, man könne mit jemandem zusammenbleiben, bis man eben »etwas Besseres« findet, das ist, auch wenn es nur im Spaß dahergeredet ist, nicht nur Nonsens, ein Irrwitz, sondern tatsächlich ein fataler Irrtum, den es wohl nur bei Online-Portalen wie *ElitePartner* gibt. Man bedeutet sich immer etwas, auch wenn man einander »nur« Freund sein will und zur ganz großen erotischen Explosion noch einiges fehlt. Denn man wächst zusammen, und man bedeutet sich mehr, als man es vielleicht wahrhaben will, weil es gute und starke Gefühle sind, die fließen. Und wenn es zu Ende geht, bleibt die Erinnerung an diese Gefühle zurück.

Mein Versuch, mich unverletzlich zu machen, wurde von der Tamara-Erfahrung regiert und von der Fehlannahme, diesmal würde ich mich zuverlässig zu schützen wissen. Vielleicht bin ich auch deswegen Anke so zurückhaltend und eher abweisend begegnet. Ich wollte mich nicht wieder in etwas verrennen, sondern trat diesmal mit angezogener Handbremse an. Und ich dachte damals, nur fair zu sein, wenn ich ihr klar sagen würde, dass ich nicht genug für sie empfinden würde, um daraus eine richtige Partnerschaft zu machen. Es war ehrlich. Aber die »Freundschaft plus«, die daraus entstand, sie war eine am Ende doch leidvolle Konstruktion für beide Seiten.

Optimierungshilfe für Bedürftige

Heute ist mein E-Mail-Briefkasten gähnend leer. Seit Tagen keine neue Partnerschaftsanfrage. Bis auf eine Theologin, 58, sehr sympathisch, mit freigeschaltetem Foto und einer Frisur wie die ehemalige Umweltministerin von Nordrhein-Westfalen Bärbel Höhn. Aber ich bin ein erfindungsreicher Mensch, und deswegen nutze ich heute meine *ElitePart ner*-Online-Zeit dadurch ethisch verdienstvoll, dass ich Frauen, die jemanden suchen, bei ihrer Suche helfe. Das mache ich in letzter Zeit sogar öfter. Ich habe mir angewöhnt, Elitepartnerinnen, die gar nicht für mich infrage kämen, dabei zu helfen, ihre Chancen auf den Traumprinzen zu optimieren. Und zwar indem ich sie auf mehr oder minder dramatische Rechtschreibfehler auf ihren Profilseiten aufmerksam mache. Ein Beispiel: Wenn eine Personalerin, 53, attraktiv, schreibt: »Kochen wir in der Almhütte, wenn draußen die Kälte krimmig glirrt, eine leckere Championssuppe?«, dann könnte der Deutschlehrer, 54, sehr attraktiv, den sich die Personalerin da insgeheim als Lebenspartner wünscht, verstört sein, ja, ihr Anerbieten einer erotischen Liaison vollends ausschlagen. Der Traum würde platzen, noch bevor er angefangen hätte. Er würde es aber vielleicht nicht, wenn ich ihr hinter vorgehaltener Hand zuflüstere, das »k« und das »g« auszutauschen und es mit einer schmackhaften »Champignonsuppe« zu versuchen.

»Ist der nicht ganz dicht?«, fragen Sie sich nun. Diese Vermutung hat Anke auch mal an mich adressiert. Warum ich so etwas mache? Weil ich ein guter Mensch sein möchte. Heute Morgen jedenfalls. Mir fiel ein Profil auf, das eine Bewerberin ausgefüllt hat, die offenbar aus einer Gegend außerhalb des deutschen Sprachraums stammt. Sie, »Immerbilien, 43, attraktiv« geht auf die Suche. Ich schreib ihr eine kleine E-Mail. Diese soll keine Partnerschaftsanfrage sein, sondern eine gut gemeinte kleine Hilfe. Sie solle doch »Immobilien« oder besser noch »Immobilien-Maklerin« als Berufsbezeichnung schreiben. Damit hätte sie doch viel bessere Chancen als mit »Immerbilien«. Tatsächlich, ein paar Stunden später finde ich eine Nachricht in meiner Mailbox, in der sich die Dame artig bedankt, ganz ohne dass sie mir Besserwisserei vorwirft oder auch weiter mit mir anbandeln will. Wenn sie noch heute Abend beim Candle-Light-Dinner ihren Florian Silbereisen kennenlernt, er sich in sie unsterblich verliebt und ihr beim dritten Aperol »I love you« zuhaucht, dann hab ich mein Scherflein dazu beigetragen. Das ist doch was. Wenn es schon mit dem eigenen Glück nicht recht hinhaut, mach ich den Glücksbringer für andere.

Einer dem Profil nach eher grauen Ingenieurin gebe ich den Tipp, sich lieber Ingenieurin statt Ingeneurin zu nennen, einer Dame, die als Beruf »Financial Coodinator« angibt, rate ich zum Einfügen eines kleinen »r«. Gerade nicht zu wissen, wie man den eigenen Beruf richtig buchstabiert, könnte den gebildeten Mann vertreiben – und so einen wollen die meisten doch! Einer »Psychiotherapeutin« empfehle ich, sich zu entscheiden zwischen Psychotherapeutin und Physiotherapeutin, der Heilpraktikerin schreibe ich, sie solle besser angeben, sich in Akupunktur auszukennen als in Akkupunktur, auch wenn ihr Akku derzeit vielleicht leer wäre. Und einer, die damit wirbt, »mit einer Portion von gesundem Parkmatismus durch das Leben zu gehen«, schlage ich vor, es mit »Pragmatismus« zu versuchen, schon würden fünf tolle Hechte mehr ins Netz gehen. Dasselbe wieder einer anderen, einer »Personalerin« aus Heidelberg, die vorgibt, »überaus emphatisch zu sein« und auf »Authezität« wert zu legen. »Schreib doch lieber empathisch und Authentizität!«, maile ich ihr, »dann umschwärmen dich die Männer der Kurpfalz wie die Motten das Licht.« Und sie hauchte mir ein kleines Dankeschön zu.

Nichts ist so lästig, wie wenn Menschen um einen herum guter Laune sind.

Melvin Lasky

8. Kapitel

Einsamkeit und Sehnsucht

──────── Verdammte Einsamkeit ────────

Ich stehe in meinem rot-weiß gemusterten Pyjama in meinem Badezimmer, blicke mit leicht verknittertem Gesicht in den Spiegel und begrüße mich: »Hello darkness, my old friend! I've come to talk with you again!« Am Ende bin ich wieder einsam. Am Ende stehe ich wieder alleine da. Nach drei Jahren *ElitePartner*.

Ich sitze auf meinem Balkon, begutachte den Hinterhof, der sich zwischen den hochaufragenden Mauerwänden der angrenzenden Mietshäuser wie ein gähnender Schlund auftut und in etwa so trostlos aussieht wie meine Seele am heutigen Tag. Am bewölkten Himmel biegt ein Schwarm Wildgänse Richtung Dänemark ab. Ich höre das regelmäßige dumpfe Aufschlagen eines Fußballs, der immer wieder gegen eine Mauer gekickt wird und zurückprallt. Ich beobachte den Jungen, der gegen den Ball tritt, und erinnere mich daran, dass ich als Kind selbst oft ganze Samstagnachmittage so zugebracht habe, als ich in der zweiten oder dritten Klasse war und niemanden fand, der mit mir Fußballspielen ging. Ich erinnere mich an die Einsamkeit meiner Kindheit, an ihre leichten Formen, die

279

sich wie Langweile anfühlten, und an die schwereren, als ich krank war, im Bett lag und mich verlassen, schutzlos und ungeborgen fühlte. Diese alten Gefühle von Verlassenheit, sie ziehen wieder in mir hoch. Ich nehme meine Gitarre und übe das Intro von *Dust in the Wind*. Ragtime-Picking, gar nicht einfach. Fast vier Jahre habe ich gebraucht, bis ich es halbwegs fehlerfrei spielen konnte. Ich höre mein Gitarrenspiel von den hohen Wänden leise widerhallen. Der Junge hat aufgehört zu kicken.

Ich versuche mich zu trösten, indem ich der Melodie, die ich spiele, ganz genau zuhöre, sie in mir aufnehme. Und indem ich versuche, mir als gut und richtig einzureden, was mir Thomas neulich wieder gesagt hat. »Ach, lass es sein! Mit den Frauen, da hast du doch nur Ärger. No woman, no cry!« Mir fällt ein, dass dieser Titel von Bob Marley eigentlich etwas ganz anders bedeutet, als man normalerweise annimmt. Es geht da nicht um die Freuden, die ein Mann erlebt, wenn er sich für ein Leben ohne Frau entscheidet, weil sie ihm dann keine Sorgen mehr bereiten könne und er dann nichts mehr zu weinen habe. Diese Liedzeile hat einen ganz anderen Sinn. Ich habe gelesen, der Song habe einen jamaikanisch-kreolischen Text, und sein Titel würde eigentlich lauten: »No woman, nah cry«, was wiederum bedeuten würde: »Nein, Frau, weine nicht!« Bob Marley habe sich für diesen Song durch einen Ehekrach inspirieren lassen, den er in einem Café miterlebt und in dessen Verlauf die Frau zu weinen begonnen habe. Es sei ein Trostlied für Frauen, die Seelenschmerz erleiden, gesungen von einem verständnisvollen Mann. Ich brauche im Moment eher ein Trostlied für Männer. Gesungen von einer verständnisvollen Frau. Heute fühle ich mich nicht gut, unglücklich, alt, steppenwolfartig. Mutterseelenallein. Ich bin in mich zurückgezogen.

Mit der Einsamkeit geht es auf und ab. Heute ist es wieder ziemlich grässlich. Ja, so ist es eben, wenn man alleine lebt. Man ist ihren Launen viel mehr ausgesetzt als in Zeiten der Partnerschaft, in der es ja auch immer wieder Phasen von Einsamkeit gibt. Einsam zu sein ist erträglich, bisweilen sogar höchst angenehm, wenn man weiß, dass sie nur für einen begrenzten Zeitraum anhält. Ist sie aber ein Zustand, von dem ich nicht weiß, ob ich je wieder von ihm erlöst werde, dann zieht eine drückende Dumpfheit ein, und es ist manchmal sehr schwer, sich in diesem kalten Zimmer einzurichten. Das ist der Unterschied zwischen einem Strohwitwer und einem richtigen Witwer. Erst in der grenzenlosen Einsamkeit kann das Dunkel, das jeden Menschen beizeiten ereilt, noch viel düsterer über einen kommen. Die Sinnkrise steht viel schneller vor der Tür, man hat viel seltener das Lebensgefühl des Schwebens und viel öfter jenes, seine Existenz nur irgendwie aushalten zu müssen. So ist es bei mir zurzeit wieder. Ich prüfe, ob mein Basilikumpflänzchen dort drüben genügend Wasser hat.

Es ist Ferienzeit. Wie verbringe ich meinen Urlaub? Darüber denke ich nach. Als meine Frau noch am Leben war, haben wir einmal im *Zirmerhof* in Südtirol einen Sommerurlaub verbracht. Hochalpin, Hochsommer, eine Berglandschaft wie eine große Symphonie, stimmungsvoll waren die Abende, die kühlen sternenklaren Nächte, die Aufgänge der prächtigen Sommersonne. Abends nach unseren Touren und Spaziergängen draußen im Gebirge gab es im Speisesaal des Hotels hervorragendes Essen. Wir fanden uns ein, meine Frau, mein damals vierjähriger Sohn und ich. Viele Familien waren hier, noch mehr Paare, aber an einem Ecktischchen, an ihrem angestammten Platz, nahm immer eine noch gar nicht so alte Frau Platz. Sie dürfte so etwa in meinem heutigen Alter gewesen sein. Sie nahm hier Abend für Abend ganz alleine ihr Essen ein. Mich erschütterte das. Ich fragte mich, wie hält man das aus? Wie kann man ganz alleine ein Vier-Gänge-Menü absolvieren, ohne jemanden zu haben, der einem gegenübersitzt und mit einem plaudert? Warum setzt sie sich dieser Situation aus? Ich habe das nicht begriffen. Gabi meinte damals, wahrscheinlich säße die Frau alleine hier, weil sie keinen Partner mehr hätte. Auf jeden Fall fanden wir beide das ganz herzzerreißend schlimm. Heute sitze ich selbst gelegentlich im Restaurant an diesen Ecktischen, die für eine Person eingedeckt sind. Ich weiß nun, wie es ist, alleine am Tisch zu sitzen. Und alleine zu essen. Ich kenne die fragenden Blicke der anderen, die die Besonderheit meiner misslichen Lage wahrnehmen, und ich kenne auch meine neidvollen Blicke auf Paare, die zusammen essen, auf Familien, die an einem Tisch sitzen, die sich verstehen, zusammen lachen und eine gute Unterhaltung führen. Als Solist im Speisesaal hat man ja viel Zeit, die anderen zu beobachten.

Wenn ich darüber nachdenke, welches die schwierigsten Situationen sind, die der frühe Tod meiner Frau für mich und mein Leben mit sich gebracht hat, dann ist neben vielen anderen interessanterweise immer jene ganz vordringlich schmerzhaft, nicht mehr mit meiner Frau in einem Restaurant sitzen zu können, wenn sie sich hübsch gemacht hat, schöne Kleider und Schmuck trägt, wenn sie so ganz festlich dasaß und mich in all ihrer Schönheit liebevoll anlächelte. Das fehlt mir fast am meisten. Witwer zu sein, das ist: Nicht mehr gegenüber seiner Frau Platz zu nehmen, sondern gegenüber dem ganzen Lokal, der ganzen Welt. Sich nicht mehr mit ihr über die Speisenauswahl zu unterhalten, nicht mehr einen Champagner zu trinken, zu scherzen und zu lachen, sondern nun stumm und schal dazuhocken, ins Nichts zu glotzen, die Fassade aufrechtzuerhalten und diese Situation halbwegs mit Anstand über die Runden zu bringen.

Jetzt im Hochsommer ist alles noch viel schlimmer. Jetzt, wenn Ferien sind, ist die Zeit, in der ich meine Frau ganz besonders vermisse und daran denke, was für volle, sonnige Urlaube wir einst am Meer verbracht haben. Ich hadere auch mit meiner Vergangenheit mit Anke. Ich könnte mit ihr in Holland am Strand sitzen, jetzt ist es zu spät. Jetzt sitzt der Eventmanager auf dem Handtuch neben ihr. Ich blase Trübsal. Ich werde wütend. Ich sitze hier und denke, was für eine Scheiße es ist, ein Elitepartner zu sein. *ElitePartner*, Niete-Partner. Man zieht hier nicht das große Los, das ist meine Erkenntnis! Aber fast gleichzeitig fällt mir ein: Ja, auch ich war bislang für die interessierte Damenwelt nicht gerade der Hauptgewinn bei dieser Lotterie.

Ich nehme wieder meine Gitarre in die Hand und spiele *Paint it black*. Dann einen Song von den Puhdys. *Wenn ein Mensch lebt* aus dem DDR-Film *Die Legende von Paul und Paula* mit Angelica Domröse und Winfried Glatzeder. »Meine Freundin ist schön, als ich aufstand, ist sie gegangen. Weck sie nicht, bis sie sich regt! Ich hab mich in ihren Schatten gelegt.« Ich denke an Gabi, wie ich mich in ihren Schatten gelegt habe. Wie sie damals, in irgendeinem Sommer vor hundert Jahren, im Bikini mit einem Buch auf unserem Balkon lag und mich angelächelt hat, bei 38 Grad Hitze, wie schön sie aussah. Ich spiele ein anderes Lied aus meinem Repertoire. Von Element of Crime. Das Stück heißt *Richtig schön war's nur mit Dir!* Und ich denke, ach je, so schön war alles einmal. Und heute muss ich mich mit allerlei verbiesterten Elitepartnerinnen herumschlagen. Dann denke ich wieder: Nein, so ist es nicht, ich selbst bin ja verbiestert. Ich bade noch eine Weile im Selbstmitleid und denke an das große Glück, das ich besessen habe. Und heute? Heute bastele ich eben wie ein altersschwacher Erfinder, wie Peterson oder Daniel Düsentrieb aus den Kinderbüchern meines Sohns, an einer Idee herum, die es nicht mehr gibt. Ich sollte mich abmelden. Ach, ich hasse dieses ganze »kultivierte« und »niveauvolle« Anmachgesülze. Ich hasse golfende Geschäftsführerinnen, die mit Delfinen schwimmen. Trinkt euren Milchkaffee doch, mit wem ihr wollt. Geschmeiß, elendiges!

Elitepartner zu sein, das bedeutet, periodisches Hin- und Hergerissensein zwischen einer Einsamkeit, mit der man einverstanden ist, und einer Einsamkeit, die man hasst, die einen verzweifeln lässt. Hin und her zwischen der Überzeugung, dass nur die eine neue Partnerin das verlorene Glück zurückbringt, und der, dass das Glück auch weit jenseits aller Frauen liegt. Was soll ich tun? Im Moment ist eine Neuaufnahme der Anbahnungsbemühungen bei *ElitePartner* in weite Ferne gerückt. Ich bin gar nicht flirty, geschweige denn sexy zurzeit. Die Trostlosigkeit des Unternehmens »zweite Partnerin« wird mir klar, andererseits ist der Wunsch nach ihr durch meine knatschige Seelenlage nicht kleiner geworden. Im Gegenteil, heute empfinde ich es wieder: der Wunsch nach der Elitepartnerin steigt mit abnehmendem Selbstwertgefühl und zunehmender Gemütsverdüsterung, allerdings bei gleichzeitig sinkenden Chancen, ihn zu realisieren. Aus Gründen allgemeiner äußerer und innerer Verstoppelung.

Splendid Isolation

Die Tage, die Wochen ziehen vorüber wie die Landschaften vor dem Fenster eines fahrenden Zugs. Bärtig bin ich geworden. Und ein bisschen abgerupft. Ich stehe jetzt auf besserem Fuß mit meiner Einsamkeit. Ich bin einverstanden mit ihr, bin nicht mehr nur Steppenwolf, sondern, ein bisschen wenigstens, Siddhartha. Meine Düsternis verzieht sich ein wenig, mein Himmel lichtet sich. In der Einsamkeit sehe ich nun auch ein paar Qualitäten, die mich überraschen.

Ich bin ein freiheitsliebender Mensch. Meine Freiheit ist das höchste Gut in meinem Leben. Selbstbestimmt zu leben, nichts tun zu müssen, was mir nicht entspricht, mich nicht vereinnahmen zu lassen von irgendwelchen Teamchefs, Rudelführern und anderen Alphatieren, das ist mir wichtig. Keine Darmstädter Dentallaborantinnen treffen müssen, wenn meine Partnerin das unbedingt möchte, und keine Volkswirte von der Commerzbank – das ist wahre Freiheit. Menschen mit negativer Energie einfach meiden oder elegant links liegen lassen, dann ist das Leben doch erst richtig schön. Was mir Gruppen, ganz egal welche, an Wärme, Geborgenheit und Geselligkeit geben können, es ist mir nichts gegen die Freiheit, auch wenn sie manchmal furchtbar einsam ist.

In den letzten Wochen ist mir klar geworden: Einsamkeit ist besser als ihr Ruf. Als einsamer Mensch kann man ein ganz anderer sein als der, der man vermeintlich zu sein hat. In der Einsamkeit kann man sich neu erfinden, immer wieder. Man kann sich einen Bart wachsen lassen oder auch nicht, man kann ein albernes Stoffbändchen am Handgelenk tragen oder auch nicht, authentisch sein oder auch nicht. Man läuft legerer, nachlässiger herum. Man ist unbefangen, freier. Kann ungestört geschmacklose Lieder laut und falsch singen, korybantisches Tanzen zu selbst gewählten Rhythmen inklusive. Man kann zu sich nach Hause kommen und gehen, wann man will. Kann die WC-Tür offen lassen, wenn man auf dem Klo hockt. Keine großen Freuden, aber immerhin. Einsamkeit, das ist der Aufenthalt in der beklemmungsfreien Zone – außerhalb jenes eng gespannten Netzes aus Verpflichtungen und Rücksichtnahmen. Einsamkeit ist die Möglichkeit, fernab des sozialen Netzwerks, das einem nützt, einen aber auch unaufhörlich kontrolliert, ein anderer zu sein, etwas anderes, Unerwartetes, Überraschendes zu tun. Weitgehend folgenloses Anquatschen wildfremder Personen eingeschlossen.

Ich kann nicht sagen, dass ich immer wirklich entspannt wäre, wenn ich einsam bin. Ich bin überhaupt kein sonderlich entspannter Mensch. Dennoch sage ich. Ja, man kann auch einsame Stunden genüsslich vergeuden. Es gibt nicht nur ein Lebensglück mit den Menschen, die uns guttun. Es gibt auch das Glück, das nicht im Austausch mit anderen Menschen entsteht, sondern im Kontakt mit der Welt. Das hört sich ein bisschen nach Sonntagspredigt an, stimmt aber. In der Sonne sitzen. Das Spiel des Wassers betrachten. Sich an der Welt erfreuen. Oder am Wald, egal, ob in der Natur oder an meiner Wand, wo er in Gold gerahmt zu sehen ist. Der Wald von Fontainebleau auf meinen Barbizon-Gemälden. Ich denke, solange ich die Welt habe, kann mir nichts passieren. Erst wenn ich das Gefühl für ihre Schönheit verliere, das Interesse daran, die Plätze der Schönheit aufzusuchen, bin ich in Gefahr.

Das Herzogenhorn im Schwarzwald. Ich bin wieder hierher gefahren über die A 5, Richtung Basel. Mit Tempo 120. Allein. Ich bin wieder unterwegs, ohne jemanden bei mir zu haben, der mich erfreuen, aber eben jederzeit auch auf die Idee kommen könnte, jetzt lieber »shoppen« zu gehen. Ich wandere wieder los in aller Frühe, hinauf auf diesen Rücken von Bernau aus im Tal. Ganz allein. Der Kies knirscht unter meinen Sohlen beim Aufstieg. Es ist still hier, Waldesruhe, nichts bewegt sich, nur ich bewege mich in der Stille. Da bin ich gerne. Da wandele und wandere ich herum. Dann bin ich einsam. Schön einsam. Zum Glück allein. Ich sitze auf einem Felsbrocken auf dem Gipfel in 1415 Metern Höhe über dem Meeresspiegel und denke darüber nach, was ich eigentlich fühle, wenn ich mir so einsam vorkomme. Einsamkeit fühle ich nicht unbedingt nur, wenn ich allein bin. Zum Alleinsein muss das Nichtstun kommen. Es gibt dann nichts, was einen ablenkt. Wenn man zum Beispiel allein ist und arbeitet, dann fühlt man keine Einsamkeit, weil die Arbeit einen von diesem Gefühl ablenkt. Beim Wandern fühlt man sie schon eher. Wandern ist Alleinsein und Nichtstun. Aber eben nicht ganz. Es gibt ja eine leichte Ablenkung. Das ist jene des Schauens und Wahrnehmens der Natur, die man durchstreift. Aber die Ablenkung ist nur leicht und lässt so genügend Raum, sich selber als einsamen Menschen zu erleben. Aber als einen frohen einsamen Menschen. Ich denke, genau genommen gibt es immer irgendetwas, was uns leicht ablenkt und uns jede

Einsamkeit irgendwie versüßt. Ich stehe auf, drehe mich im Kreis und blicke in alle Himmelsrichtungen. Weit im Süden sehe ich die Alpenkette, im Osten die Bergrücken der Schwäbischen Alb, im Westen die oberrheinische Tiefebene, im Norden den Feldberg und den dichten schwarzen Wald.

Im Grunde genommen ist in der Einsamkeit immer beides angelegt: maximale Autonomie, alles ist möglich, aber auch bodenlose Verlorenheit, von Gott und der Welt verlassen sein in der Welt, haltlos sein wie ein »rollender Stein«. *Like a Rolling Stone.* In ihr ist immer Angst und Freiheit zugleich, Trauer und Euphorie genauso. Sie kann uns sehr verunsichern oder bedrohlich erscheinen, uns aber genauso unbeschwert und freimütig stimmen. Diese Extreme können ganz einseitig gefühlt werden. Aber manchmal ist Einsamkeit auch ein sehr gemischtes Gefühl, in dem sich verschiedene Anteile überlagern, ein Gefühl so ähnlich wie Weinen und Lachen zugleich. Das spüre ich hier oben auf dem Berggipfel wieder. Einsamkeit bedeutet, sich in den verschiedenen Lebenslagen immer wieder einmal als ein Wesen zu spüren, das ohne Halt, Schutz und Aufgehobenheit dieser harten Welt ausgesetzt ist, ganz ohne dass es dafür eines sonderlich traumatischen Erlebnisses bedürfte, das uns erst in diese Befindlichkeit stürzen müsste. Aber dieselbe Einsamkeit, wenn sie uns nicht schwermütig und »mutterseelenallein« stimmt, kann auch etwas sehr Heilsames und Wohltuendes sein. In ihr gewinnt man einen Blick für »die nächste Nähe«, wie es Henry D. Thoreau in seinem Buch *Walden or Life in the Woods* von 1854 ausgedrückt hat. In der Einsamkeit erfährt man kaum Außenreize, gleichzeitig senkt sich die Reizschwelle für jene wenigen sinnlichen Eindrücke, die noch geblieben sind. Was man überhörte, hört man nun, was man nie gefühlt hat, fühlt man, woran man achtlos vorüberging, daran bleibt man nun hängen. Einsamkeit schärft unsere Sinne, sie steigert unsere Empfänglichkeit für die Schönheit der Welt, die unmittelbar um uns ist – bringt die Welt und das Ich näher zusammen. Ist das so? Hoffentlich.

Theorie der Vitalisierung

Woher beziehe ich meine Lebenskraft? »Alles wirkliche Leben ist Begegnung«, schreibt Martin Buber. In der Begegnung mit Menschen beleben wir uns. Und zwar gegenseitig. Wenn ich in einer Partnerschaft lebe, beziehe ich aus ihr sehr viel meiner Lebenskraft. Wenn ich einsam bin, muss ich meine Vitalisierung aus anderen Begegnungsformen beziehen. Ich kann der Natur begegnen, der Kunst oder mir selbst, meinem Denken und Wünschen. Was vitalisiert mich, gibt mir Energie? Der so oft und so abgrundtief einsame Friedrich Nietzsche hat in einem Brief einmal geschrieben: »Meine Existenz ist eine fürchterliche Last: Ich hätte sie längst von mir abgeworfen, wenn ich nicht die lehrreichsten Proben und Experimente auf geistig-sittlichem Gebiete gerade in diesem Zustande des Leidens und der fast absoluten Entsagung machte. Diese erkenntnisdurstige Freudigkeit bringt mich auf Höhen, wo ich über alle Marter und alle Hoffnungslosigkeit siege.« Nietzsche hat sich durch das eigene Denken vitalisiert.

Zu denken ist die Tätigkeit des Einsamen. Das Beispiel Nietzsches zeigt, man kann sich auch in der Einsamkeit vitalisieren – und durch sie. Natürlich ernährt sie einen nur schwach. Das ist eher wie Diät oder Schonkost. Aber wenn man in der Einsamkeit offen und wachsam bleibt, wenn man nicht aufhört zu denken, konzentriert und hart arbeitet, wie ich es in diesem Moment tue, in dem ich dieses Buch niederschreibe, vitalisieren mich mein einsames Denken und meine einsame Arbeit, obwohl sie mich gleichzeitig erschöpfen. Wenn ich diese Möglichkeit nicht habe, versuche ich mich an anderen Vitalisierungs-formen: Ich lese, ich spiele Gitarre, beschäftige mich mit meinen Landschaftsbildern oder treffe mich mit Freun-den. Und trotzdem bleibt es dabei, die schönste Form für einen Mann, sich zu vitalisieren, ist es, eine Partnerin zu haben, im Austausch mit ihr zu stehen, in einer liebevol-len Begegnung.

Wir Einsamen sind hingegen dazu verurteilt, Vitalisie-rungsformen zu entdecken, die wir aus uns selbst schöp-fen. Das ist anstrengender und schwerer, als sich durch einen Lebenspartner zu vitalisieren. Aber es geht. Die Lebenskunst des Einsamen liegt darin, in seiner existen-ziellen Lage, die nicht sehr fruchtbar ist, dennoch nach Quellen der Vitalisierung zu schürfen und sie zum Spru-deln zu bringen, auch wenn es nur kleine Bächlein sind, die da plätschern. Aber diese Quellen gibt es in jedem Leben, und es können ganz überraschende sein, auf die man da stößt, wenn man anfängt zu graben. Mich bei-spielsweise vitalisieren nicht irgendwelche Spaßmacher, Komödianten, Lachsäcke auf Bühnen oder solche »Un-terhaltungskünstler«, die extra mit dem Zweck angetreten sind, mir meine Einsamkeit zu vertreiben. Mich vitalisiert keine Zerstreuung auf Teufel komm raus, keine Ablen-kung, kein Entertainment. Mich vitalisieren Menschen mit Geist und Gemüt, Autoren wie Beckett oder Camus, Künstler, von denen mir andere sagen: »Hör auf, das ist doch lebensfeindlich! Das macht doch depressiv!« Nein, existenziell zu sein und so zu denken, das ist mir Lebensquell. Wenn ich ganz offen und schonungslos darüber nachdenke, wie absurd unser Leben ist, wie hohl manchmal und trotzdem wie schwer, dann vitalisiert mich das! John Williams *Stoner* belebt mich, Cormac McCarthys *No Country for Old Men* oder Samuel Becketts Drama *Glückliche Tage*. Beckett inspiriert mich, aber nicht das Oktoberfest. Wie geht das? Es zieht mich nicht runter, das Leben als sinnlos und banal zu denken. Nein, ganz und gar nicht. Indem ich die Banalität und Sinnlosigkeit des Lebens anerkenne, fängt es erst an, mir Spaß zu machen. Der Druck der ewig verdrängten Angst weicht auf wohltuende Weise, und in der Akzeptanz des Absurden liegt nun auf einmal ein unverhofftes Vergnügen!

Glück der Resonanz

Dienstagnachmittag gegen 14 Uhr. Der Bahnsteig im Kölner Hauptbahnhof ist nicht sehr bevölkert. Zwei einsame Teenager warten mit mir auf den ICE, ein Businessman steht da, vollverkabelt im wichtigen Businessgespräch, zwei Kontrolleure in Uniform schauen muffelig drein. Es ist kalt hier. Ein windiger nichtsnutziger Tag. Eine Taube rauscht im Tiefflug knapp über meinen Kopf. Weiter hinten mache ich einen schlaksigen Typen aus, der mit einem winzigen Rollköfferchen die Treppe zum Bahnsteig hochkommt. Ich schlendere hin und her, noch zehn Minuten bis zur Abfahrt.

Ein merkwürdiger Tag war das. Ich habe es doch noch einmal probiert. Ein paar Tage nach meiner Rückkehr aus dem Schwarzwald. Ein völlig nichtssagendes Date mit Tanja, 45, Kunsthistorikerin, äußerst attraktiv, liegt jetzt hinter mir, eines, das beide von uns vielleicht schon in drei Tagen nahezu völlig aus dem Gedächtnis gestrichen haben werden. Man hat Nettigkeiten ausgetauscht, ich hab mich ein bisschen interessiert, sie hat sich ein bisschen interessiert. Sie hat von ihrer Arbeit als Journalistin erzählt, ich von meiner, habe meine Sprüche aufgesagt, ich habe versucht, neugierig zu wirken, war aber eigentlich müde und im Endeffekt auf eine erschreckende Weise desinteressiert. Wir saßen in einem Kölner Brauhaus, sie aß einen Rucola-Salat, ich nichts, trank nur einen Kaffee. Und wir unterhielten uns. Eigentlich erzählte sie. Nonstop. War mir ja auch mal recht, mal nicht immer den Alleinunterhalter geben zu müssen. Sie redete. Von sich. Meistens aber von ihren Freundinnen, die sie »zu Elite« gebracht hätten. Sie spricht davon, wie wichtig ihr ihre Mädels wären. Und dass sie gerne auch mal was »nur unter Mädels« mache. Sie kichert. Ob ich was dagegen hätte, wenn sie ab und zu »Mädelsabend« mache. Oh Gott. Nicht schon wieder. »Nein, hab ich nicht!« Sie fuhr nach einer Stunde davon. Auf einem schwarzen Damenrad. »Wir hören!«, rief sie mir noch nach. »Ja, klar doch!«

Morgens war ich im Auktionshaus Van Ham zur Vorbesichtigung der Frühlingsauktion »Gemälde des 19. Jahrhunderts«. Aus Interesse und, Sie ahnen es sicher schon, zur Motivationsverstärkung, mich überhaupt auf den beschwerlichen Weg nach Köln zu machen, beziehungsweise zur Enttäuschungsprophylaxe. Außerdem hatte ich ein

Gespräch mit dem Programmleiter von Eichborn. Ich will ein neues Buch schreiben, und er findet meine Idee klasse. Mein Date war also gut eingepackt in andere Termine. So richtig sauer würde ich nicht sein, wenn es nicht funken würde zwischen meiner Kunsthistorikerin und mir. Bei der Auktion interessiert mich dieses Mal ein Gemälde von Adolphe Appian. Ein Bild aus seiner Schaffensperiode um 1878, dem Jahr, in dem er mehrere Seestücke geschaffen hat, meistens Strandansichten von Collioure. Mich interessiert Appians Kunst, eine dunstig-träge Stimmung über das Meer an einem Sommertag zu legen, eine Stimmung, von der man nicht recht weiß, ob sie einen bedrückt oder ob das Heitere in ihr überwiegt. Ein schnell gemaltes, mit lasierenden Farben gepinseltes Freiluftbild. Ich überlege, ob ich es im Nachverkauf erwerben soll. Es zu ersteigern wäre womöglich sehr teuer.

Als ich auf dem Bahnsteig so völlig in mich versunken auf und ab gehe, treffen sich meine Blicke mit denen des schlaksigen Typen. »Den kennst du doch irgendwoher!«, denke ich. Ich denke nach. Komm aber nicht drauf. Jetzt dreht er mir den Rücken zu. Ich sehe, der Mann hat eine Stirnglatze, aber dichtes weißen Haar, trägt ein etwas verknittertes Jackett, eine Jeans und hellbraune Wildlederhalbschuhe. Er geht auf und ab, bückt sich und fingert an dem winzigen Köfferchen herum, das eigentlich viel zu klein ist, als dass man es auf Rädchen hinter sich herziehen müsste. Er zerrt einen Zettel aus der Außentasche, da erkenne ich ihn. Das ist der ehemalige Fernseh-Entertainer Harald Schmidt. Was macht der wohl hier? Hat der auch ein Date? Quatsch, der ist ja verheiratet! Inzwischen sind noch ein paar Reisende hier am Bahnsteig dazugekommen. Und plötzlich fällt mir auf, dass keiner der anderen, weder die wenigen auf diesem Bahnsteig noch die vielen, die sich am Bahnsteig gegenüber drängen und zu uns herüberblicken, den Fernseh-Talkmaster erkennen! Der Zug fährt ein.

Ich setze mich wieder ins Bordbistro. Auch Harald Schmidt setzt sich hierher. Zwei Weizenbier trinkende junge Männer sind da. Sonst keiner. Ich höre, wie Schmidt Schokokuchen und Kaffee bestellt und *Die Zeit* entblättert. Harald Schmidt wird, wie mir scheint, auch von den Servicemitarbeiterinnen nicht erkannt. Nicht von der, die die Bestellung aufnimmt, und nicht von der, die sie ihm an den Tisch bringt. »Ist der schon so weit weg vom Fenster?«, frage ich mich. »So sehr, dass er wieder unsichtbar geworden ist, grau, so wie wir alle?« Ich erhasche durch die Sitzlehnen einen Blick auf den Entertainer, er liest. Es scheint, er verstecke sich ein wenig hinter der Zeitung. Obwohl gar keiner guckt! Außer mir. Unsere Blicke kreuzen sich wieder. Nur ganz kurz blicken wir uns an. Er mustert mich kurz. Ich dreh den Kopf weg. Noch bevor er seinen wegdreht. Wahrscheinlich hat er gespürt, dass mein Blick nicht nur der eines an seinen Mitmenschen interessierten Zeitgenossen ist, sondern dass dies ein wissender Blick war. Er hat vielleicht bemerkt, dass ich ihn erkannt habe. Kurz überlege ich, ob ich mich zu ihm setzen soll. Aber dann lass ich es sein. Er wirkt auf mich eher miesepetrig. Aber auch, weil ich mich an eine Kolumne von ihm erinnere, die ich vor sicherlich zwanzig Jahren einmal gelesen habe, ich, der ich einst ein großer Fan von Harald Schmidt war. Er, der bekennende Bahnfahrer, schrieb darin von der wiederkehrenden unangenehmen Situation, die er damals offenbar öfter durchlebte, nämlich immer wieder auf Menschen zu stoßen, die ihn mit dem »Ich spreche Sie gleich an!«-Gesicht anschauen würden. Zwanzig Jahre später ist von diesen Menschen keiner mehr geblieben, außer mir. Zumindest heute nicht. Ob Harald Schmidt dieselben Gedanken auch heute noch genau so niederschreiben würde? Ich finde es ist nicht das Schlechteste, von jemandem erkannt zu werden. Und es ist auch nicht das Schlechteste, von jemandem mit dem »Ich spreche Sie gleich an!«-Gesicht angeschaut zu werden. Ich verwerfe dennoch meinen Plan, mich mit ihm über den beklagenswerten Zustand der deutschen Comedy-Szene zu unterhalten. Er wirkt auch nicht so, als wäre er erfreut, wenn ich mich als jemand zu erkennen gäbe, der ihn erkannt hat.

Als wir nach anderthalb Stunden den Mainzer Hauptbahnhof erreichen, versuche ich beim Aussteigen, an ihm dranzubleiben. Der ältlich wirkende TV-Entertainer zerrt sein winziges Köfferchen zur Tür und steigt als Erster aus dem immer noch nicht sehr vollen ICE aus. Ein kalter Wind empfängt ihn hier. Und wirbelt sein weißes Haar durcheinander. Der Bahnsteig, ja der ganze Bahnhof in Mainz ist voller Reisender. Rushhour. Harald Schmidt verlässt den ICE, bahnt sich seinen Weg durch das Getümmel, ich bleibe ihm auf den Fersen, gehe hinter ihm zu den Rolltreppen, durch das Bahnhofsgebäude, die Treppen hinunter auf den Vorplatz, ich sehe, wie er zum Taxistand hinübergeht, einsteigt und wie er wegfährt. Und wieder ist es so: Keiner außer mir scheint Harald Schmidt erkannt zu haben, keiner in dem ganzen Menschenauflauf. Ich habe in nahezu alle Gesichter der Passanten gesehen, die an uns links und rechts vorbeizogen, mehr oder weniger hektisch, weil sie ihren Zug erreichen wollten oder nur rasch nach Hause.

Keiner hielt inne, blieb mit den Augen an diesem Mann hängen, keiner ließ seinen Blick auf dem Mann die kurze Zeitspanne länger ruhen, die man normalerweise investiert, wenn ein TV-Promi unverhofft den eigenen Lebensweg kreuzt.

Der Mann, der jahrelang eine eigene tägliche Late-Night-Show hatte, der so viel Aufmerksamkeit bekam wie nur sehr, sehr wenige Menschen auf dieser Welt, der große dünne Mann mit dem großen Kopf – er schreitet durch die Leute, die ihn sämtlich ignorieren, zieht sein Köfferchen hinter sich her und lässt sich von der Masse schlucken. Was bleibt ihm auch anderes übrig? Dieses Erlebnis macht mich nachdenklich: Wir sind alle unsichtbar. Manche von uns ein Leben lang. Manche werden unsichtbar, wenn sie alt werden, wenn sie in Vergessenheit geraten, wenn sich das ganze künstlich erzeugte Aufmerksamkeitsgewitter verzieht, kehren sie wieder ein ins Nichts, ins Dunkel, in die Welt mit sich selbst. Wenn ich ehrlich bin, hab ich gar nicht so viel Mitleid mit Harald Schmidt. Ich empfinde sogar so etwas wie eine kleine Schadenfreude. Warum soll es ihm besser gehen als all den anderen? Oder anders gesagt: Ich als Autor und Künstler hätte mindestens so viel Aufmerksamkeit verdient gehabt wie er. Habe sie aber nicht ansatzweise bekommen. Wenn andere geliebt oder bewundert werden, so ganz über alle Maßen, dann fühlen Menschen wie ich das als Zurücksetzung und sind neidisch. Wenn die ungerecht empfundene Bevorzugung durch die deutsche Öffentlichkeit dann nach 15, 20 Jahren endet, empfindet ein kleinmütiger Typ wie ich eine gewisse händereibende Genugtuung. Selbst wenn ich nichts davon habe, dass der einst bekannte TV-Entertainer Schmidt wieder unsichtbar wird, geht es mir doch etwas besser, weil es ihm nicht mehr besser geht. Sondern wieder so wie uns allen.

Ich denke, jetzt weiß ich, warum mich Harald Schmidt interessiert. Warum er mich als *man of the crowd* interessiert, diese Figur aus einer Novelle von Edgar Allen Poe. Ich identifiziere mich mit ihm. Wie er da mit seinem läppischen Promi-Köfferchen auf dem Bahnsteig rumläuft. Und auf einmal tut er mir doch leid. Er bekommt keine Resonanz mehr, vielleicht leidet er, wie ich auch, unter einem manifesten Resonanzentzug. Ich weiß schon länger, wie sich das anfühlt. Er wahrscheinlich nicht. Ich glaube, Harald Schmidt ist ein gekränkter Mann. Wahrscheinlich würde er das nie zugeben und jeden Anflug von gekränkter Eitelkeit sofort professionell überspielen. Er würde wohl sagen, was alle Promis im Sinkflug ihrer Popularität sagen, nämlich dass er jetzt endlich Zeit habe für Dinge, die ihm in seinem Leben wichtig sind und die er so lange habe aufschieben müssen, wahrscheinlich golfen oder sich endlich mal mit seinen Kindern zu beschäftigen. Er würde vielleicht auch sagen, es mache ihm nichts aus, wieder grau und unsichtbar zu sein. Aber das würde ich ihm nicht glauben. Denn natürlich tut das weh. Wie es jedem wehtut, nicht erkannt zu werden in all seiner Grandiosität und Einmaligkeit.

Und wenn Sie sich jetzt fragen, liebe Leserinnen und Leser, warum erzählt er mir das in einem Buch über Online-Partnerschaftsvermittlung, dann will ich Ihnen diese Frage in einer Schlichtheit beantworten, die Sie vielleicht verblüffen wird: In der Liebe werden wir erkannt. Und anerkannt. Auch der Nichtprominente, jeder von uns. In der Liebe erkennt der, der uns liebt, das Besondere in uns. Und erkennt es an. Und das ist ein ganz und gar fantastisches Erlebnis, das manche Menschen ein Leben lang herbeisehnen, dessen Erwartung sie am Leben hält, dessen Ausbleiben sie aber auch manchmal verzweifeln lässt. Wenn es auch nicht viele Tausend andere sind wie bei einem Prominenten, die ihn verehren, bewundern, ihm applaudieren: Diese eine, meine Partnerin, die mich liebt, wenn sie mich liebt, sie erkennt das ganz und gar Wunderbare meiner Persönlichkeit. Und deswegen ist es auch für uns Normalsterblichen so ungemein wichtig, ja, es dürstet uns danach wie sonst nach nichts auf der Welt, wenigstens einmal im Leben das Glück erlebt haben zu dürfen, dass in der Liebe jemand das Wunderbare an uns erkannt hat. Und darum versuchen wir diesen Menschen zu finden, der es erkennt. Manchmal ein Leben lang. Denn wenn wir geliebt werden, fühlen wir das Besondere unserer Person. Wir sind nicht mehr grau und unsichtbar, sondern stolz und schön. Und wenn wir selber lieben, geben wir dem anderen dieses Gefühl, besonders zu sein. Und wenn die Liebe verloren geht? Dann werden wir wieder grau und hässlich und bitter. Sich den Wunsch zu erfüllen, einen anderen Menschen zu finden, der einem diese Resonanz gibt, das ist legitim, verständlich, ja vielleicht sogar für uns alle lebenswichtig.

The Pursuit of Happiness

Aber liegt das Scheitern nicht schon wieder in der Luft, wenn man so hohe Worte wählt? Man hört es ja immer wieder, dass die Erfüllung unseres Wunsches nach dem Glück einer wahren Liebe so oft scheitert. Nicht zuletzt an den übersteigerten Erwartungen. Diese werden durch die sexy Yogalehrerin auf der Plakatwand und andere medial vermittelte Trugbilder stimuliert, und drunter machen wir aufgepeitschten Elitepartner es dann nicht. Das Problem ist nicht kleinzureden, wichtig ist es aber, daraus die richtigen Schlüsse zu ziehen. Wenn man vom Scheitern spricht, ist schnell der Hinweis auf die »zu hohen Ansprüche« zur Hand, und alle nicken sich in tiefem Einverständnis zu: Nein, so geht das nicht. Aber es ist ein bisschen komplizierter.

Ich finde, ganz zu Recht suchen Menschen, auch so verpeilte Existenzen wie Emma Bovary, so lange nach einem Partner, bis sie die Resonanz bekommen, die sie suchen und die sie sich dann gegenseitig geben. Einen Partner zu finden, der in einem Resonanzgefühle der Liebe auslöst, ist für jeden Menschen eine der schönsten Lebenserfahrungen, die es gibt. Erst recht für all diejenigen, die entweder einen solchen Menschen bislang nicht gefunden haben oder ihn zwar gefunden hatten, ihn aber verlieren mussten und sich nun noch einmal auf den Weg machen.

Es mag ja sein, dass es in unserer Kultur so etwas wie eine übersteigerte Glückserwartung an die romantische Liebe gibt. Und die Klage über den romantischen Overkill. Aber die haben wir nun oft genug gehört. Von Scharen zur Nüchternheit gemahnender Psychologen, die vor dem großen Unheil warnen, das in solchen Wünschen steckt, und uns wieder auf den Boden der Tatsachen holen wollen. Die romantische Liebe ist populär, nur unter den Intellektuellen hat sie nicht viele Freunde. Das geht hin bis zur regelrechten Glücksverachtung, an der sich längst auch viele Psychotherapeuten beteiligen. Nachdem sie uns jahrzehntelang darin bestärkt haben, unsere Gefühle zu entdecken, zu ihnen zu stehen und sie endlich zur Grundlage unserer Partnerschaften zu machen, pfeifen sie uns jetzt zurück. Nachdem sie uns erst nach Kräften zu Ausflügen in die Gefilde romantischer Gefühle ermutigt haben, predigen sie uns heute einen neuen gesunden Realismus als Königsweg. Vormals waren es die Gutsherren, die Patriarchen und die ganz Strammen, die uns zur »Vernunft« riefen, auch in den geschlechtlichen Beziehungen, jetzt sind es ausgerechnet Psychologen, die uns vor übersteigerten Gefühlen warnen – und denen das »Glück« höchst suspekt geworden ist!

Das Glück, das man in der Liebe sucht, es steht nicht hoch im Kurs in unserer Zeit. Stattdessen gibt es ein regelrechtes Romantik-Bashing. Vor allem Philosophen wie Richard David Precht, Wilhelm Schmid oder Sven Hillenkamp nehmen es immer wieder aufs Korn. Dazu Psychotherapeuten wie Michael Mary oder Arnold Retzer, die uns stattdessen immer wieder das trockene Brot der Vernunftbeziehung verabreichen wollen. Sie erklären all die romantischen Glücksucher beiderlei Geschlechts wahlweise entweder zu haltlosen Egoisten oder, durch die Therapeutenbrille gesehen, zu Lebensuntauglichen oder Beziehungsgestörten. Anstelle des Glücks bevorzugen sie wesentlich unglamourösere Zustände, etwa die gute alte Zufriedenheit. Oder noch besser: den Sinn. Als das erstrebenswerte große Ziel, wonach jeder im Leben suchen solle, um darin wahre Erfüllung zu finden. Der gute alte Sinn. Aber gerade die, die den anderen immerzu die Suche und das Verfolgen des Glücks als Lebensziel austreiben wollen, sie habe ich im Verdacht. Im Verdacht, selbst nur eingeschnappt oder verbiestert zu sein. Sinn – das ist doch, wenn wir mal ganz ehrlich sind, was man erst dann sucht, wenn man beim Glück nicht fündig geworden ist. Ich habe bei so viel Verteufelung oft das Gefühl, solche Theoretiker hätten im eigenen Privatleben selbst nicht allzu viel glückvolle Partnerschaftspraxis, weshalb sie aus der Not die Tugend machen und den Spatz verherrlichen, wo sie doch insgeheim auch einmal nach der Taube auf dem Dach geschielt haben. Wie reimte noch gleich der gute Wilhelm Busch? Tugend war zu jeder Zeit nur Mangel an Gelegenheit. Und auch der oft vorgetragene Vorwurf, mit der Glückssuche werde doch nur ein Geschäft gemacht, verfängt nicht. Ich behaupte, mit der Suche nach dem Sinn, zumal in gottlosen Zeiten, wird mindestens so viel Geld verdient wie mit jener nach dem Glück. Glauben Sie es mir, das schenkt sich nicht viel.

Der *Pursuit of Happiness* ist in Verruf geraten in unseren Tagen. Ich dagegen verteidige diese Einstellung vehement. Und argumentiere gegen die Dämonisierung des Glücksstrebens. Ja, ich bekenne: Ich bin ein Romantiker, kein heilloser, aber einer mit einem gewissen Erkenntnisvermögen – auch mir selbst gegenüber, auch wenn ich deswegen nicht in allen Fällen davor gefeit bin, mal wieder gegen die Wand zu laufen. Dennoch halte ich mich für einen Menschen, wie Max Weber gesagt hätte, mit »Leidenschaft und Augenmaß«, einer, der mit der Überzeugung ausgestattet ist, dass man auch als bekennender Romantiker nicht zwangsweise so blind und heillos enden muss wie die gute Emma Bovary. Schon im Märchen steht: »Jemand geht hinaus in die Welt, um sein Glück zu machen.« Das ist es, was Menschen interessiert. Immer schon. Nicht erst seitdem uns die Konsumgesellschaft fremdsteuert, die kapitalistische Werbewelt die Sinne vernebelt und nicht erst, seit wir an unseren angeblich so maßlos übersteigerten Ansprüchen scheitern.

Warum auch nicht? Warum soll es nicht legitim sein, egal, ob bei *ElitePartner* oder anderswo, sein Glück zu suchen, nicht nur, aber auch in der Partnerschaft?

Die romantische Idee in der Liebe – das ist die Entdeckung der Liebe als ein Gefühl, das zwei zum Fundament ihrer Partnerschaft machen. Und nicht länger ökonomische oder standesmäße Vorteile. Den Worten der Sonntagspredigten nach sollte das immer schon so sein, aber erst seit ein paar Generationen wagen es Menschen auch wirklich, ihrem Gefühl füreinander nachzugeben und Gefühlsentscheidungen für sich als legitim zu erachten. Aber anstatt diese Entwicklung zu begrüßen, gibt es viele, und heute immer mehr, die sie ablehnen. Sie verweisen auf die Flüchtigkeit der Liebesgefühle und reden uns ein, eine solche Orientierung sei am Ende schädlich, weil sie nicht dauerhaft sein könne. Aber wie ist es denn mit den unzähligen angeblich auf »Vernunft« gegründeten Beziehungen in unserer Welt? Halten die wirklich länger? Das Gegenteil ist richtig. Ich behaupte, allein an dem Versuch, sich mit der vernünftigen Nettigkeit zu arrangieren, sind mindestens so viele Ehen zerbrochen wie an den viel gescholtenen überstelgerten Glückserwartungen, mit denen heute angeblich die Partnerschaftsbeziehungen überfrachtet werden. Nur solange eine repressive traditionelle Gesellschaft Menschen in solch emotionsarme »vernünftige« Verbindungen hineinzwang, funktionierte das mehr oder weniger gut. Wer will heute noch so eine Gesellschaft? Niemand. Konservative Kulturkritiker wenden immer wieder ein, dass die romantische Liebe ein starkes egoistisches Element aufweise, das dem Wesen der Liebe widerspräche. Ein asozialer Grundzug gewissermaßen. Gleichzeitig rekonstruiert man gerne die vorromantische Epoche als eine Zeit wahrhaft selbstloser Liebe, eine Zeit, in der es wahre Nächstenliebe gegeben habe, die Familienliebe, die Liebe zu den anderen. Diese paradiesischen Zustände habe dann die Romantik mit ihrer neuen egoistischen Liebesidee zerstört, lautet die gängige Argumentation. Aber ist es nicht gerade umgekehrt? Bringt nicht erst ein Mensch, der sich voll und ganz zur Autonomie des eigenen Gefühlslebens bekennt und es auch auslebt, indem er es in einer erfüllenden Art und Weise mit einem Partner teilt, den er liebt, bringt nicht erst solch ein Mensch die nötige Voraussetzung mit, auch andere Menschen, die ihn umgeben, lieben zu können?

Für Aristoteles ist ein Mensch bekanntlich glücklich, der die Quelle der »Eudämonie« in sich selber findet – und dazu nichts und niemanden braucht, auch keinen Elitepartner. Die Glücksidee der romantischen Liebe ist zwar mindestens so alt wie jene des Aristoteles, nur hat sich jahrtausendelang kein ernst zu nehmender Philosoph getraut zu benennen und auszusprechen, dass zum Glück auf Erden auch ein anderer Mensch des gegenteiligen Geschlechts notwendig sein könnte, den ich liebe und der mich liebt. Wie ist das mit diesen zwei konkurrierenden Glücksbegriffen? Schließen sie sich aus oder sind sie am Ende sogar miteinander vereinbar?

Natürlich ist die romantische Liebe heute im Zeitalter eines schrankenlosen Konsumkapitalismus eine heikle Sache, denn in ihrer Glücksidee steckt die bekannte, viel beschriebene Gefahr, dass der andere nur mehr die Funktion erhält, mich glücklich zu machen. In einer konsumorientierten Beziehungsideologie ist das Problem angelegt, dass man einen Lebenspartner auch nur für das eigene Lebensglück »instrumentalisieren« könnte, ihn zum Objekt degradiert, dessen »Gebrauch« mir dann das erhoffte Glückserlebnis verschafft. Wer dieser Idee verfällt, egal ob bei *ElitePartner* oder in der freien Wildbahn unserer modernen Welt, sucht zwar vorgeblich einen Partner, aber eigentlich gar kein Gegenüber, sondern ein Alter Ego, einen, der nur die eigenen Probleme löst. Mit der romantischen Idee vom Glück in der Liebe hat eine solche Fehlentwicklung aber gar nichts zu tun. Denn ihre Glücksidee basiert auf der Vorstellung gegenseitiger Liebe. Wenn diese aber realisiert ist, dann kann eine auf starken Liebesgefühlen beruhende Partnerschaft sehr wohl einen großen Teil dessen ausmachen, was man ein glückliches Leben bezeichnet. Warum? Weil eine solche Partnerschaft sehr viel dazu beitragen kann, dass wir selbstgenügsam werden! Das ist das scheinbare Paradox. Nicht wenn ich klettenartig am anderen hänge, ihn festklammere und symbiotisch bin, sondern wenn ich eine gute Partnerschaft als *einen* Pol in meinem Leben habe, aber mich und meine Welt als den *anderen* entgegengesetzten, dann erst wird eine Partnerschaftsbeziehung etwas, was mich stärkt und was ich ganz und gar glückvoll erleben kann. Die romantische Glücksidee und jene von der Selbstgenügsamkeit, das ist der Witz, sie müssen sich gar nicht ausschließen, sondern bedingen sich vielmehr gegenseitig.

Es wird Sie vielleicht überraschen, liebe Leserinnen und Leser, solche proromantischen Bekenntnissätze in einem Buch zu finden, dass ausgerechnet *Paar Shit* heißt. Das »Shit« im Titel bezieht sich gar nicht darauf, die Idee der Partnersuche im Online-Zeitalter schlicht zu verdammen oder als schwachsinnige Veranstaltung abzuwerten. Nein, und vielleicht haben Sie es ja schon die ganze Zeit geahnt:

Paar Shit soll nur eine Art vorläufige Enttäuschung ausdrücken. Es ist mein stellvertretend für so viele andere Suchende ausgestoßener Seufzer darüber, dass die angepeilte Toppartnerschaft eben wider Erwarten doch nicht ganz so einfach herzustellen ist, wie ich mir das in all meiner Naivität vorgestellt habe, als ich damals im Frühsommer auf der grünen Rheinwiese meinen Profilbogen ausgefüllt habe. Es ist ein leiser Enttäuschungsseufzer, den Sie da vernehmen, der der Erkenntnis entspringt, dass der Weg ins kuschelige Romantiknest leider doch etwas beschwerlicher ist, als ich das gedacht hätte. Aber ich schreibe dieses Buch dennoch nicht, um alle vor dem großen Unheil zu warnen oder um uns Männer etwa dazu zu überreden, des eigenen Seelenheils wegen die Suche nach der Yogalehrerin besser bleiben zu lassen, Eremiten zu werden und uns lieber im frauenfreien Dauerexil einzurichten. Nein, ganz und gar nicht. Es ist nur sehr, sehr schwer, und es ist selbst eine Sache des Glücks, jemand zu finden, der zu einem passt. Da müssen die Sterne richtig stehen, die Konstellation muss passen. Und man darf sich auch nicht selber im Weg stehen. Das ist nicht wenig, wie ich finde.

Am Strand von Zandvoordt

Ich bin trotzdem noch in die Sommerferien gefahren. Klar doch. Das bin ich schon allein meinem Sohn schuldig. Der kann ja nichts für die notorische Gemütsschwäche seines Vaters, sondern hat nach einem harten Schuljahr einen veritablen Strandurlaub verdient. Mit Pommes, Fußball, Wassersport. Wir sitzen am Strand. In Zandvoordt aan Zee, am Stadtstrand von Amsterdam. Der Wind säuselt, das muss er auch, denn es ist unbarmherzig heiß, selbst unter unserem bunten Sonnenschirm, es ist später Nachmittag, das Meer ist friedvoll und rauscht etwas vor sich hin, Kindergeschrei weht herüber, Möwen kreischen und drehen ihre Runden über unseren Köpfen. Allerdings sind die hier größer, lauter und gefräßiger als jene bei uns zu Hause am Rhein. Ganz vorne am Strand, wo das Meer anbrandet, treten schon die ersten Badegäste in kleinen Kolonnen den Heimweg an. Sie gehen zum Bahnhof, von wo sie heute Morgen zu Tausenden mit den Regionalzügen gekommen sind, um der drückenden Hitze in Amsterdam zu entfliehen. Von der immer tiefer stehenden Sonne beschienen, fängt das Meer allmählich an zu glitzern. Alles ist voller Sand, mein Handtuch, meine Badehose, meine Lektüre. Aber das stört mich nicht, ich habe gerade mein Buch beendet, Arto Paasilinna, *Der Sommer der lachenden Kühe*, mein Sohn Jakob liest *Eragon*, Teil 3. Vorhin haben wir in der prallen Sonne Strandfußball gespielt und uns dann in die kalte Nordsee gestürzt. Danach haben wir beim Beachballspielen einen neuen Rekord aufgestellt. 243-mal flog das rote Gummibällchen hin und her. Wir sind Weltmeister!

Urlaub – das war in meinem Leben immer etwas ganz Besonderes. Ich sagte es schon. Heute ist Urlaub, auch mit Sohn, für mich eine intensive Singleerfahrung. Nie so sehr wie im Urlaub am Strand fühle ich, wie sehr mir meine Frau fehlt, wie sehr mir überhaupt eine Partnerin fehlt. Im Urlaub feiert man seine Liebe, die Partnerschaft oder Familie, wenn man eine hat. Im Urlaub ist man unbeschwert, leicht und heiter, eine Zeit der Belohnung, in der alles abfällt. Und genau hier, am Strand von Zandvoordt, nehme ich mir wieder vor, es nochmals zu versuchen. Ich schwöre mir, nächstes Jahr um diese Zeit, da sitzt du mit einer Elitepartnerin auf dem Badehandtuch!

Ein bisschen Sehnsucht

Bis es so weit ist, muss ich mich eben noch etwas gedulden. Ich versuche, geduldig zu sein, aber in mir steigt auch immer wieder Sehnsucht auf. Ja, ich weiß: Wer einsam ist, dem raten Psychotherapeuten, seinen Zustand nicht auch noch zu verschlimmern, indem man solchen Fantasien nachhängt. Das mache alles nur noch schlimmer. Besser wäre es, im »Hier und Jetzt« zu sein. Ich habe das beherzigt. Ich habe meditiert, mich in Selbstgenügsamkeit geübt, habe mir über ein Jahr lang jeden Abend vor dem Einschlafen die orangefarbene Eckhart-Tolle-Hör-CD angehört. Habe es gesucht, das »Glück der totalen Gegenwart«. Und ein bisschen davon gefunden. Trotzdem war ich nie bereit, auf meine Sehnsucht zu verzichten, und habe es auch nicht bereut. Es ist nicht wahr, was Paul neulich wieder gesagt hat, nämlich dass einen so ein Portal nur durcheinanderbringt und man nur eine Form von Stress für eine andere, nicht minder schlimme eintausche: Beziehungsstress statt Einsamkeitsstress. Bei einem Online-Partnerportal eingeloggt zu sein ist bei allem Frust, den ich erlebt habe, ein Lebenszeichen, ein Abenteuer. Es ist immer ein Abenteuer, sich aus der Starre herauszubewegen, in die Welt hinauszugehen. Man trifft auf Menschen, man ist unterwegs. Wenigstens das. Ich habe gelernt, dass nicht allein eine Elitepartnerin zu haben das Glück dieser Welt bedeutet, sondern dass es viel mehr darauf ankommt, gut mit sich selber auszukommen, sich zu genügen – und dennoch gestatte ich mir ein gewisses Maß an Sehnsucht. Ich habe gelernt, gegenwärtig zu sein und doch auch meine Sehnsüchte zu hegen, das muss sich gar nicht ausschließen. Alles zu seiner Zeit.

Ich genüge mir selbst. Heute wenigstens öfter als früher. Aber ich finde es auch nicht mehr schlimm, wenn ich mir mal nicht genug bin. Tatsächlich, die Gegenwart, meine Gegenwart, sie ist mir oft nicht genug. Ja, ich bin oft alles andere als gegenwärtig und sträube mich auch nicht mehr dagegen, wenn ich es nicht bin. Ich gucke dann zum Fenster raus und warte, worauf, weiß ich gar nicht. Ich empfinde eine Leere in mir und weiß nicht, wie ich sie überwinden soll. Natürlich lande ich dann bald wieder in der Vergangenheit. Bilder von früher steigen auf, Menschen, Gespräche, Landschaften, die Meeresküste. Glückvolle Stunden. Ich spüre meine Sehnsucht. Wonach sehne ich mich? Nach Leben, Lebendigkeit, nach Resonanz! Ich weiß, Sehnsucht ist etwas Uneindeutiges, Ambivalentes. Sie ist ein bisschen wie Edelschokolade. Ein bittersüßes Gefühl. Süß, weil es so schön war, bitter, weil es unwiederbringlich vorüber ist oder zumindest im Moment in weiter Ferne. Sehnsucht ist eine Art Mangelleiden und gleichzeitig so etwas wie ein Selbstheilungsversuch. Auch dass sie Trugbilder in mir heraufbeschwört, weiß ich. Aber ich lasse dennoch nicht von ihr. Im viel gerühmten »Hier und Jetzt« sind die Störfaktoren meines täglichen Lebens alle vollkommen präsent. Nicht so bei der Sehnsucht. Da denke ich nicht an störende Details, sondern lasse nur die schönen Erinnerungen übrig. Sehnsuchtsbilder sind bereinigte, entstörte und endlos harmonische Bilder. Wundervoll.

Oder ist Sehnsucht doch nur eine Art Gemütsleiden von Menschen, die keinen festen Stand im Leben haben und sich woanders hinstrecken, auf die Gefahr hin, dabei umzukippen? Ist sie doch nur ein Zustand der Unreife, der Schwäche, in dem sich ein Mangel an Lebenstüchtigkeit ausdrückt, ja, eine Krankheit, so wie die »Nostalgie«, ein übersteigertes Heimweh nach einem geliebten Menschen oder vollends nach dem Paradies, das es doch nie gab? Sollte ich daher meine Sehnsüchte nicht besser verarbeiten und sie schleunigst loswerden? Was ist sie im Kern, die gute alte Sehnsucht? Ein heilloses Hirngespinst? Oder doch wohltuendes Erinnerungsdestillat? Läuft sie leer, weil sie sich nie erfüllt? Oder ist es so, dass erst sie mir zeigt, was mir fehlt, und kann insofern der Anfang von Veränderung sein?

Meine Sehnsucht zeigt mir, was ich nicht habe, aber sie spannt und spornt mich auch an. Sie enttäuscht und motiviert mich zugleich. Meinen Sehnsüchten nachzuhängen, das ist eine Möglichkeit, lebendig zu bleiben, vor allem dann, wenn das reale Leben diese Möglichkeit verhindert: wenn ich isoliert bin, auf mich zurückgeworfen. Wenn das Leben ins Stocken geraten ist, dann bringt es meine Sehnsucht wieder in Fluss. Nein, nein, ein bisschen Sehnsucht ist schon okay.

Ein bisschen Spaß muss sein, dann kommt der Rest von ganz allein.

Chinesische Volksweisheit

Schluss

– Drei Jahre im Online-Dschungel – Holt mich hier raus! –

Heute ist mein 50. Geburtstag. Ich sitze ich in aller Herr-gottsfrühe an der großen Treppe am Rheinufer und hänge meinen Gedanken nach. Im Takt der Wellen klatscht das Wasser gegen den Kalkstein, Enten quaken, Möwen krei-schen. Zu meinen Füßen schwänzeln ein paar Tauben-paare herum. Die Männchen trippeln den Weibchen hin-terher – und irgendwie geht das den weiblichen Tieren auf den Wecker. Eine sanfte Vorform von sexueller Beläs-tigung. Das ist fast so wie bei den Menschen. Aber eben nur fast so. Der große Unterschied bei den Menschen ist der, dass da hin und wieder auch mal die Weibchen den Männchen hinterhertrippeln und die Männchen nicht wissen, wie sie sie abwimmeln sollen. Ich beobachte, wie von männlichen Tauben unbehelligte Tiere aufpicken, was sie gerade finden. Gut, dass wir Menschen zur Nah-rungsaufnahme nicht Dinge vom Boden aufpicken müs-sen. Dafür können wir nicht fliegen. Der Preis, den die Tauben dafür zahlen, dass sie fliegen können, ist der, dass der Schnabel die Arbeit der Arme übernehmen muss. Wir können nicht fliegen, dafür müssen wir unser Jägerschnitzel nicht mit dem Schnabel aufpicken, sondern können dafür Messer und Gabel benutzen. Was ist besser?

ElitePartner. Drei Jahre war ich jetzt dabei. Mit Unterbrechungen. Es hat nicht geklappt. Bei mir nicht. Und es klappt bei vielen anderen Ungezählten auch nicht, die ein zweites oder drittes Mal im Leben auf die Suche nach einem Lebenspartner gehen. Warum? Weil es nie mehr so sein wird wie beim ersten Mal? Weil man nie ersetzen kann, was man verloren hat? Weil viele unbewusst mit einer neuen Liebe die alte wiedererstehen lassen wollen, was ganz und gar unmöglich ist und zum Scheitern führt? Weil alle, die danach kommen, nur *second best* sind, wie es im Song von Elvis Presley heißt? Weil sich hier viele treffen, die gebeutelt vom Leben sind, Trennung, Trauer und Schmerz durchlebt haben und daher denkbar unlocker unterwegs sind? Weil sie entweder ewig unentschlossen sind, weil immer etwas fehlt, oder aber, weil sie alles viel zu schnell eintüten wollen, anstatt behutsam vorzugehen? Weil man sich zu fremd bleibt, auch wenn man sich so schnell so nahekommt? Weil die Kommunalbeamtin aus Soest in Natura dann doch nicht ganz so aussieht wie Sheryl Crow? Gut möglich. Zu hohes Anspruchsdenken. Zu viel Scannen. Zu viel Abchecken, zu viel Vorbelastung – und zu gering die Bereitschaft, es wirklich zu wagen. Vielleicht kommt ja noch was Besseres. Oder war einfach keine für mich dabei – und ich habe alles richtig gemacht?

»Es hat nicht gefunkt.« »Die Chemie hat nicht gestimmt.« »Es hat einfach nicht gepasst.« Das sind die Standardsprüche, die hier fallen, wenn man mit anderen über Beziehungen spricht, die hier angefangen werden, dann aber doch nicht zustande kommen. Manche Elitepartner geben sich mit solchen Sätzen zufrieden, manche wollen die Flinte aber noch nicht gleich ins Korn werfen. Man könne ja auch an einer Beziehung arbeiten. Ich glaube, dieser Satz von Anke war im Grunde eher an ihren Exmann gerichtet als an mich. Ich erklärte ihr damals, dass ich nicht zu *ElitePartner* gekommen sei, um schon nach vier Wochen an einer Beziehung zu arbeiten. Ich sagte ihr, ich wolle mich erst mal verlieben, und wenn die Beziehung dann wider Erwarten eines Tages nach einem aufregenden Honeymoon ins Schlingern käme, dann, ja dann wäre ich gerne bereit, an ihr zu arbeiten. Aber vorher schon? Nein. Außerdem glaube ich auch, man liebt, so viel man fühlt, aber nicht, so viel man möchte. Zu lieben entzieht sich dem Willen. Weshalb ich immer schon skeptisch war, wenn schon am Anfang einer Beziehung, die noch gar nie auf Hochtouren kam, appelliert wird, man könne oder solle doch an einer Beziehung »arbeiten«. Oder wenn kritisiert wird, man könne die Liebe zu einem Menschen nicht »zulassen«. »Lass es einfach zu, dann klappt es mit uns!« Als wären Liebesgefühle da, nur würde ich sie aus unerfindlichen Gründen zurückhalten. Hier wäre die Frage, was um alles in der Welt sollte mich denn dazu bringen, eine Liebe zurückzuhalten, wenn ich sie wirklich empfinden würde. Nichts! Deswegen bin ich ja bei *ElitePartner*. In Liebesdingen sind wir doch in einer Haltung höchster Bereitschaft, so sehr, dass wir solche Gefühle nie zurückhalten würden, wenn wir sie fühlten, oder nicht?

Ich habe nachgezählt: In den drei Jahren Mitgliedschaft bei *ElitePartner* habe ich 24 Frauen getroffen. Das entspricht einem Jahresdurchschnitt von acht. Anders ausgedrückt, im Schnitt alle sieben, acht Wochen habe ich den Skin Refresher aufgelegt, mein Häubchen gerichtet und bin zum Erst-Date ausgerückt. Mona war die bislang Letzte, die ich in Berlin getroffen habe, vor ein paar Wochen. An einem wunderschönen leuchtenden Oktobertag. Ich fand sie nett und sehr klug, aber nicht sexy, sie fand mich nett und klug, aber nicht sexy. Ich erzählte ihr im Verlauf des Abends, dass sie nicht die Erste sei, die ich getroffen hätte. Ihr ging es ganz ähnlich. »Und was macht man mit so viel ersten Malen?«, fragte sie mich nachdenklich. Gute Frage. Ich weiß es nicht.

Elitepartner sein, das ist wie eine Achterbahnfahrt. Ich habe viele, überwiegend nette Frauen kennengelernt. Vor allem auch ihre Probleme, ihre Nöte, ihre Traumata. Ich bin zwangsweise eingetaucht in ihre Trennungsexzesse, Scheidungsgeschichten, in die Probleme, die daraus für ihre Kinder entstanden, in ihren Hass auf den Ex, war informiert über allerlei psychosomatische Erkrankungen, ihre tägliche Beta-Blocker-Dosis gegen die Herzrhythmusstörungen, ausgebliebene Unterhaltszahlungen, über Leid und Verbitterung. Ich habe viel zugehört. Ja, ich habe das Gefühl, dass ich den Frauen mehr zuhören musste, als sie mir zugehört haben. Ich habe mich bemüht, habe investiert, auch als mir mein Gefühl schon sagte, das wird nichts mehr. Harmonie hat oft ihren Preis. Sie kostet Arbeit, Stress und jede Menge Nerven. Aber wahrscheinlich ist die Wahrheit etwas komplexer. Meine Elitepartnerinnen, sie hatten es sicher auch nicht leicht mit mir.

Hat es sich gelohnt? Ich hatte ein paar wirklich angenehme Abendessen, sonnige Ausflüge, harmonische Theaterbesuche. Das stimmt. Viele lustige, unterhaltsame und manchmal auch geistreiche Gespräche, ich habe mit meinen Elitepartnerinnen mehr gelacht als ohne. Manchmal war ich nicht so einsam, wenn ich abends im Bett lag. Ich hatte fremde kalte Füße unter meiner Decke, aber auch warme Hände, die zärtlich zu mir waren. Dafür aber auch intensive Schlussstrichsituationen, Trennungsszenen morgens um drei in meiner Küche, Frauen, die sich von mir abgelehnt fühlten und aus Enttäuschung erbost meine Räume verließen, Zeter und Mordio schreiend. Und genauso wurde ich abgelehnt. Ich habe Körbe verteilt und Körbe bekommen. Ich habe schmerzhaft abgeschmettert und wurde schmerzhaft abgeschmettert. Es gab wehmütige Abschiedsbriefe, aber auch Zoff und Rache-E-Mails. Es gab schlaflose Nächte, Liebeskummer und neue Nöte. Mein Fazit: Elitepartner zu sein ist nichts für schwache Nerven! Und nicht jede neue Erfahrung ist eine, die man unbedingt braucht. Online-Partnervermittlung ist eine faszinierende Angelegenheit. Aber ab und zu bringt sie einen auch ganz schön ins Schwitzen. Und trotzdem sollte man sich warm anziehen, wenn man hier auf Frauensuche geht.

Ich selber habe erkannt: Ich kann nicht alle Wünsche erfüllen. Ich bin kein Pferdestehler, kein Sommerregentänzer, weder nackt noch bekleidet, und auch kein Kaffee-ans-Bett-Bringer. Kaffee-ans-Bett-Bringer sind vermutlich Männer wie der TV-Moderator Kai Pflaume oder der ehemalige Bundespräsident Christian Wulff. Sie tragen beim Auftragen wahrscheinlich auch Hemd und Krawatte und sind schon vorzeitig mit Davidoff-Herrendüften beduftet. Genauso später auch noch beim Kuscheln. Ich aber eher nicht. Ich hab mich geweigert, Milchkaffee ans Bett zu bringen, ich bringe gar nichts ans Bett. Nicht mal einen Jägermeister. Und so habe ich auch mit keiner im Bett gefrühstückt. Worauf ich auch noch stolz bin. Und gekuschelt? Ein bisschen schon. Aber eher nach dem Abendessen.

Immerhin, ich weiß jetzt, wie es geht. Ich bin jetzt erprobt. Im Online-Dating. Ich habe gelernt, vom ersten Anklicken bis zum *ElitePartner*-Glück gilt es, einen überaus eng gesteckten, anspruchsvollen Parcours zu durchlaufen. Anklicken, E-Mail-Schreiben, das erste Telefonat, das erste Date, Kopfkino und Reality Check, Antasten, Anbandeln und Verschmelzungsphase – aber dann auch oft wieder möglichst kräfteschonendes Abwimmeln, der geordnete Rückzug, falls sich herausstellt, »dass es doch nicht passt«. Oder die Kunst, einen Korb zu verkraften. Und »Aufstehen, Krönchen richten, weitergehen«, wie man hier sagt. Bin ich deswegen cooler geworden?

Früher habe ich gedacht, die ganz wilden Gefühle von erwiderter, wie von nicht erwiderter Liebe – sie gehörten in meinem Leben einer Zeit an, die eindeutig hinter mir, weit zurück in der ersten Lebenshälfte liegt. Da habe ich mich gründlich getäuscht. Ich behaupte: Noch nie erlebten Menschen in ihrer zweiten Lebenshälfte so viele emotionale Höhen und Tiefen wie heute. Die ganze Gefühlsmühle aus der Pubertät und dem jungen Erwachsenenalter, sie wird noch einmal angeworfen, wenn man sich auf den zweiten Bindungsweg macht. Und man holt auch jene Erfahrungen nach, die man damals in jungen Jahren gar nicht gemacht hat. Man täusche sich nicht: Man ist auch im reiferen Alter nicht davor gefeit, in derselben Intensität in Euphorie und Liebeskummer einzutauchen wie damals mit zwanzig. Wie viel weniger abgeklärt ich tatsächlich mit fünfzig bin, als ich es dachte, das ist mir erst bei *ElitePartner* klargeworden. Oder habe ich nur gespürt, dass ich lebendig bin? Langsames, kontrolliertes »schonendes« Eingehen einer Beziehung gibt es hier nicht. Immer werden alle früheren Beziehungserfahrungen aufgewirbelt und neu durchgegangen, sobald man sich wirklich »einlässt«. Es gibt letztlich kein Schmerzfreiheit garantierendes Vorgehen bei *ElitePartner*. Man muss sich öffnen, um eine Liebe zu gewinnen. Dadurch wird man verletzlich. Oder man öffnet sich nicht, dann bleibt man unversehrt. Aber gewinnt niemals eine Liebe.

Tatsächlich, jede Anfrage, die hier nicht sofort weggeklickt wird, entwickelt sich zu einer kleinen Liebesgeschichte, zu einer wenn auch noch so kleinen Liebe. Selbst wenn man sich nie treffen sollte, weil einer der beiden einen Rückzieher macht. Für die Dauer der wenigen Tage, die man sich freut und hofft, vielleicht jemanden gefunden zu haben, und das Herz ein Stückchen weit öffnet, wächst eine kleine Liebe. Der Satz »Man liebt oder man liebt nicht« ist falsch, auch das ist eine Lehre, die ich gezogen habe. Es gibt viele Formen der Liebe. Und viele Zwischenformen. Das Leben besteht aus einer Vielzahl von Liebesbeziehungen. Aber nicht nur ist jede davon ganz individuell, sondern auch von ganz unterschiedlicher Intensität. Es gibt Beziehungen zu Menschen, in denen nur wenig oder kaum Liebe ist, solche, in denen mittelprächtig viel, und solche, in denen viel oder sogar sehr viel steckt. Es gibt die kleinen Lieben im Leben, und es gibt die große Liebe. Wenn ich bei *ElitePartner* bin, dann suche ich einen Menschen, mit dem ich in einer Liebe verbunden sein möchte, die groß genug ist, um darauf eine Partnerschaft zu gründen. Es gibt Menschen, die schon auf einer kleinen Liebe eine Partnerschaft gründen können, ich nicht. Aber ich werte das nicht ab. Eine kleine Liebe hat ihre Schönheit. Und manche sind damit glücklich. Ich bin ein anderer Typ. Ich suche mehr. Auch wenn das natürlich etwas länger dauern kann.

Was ist die richtige Haltung, die ich einnehmen soll

nach alledem? Alles nicht so ernst nehmen? Oder ist ein gewisser Ernst erst die nötige Voraussetzung, dass ich eines Tages wieder in einer Beziehung lebe, die mich glücklich macht? Wer sich in seinem Leben trotz aller Rückschläge seinen Humor bewahrt, kann sich glücklich schätzen. Er wird zum wertvollsten Instrument, den steifen und immer im letzten Grund lächerlichen vorgeblichen Ernst des Lebens zu durchbrechen. Humor ruft uns immer wieder den Spielcharakter all unserer Existenz in Erinnerung. Aber wie ist das in der Liebe? Ich denke, der einzige wirkliche Ernst des Lebens liegt in der Liebe. Nicht in der Arbeit, im Broterwerb, in den »äußeren Zwängen« unserer Existenz, so überraschend sich das auch anhören mag, liebe Leserinnen und Leser. Wo sich zwei Menschen in Liebe zugetan sind, ist das Fundament ein ganz und gar ernstes, ehrliches, es rührt tief an den Kern unserer Person, und das Bekenntnis zum anderen ist Ausdruck eines wahren Gefühls. Dieses wahre Gefühl lässt sich nicht ironisieren, und wenn man es täte, löste es sich auf – oder die Ironie wäre nur ein Ausdruck dessen, dass da gar keine tiefe Liebe ist. Ein ironischer Humor hilft aber sehr wohl, mit einer Lebenslage klarzukommen, wenn eine nur vermeintliche Liebe endet, wenn sie erst gar nicht beginnt, obwohl wir uns das gewünscht oder eingebildet haben, oder wenn sie uns gekündigt wird: wenn wir eines Tages darüber lachen können, welcher schrägen Person wir da auf den Leim gegangen sind, und im Nachhinein sogar froh sein müssten, dass sich da eine von uns abgewandt hat, die nicht für uns geschaffen war. Wenn man an diesen Punkt kommt, dann schiebt sich Leichtigkeit über all den Groll der ersten Erregung, und es wird leichter, mit den eigenen Irrungen umzugehen.

Humor ist etwas, was man als Rüstzeug braucht, um all das zu verkraften, was einem bei *ElitePartner* passieren kann. Das heißt aber ganz und gar nicht, von vornherein nichts ernst zu nehmen. Denn auf diese Art und Weise käme nie das zustande, was wir anstreben, nämlich eine liebevolle und spannungsvolle Partnerschaft, sondern der Satz bedeutet: In dem Moment, in dem sich eine Liebe nicht vollendet, die Dame meines Herzens, die jetzt einen anderen Weg geht, mit einem Lächeln zu verabschieden, vielleicht mit einem leichten Schulterzucken, mit einem kurzen Kopfschütteln, mit einem leisen Seufzer, aber mit weitem Herzen. Ich denke, selbst im tiefsten Tal des Liebeskummers zu wissen oder daran zu glauben, dass der Tag kommen wird, an dem wir über eine Liebe lachen können, die keine war oder die keine sein sollte, kann uns ein wenig trösten, wenn es in diesem Augenblick nur allzu wehtut. Eine unechte Liebe werden wir über kurz oder lang sowieso erkennen, weshalb wir sie auch nicht betrauern, sondern über sie ironisch werden können. Aber überall, wo ein Funken echter Liebe drinsteckte, egal, wie groß sie war, hat die Ironie keinen Ort. An ihre Stelle tritt Dankbarkeit und Heiterkeit. Das ist die Haltung unseres Gemüts, mit der wir uns der echten Liebe nähern können.

Ich blicke hinunter ans Rheinufer, hinüber zu den großen Schiffen, wie sie sich langsam und schwerfällig durch das Wasser schieben. Ich denke mir: Wenn in meinem Leben noch eine kommt, dann soll es mir recht sein, dann sage ich nicht Nein. Und wenn nicht? Dann eben nicht.

 # Dank

Am Ende möchte ich all den Frauen danken, denen ich auf meiner Reise begegnet bin, meinen Elitepartnerinnen. Dafür, dass sie es mit mir ausgehalten haben, ganz egal, wie kurz oder lang unsere gemeinsame Zeit auch immer gewesen sein mag. Jeder von ihnen wünsche ich, einen liebevollen Mann fürs Leben zu finden – und wenn es inzwischen schon so weit ist, dann nur und von ganzem Herzen, dass die Liebe ewig halten möge!